Découvrez l'histoire par les archives de presse

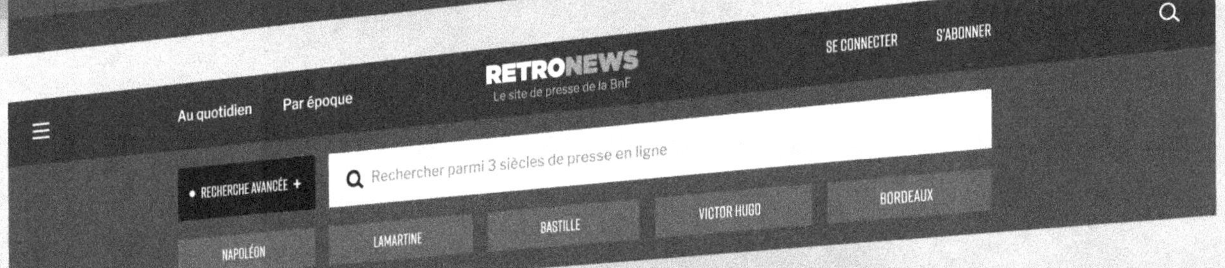

RETRONEWS

Le site de presse de la BnF

www.retronews.fr

A. DE LAMARTINE

LE
CONSEILLER
DU
PEUPLE

ANNÉE 1850

LE
CONSEILLER DU PEUPLE

PAR

M. A. DE LAMARTINE.

Deuxième année (1850).

ADMINISTRATION,

RUE RICHELIEU, 85 (ANCIEN N° 95), A PARIS.

Paris, Imprimerie de Poussielgue, rue Croix-des-Petits-Champs, 29.

LE

CONSEILLER DU PEUPLE.

Première Partie.

CONSPIRATION.

I.

Jusqu'à présent, et avec une obstination de confiance que les événements n'ont pas démentie en trois ans, je vous ai dit : « Moquez-vous des coups d'état, des complots, des attentats « prétendus du Pouvoir exécutif, des légitimistes, des orléa- « nistes, des démagogues même, contre la République. Il n'y « a pas de petite trame possible contre la souveraineté du « peuple bien constituée; il n'y a pas de filet de parti assez « large pour prendre, par surprise, le suffrage universel. Con- « solidez votre république, modérez les passions populaires « qui couvent toujours plus ou moins longtemps sous la cen- « dre chaude des révolutions, perfectionnez jour par jour « votre constitution, rétablissez le travail par la confiance « rendue aux capitaux, afin qu'ils se répandent en entreprises « et en salaires; fermez la bouche aux murmures des classes « souffrantes à force de justice, d'assistance, de bienfaits;

« maintenez la paix extérieure dont l'humanité n'a pas moins
« besoin que le peuple ; attendez patiemment et sans trouble
« que l'époque de réviser constitutionnellement quelques
« mauvais articles de votre Constitution et de votre loi élec-
« torale arrive. Faites alors ce que voudra le pays, s'il veut
« quelque chose ! et en attendant, riez des paniques qu'on
vous inspire, et fiez-vous à votre Pouvoir exécutif, ou plutôt
« fiez-vous à la force des choses qui ne lui interdit pas moins
« que sa conscience de trahir ou de confisquer la Répu-
« blique ! » L'Empire est un rêve !

Oui, voilà ce que je vous ai dit jusqu'ici, et vous voyez si
ai eu raison de vous redire ce grand mot de CONFIANCE ! le
mot que je vous ai dit le lendemain du 24 février, le mot sauveur de la France et de la République.

II.

Et maintenant, et pour la première fois, je vous dis avec la
même certitude le mot de DÉFIANCE, le mot de péril de la république, de la patrie, de la société ! le mot redoutable :

CONSPIRATION ! ...

Oui, conspiration sans conspirateurs si vous voulez ; mais
conspiration la plus dangereuse de toutes, conspiration
nvolontaire, conspiration sourde, conspiration anonyme
contre la République qui vous pèse mais qui vous sauve
tous depuis votre soudaine révolution ! Conspiration des
orléanistes, conspiration des légitimistes, conspiration des
Bonapartistes, conspiration des partis militaires, conspiration
des ambitieux de ministères, conspiration des agitateurs
parlementaires, conspiration des candidats à la dictature,
conspiration des convoiteurs de pouvoir suprême, conspira-

tion des envies contre les supériorités naturelles, conspiration des ressentiments, des situations perdues, conspiration des rancunes, conspiration des coteries, conspiration des petitesses, conspiration des impuissances, conspiration des ennemis de la République contre son repos; et, pour comble de stupidité et de péril, conspiration des républicains *personnels* eux-mêmes contre la république !

Oui, conspiration de l'aveuglement et de la sottise, où l'on a vu ce phénomène non encore vu jusqu'ici, cette *bouffon- nerie*, permettez le terme, je n'en trouve pas d'autre qui rende mon impression; cette *bouffonnerie* des partis soi-disant républicains allant prendre conseil, allant prendre le mot d'ordre et la boule de leur vote de la main des amis avoués de la monarchie d'Orléans et couvrant de leurs huées et de leur incrédulité les conseils et la voix des amis et des fondateurs de la République.

III.

Aussi qu'est-il arrivé? Le sol tremble, l'esprit se trouble, les majorités se brisent, les minorités tombent en poussière, les partis modérés, les seuls qui fondent les gouvernements, disparaissent, la Constitution attaquée des deux côtés à la fois s'ébranle, les ministres s'élèvent et tombent comme des vagues depuis quinze jours, le pouvoir exécutif cherche en vain dans chaque parti praticable ou dans des fusions patriotiques des divers partis, des hommes qui puissent composer ensemble ministères ou majorités. La conspiration rit de son impuissance, et lui dit : « Trouves si tu peux, nous t'en défions maintenant! nous nous appelons *coalition!* Nous nous appelons » *coalition* pour détruire ensemble toute combinaison de pouvoir exécutif; nous nous appelons *coalition* pour voter ensemble l'impossibilité de gouvernement! nous nous appelons » *coalition* pour réunir dans un même vote toutes les oppositions, toutes les haines, toutes les bêtises, toutes les pas-

» sions contre toi ; mais du moment qu'il faut prêter base et
» force à un gouvernement quelconque, nous changeons de
» nom, et nous nous appelons DIVISION ! »

Oui, la conspiration s'appelle aujourd'hui COALITION.

IV.

Il faut vous expliquer d'abord ce que c'est qu'une *coalition*
et quelle est la différence entre une alliance loyale et une coalition perverse entre les partis dans un parlement. Je vais vous
l'expliquer, non par des explications mais par des exemples.
Les faits parlent bien mieux que des mots.

Je me connais en coalitions. Je les ai combattues trois fois
sous les monarchies, je les combats sur le même terrain et sur
les mêmes principes aujourd'hui. Daignez m'écouter.

V.

En 1829, une coalition parlementaire comme celle d'hier se
forma entre les *ultrà-royalistes* et les ultrà-libéraux qui voulaient les uns dominer seuls, les autres renverser la Restauration et Charles X le roi de 1829.

M. de Chateaubriand, M. Royer-Collard, M. Hyde de
Neuville, royalistes, donnent la main et prêtent des discours,
des passions et des votes à l'opposition la plus envenimée contre les Bourbons. L'opposition rend le même funeste service
aux royalistes. C'est le même concert touchant que nous avons
vu il y a quelques jours dans les séances qui ont signalé la
coalition du 13 janvier. Les élections se font par ce mutuel
concours de deux partis qui se détestent mais qui s'entr'ai-
dent méchamment pour en renverser un troisième. Les élections ainsi faites donnent la majorité à l'opposition. La chambre
fait une adresse menaçante à la Royauté. Les royalistes ont la
sottise et la perversité de voter cette adresse avec les ennemis

du roi. Charles X est acculé à l'abîme, il répond par un
défi absurde au lieu de répondre par une sagesse. Le feu prend
à sa faible intelligence et se communique au pays. La révolution
de Juillet éclate, le sang coule, la monarchie s'exile, l'usurpation de famille s'empare du trône au lieu de prendre la tutelle
de l'héritier innocent, le pays est en émeutes, le travail en
chômage, le crédit en crise, les partis en lutte pendant huit
ans. A la fin l'ordre commence à se rétablir tant bien que mal
sur un faux principe, celui de la Royauté illégitime. Mais enfin
la royauté constitutionnelle règne, et la 'nation s'abrite même
sous un gouvernement irrégulier. On arrive à 1838.

Alors une coalition parlementaire acharnée se forme sous
prétexte de gouvernement personnel (tout comme hier), mêmes mots, mêmes choses, mêmes noms, mêmes hommes.
M. Thiers, M. Guizot, M. Dufaure, M. Garnier-Pagès,
M. Berryer, chacun honorable dans son caractère et dans
son opinion, tous adversaires les uns des autres dans leurs
tendances. Ils se précipitent ensemble à l'assaut du soi-
disant gouvernement personnel, ils mettent en pièces le ministère constitutionnel du Roi. Moi seul alors comme aujourd'hui,
quoique étranger à la monarchie de Juillet que j'ai toujours
refusé de servir ; mais ému par le danger du pays et par l'im-
moralité de ces coalitions où chaque parti séparé dit la vérité,
mais où leurs boules réunies disent un mensonge ; moi seul je
combats pour M. Molé et pour la prérogative du Roi que je ne
connais pas contre ces coalisés ; ils triomphent, M. Molé tombe
avec la prérogative constitutionnelle du Roi ; le lendemain le
gouvernement est impossible. La coalition qui n'a que des
pensées contraires se dissout, le pays se divise, les émeutes
recommencent, la guerre étrangère est presque allumée par
M. Thiers en Orient ; les cabinets sont brisés, la politique prend
le vertige, enfin un des coalisés les plus compromis dans l'agression faite à la couronne, M. Guizot, est obligé de se démentir ;
il rompt avec un grand détriment pour l'unité de son caractère,

le pacte avec ses complices de coalition ; il est obligé de prendre un pouvoir difficile qui ne pouvait aboutir qu'à une révolution. Nous marchons visiblement aux abîmes.

VI.

Mais les partis coalisés et éconduits par M. Guizot trouvent que nous n'y marchons pas assez vite. Ils reforment en 1847 une coalition plus âpre et plus désespérée contre ce ministre et son gouvernement. Ils sonnent ensemble dans les journaux qui leur appartiennent, dans les tribunes qu'ils agitent, dans les banquets du *Cadran Bleu* et des départements le tocsin d'une agitation suprême. Moi-même, quoique dans l'opposition alors, et quoique sans lien et sans goût pour le gouvernement de Juillet, je combats de ma parole et de ma plume cette confusion des partis opposés d'où ne peut sortir que chaos et non redressements. La coalition court la France ; le pays prend la fièvre ; le ministère est assez insensé pour ne pas satisfaire par une loi à la réforme et au droit régulier de réunion ; il défie le parlement ; le parlement offensé proteste ; la monarchie de Juillet croule sans un seul défenseur en un jour. Sur chaque pierre sous laquelle il est enseveli, bien aveugle est celui qu ne sait pas lire COALITION !

VII.

Voilà donc, je le répète, trois gouvernements minés, sapés, écroulés sous trois coalitions !

Et maintenant en voici une quatrième contre un autre gouvernement, contre un gouvernement plus faible et plus jeune d'années, la République.

Et vous ne voulez pas qu'en retrouvant les mêmes acteurs

en scène, les mêmes manœuvres en jeu, les mêmes petites
passions en colère, les mêmes discours à frais communs et les
mêmes mains s'applaudissant en attendant qu'elles se déchirent, vous ne voulez pas que nous soyons émus, avertis, allar-
més, tremblants pour la République et pour le peuple conduit
une quatrième fois aux abîmes et à des abîmes mille fois plus
sans fond que ceux de 1829, de 1840, de 1848...? Vous ne voulez pas que nous déchirions le rideau mille fois trop transparent
d'une conspiration contre la paix publique ! Allez ! vous pourrez nous vaincre grâce à l'inexplicable crédulité ou à l'involontaire complicité de certains hommes ! Vous pourrez nous vaincre, mais vous n'aurez pas du moins la satisfaction de nous avoir
trompé ! Nous voyons aussi clair dans votre jeu qu'on peut
voir clair dans les ténébreuses machinations des partis, et qu'on
peut discerner la vérité sur des physionomies à tant de faces !

Montrons au peuple ce que nous entendons par cette cons--
piration sans conspirateurs !

<h2 style="text-align:center">VIII.</h2>

Où en étions-nous il y a quelques jours ? au calme, au crédit, au travail, au commerce, à l'espérance. En deux mots la
République constituée et représentative se fondait. L'horizon
était libre. Nous allions sans inquiétude grave à une révision
pacifique de la Constitution par une assemblée constituante si
le pays et l'Assemblée jugeaient cette révision opportune ; ou
bien à une seconde élection d'un pouvoir exécutif en 1852.
Election ou révision que le Président actuel de la République
aurait à subir et qu'il subirait, je n'en doute pas, sans révolte
et constitutionnellement comme le pays.

Donc la République se fondait, le peuple et les classes aisées
s'y apprivoisaient dans leur intérêt commun. Ce n'était pas
l'affaire des ennemis envenimés de la République. Il leur fallait
un orage.

IX.

Pour un orage il faut un nuage. On le sait à la Chambre comme à l'Opéra. Remontons donc un peu plus haut, et voyons où la conspiration sans conspirateurs amoncelait son nuage.

Et d'abord ne flattons personne et soyons francs même contre les pouvoirs que nous voulons sauver, car leurs premiers dangers ce sont leurs fautes. Ne les déguisons donc pas ces fautes, ni à leurs yeux ni aux yeux du pays.

X.

Le Président de la République s'appelle Napoléon. Nous l'avons dit vingt fois même à la tribune, c'est une gloire, mais c'est un malheur! Si Washington se fût appelé du nom d'un *Tudor*, d'un *Brunswick* ou d'un *Stuart*, l'Amérique aurait eu bien plus de peine à se fier à lui, on eut toujours montré du doigt à ses ennemis le prétendant sous le fondateur de République.

Ce nom recommandait au Président de la République Louis-Napoléon une réserve, une prudence, une abnégation qu'il a certainement dans son cœur d'honnête homme, mais qu'il n'a pas suffisamment affichée dans les premiers temps de sa magistrature républicaine. De là quelques ombrages entre les républicains et lui. Je dis entre les républicains et lui, car les royalistes avaient au contraire patroné sa candidature. Ils l'avaient présentée au peuple comme une sorte de dictature semi-monarchique destinée à désavouer et à humilier la République.

Ces ombrages tombèrent bientôt et devaient tomber devant le serment prêté par le Président, d'être fidèle au mandat du peuple qui lui imposait le devoir de préserver l'institution républicaine de tout excès, de tout désordre et de toute usurpation, même de la sienne. Ces ombrages devaient tomber bien plus depuis son *Message*, second serment à la République.

Ainsi marchèrent les choses plus ou moins droit, mais ré-publicainement et paisiblement, jusqu'au moment où l'Assemblée législative s'absenta au mois d'août 1850, et où le Président de la République entreprit ses voyages dans les départements. Dans ces voyages, dans ces revues, dans ces banquets, son attitude (il faut le déplorer) tint un peu plus du prince que du premier magistrat d'une République. Son langage, quelquefois très élevé, comme à Lyon, rappela trop souvent ailleurs *le neveu de l'empereur* et l'héritier d'un pouvoir sans transmission.

Les cris de *vive l'empereur* ne furent pas assez hautement, sinon punis, du moins réprouvés de la voix et du geste. Enfin les revues de Paris, les banquets de sous-officiers à l'Elysée, la célèbre revue de Satory surtout, présentèrent quelque menace indirecte et involontaire aux susceptibilités du pays. Un général fut destitué après avoir recommandé le silence aux troupes. Ce fut un malheur ; nous ne voulons pas l'exagérer. Nous savons bien que le général *Neumayer* ne fut pas destitué pour avoir repoussé les cris de *vive l'empereur !* mais pour avoir amorti les acclamations de *vive le président ! vive Napoléon !* Ces acclamations non séditieuses, ces manifestations d'affection et de dévouement, le Président croyait peut-être en avoir besoin dans ce moment-là, pour intimider des malveillances, des rivalités et des haines qui commençaient à éclater ailleurs. C'est du moins ainsi que je m'explique ces faits étranges, obscurs, blâmables, des revues de Satory. Nous ne donnons cela que comme hypothèse. Mais l'hypothèse, si elle était fondée, expliquerait beaucoup d'apparences inexplicables autrement.

XI.

Or, pendant ces voyages, ces banquets, ces revues suspectes ou non suspectes, que se passait-il d'un autre côté de Paris? Nous avons parlé plus haut d'un nuage, d'un nuage d'où devait sortir un orage ; le nuage ? C'était la *Commission de permanence.*

Cette commission, qui remplaçait l'Assemblée, était composée, en y comprenant le bureau et les questeurs, de trente-six représentants, hommes choisis par la *majorité* de l'Assemblée, parmi les membres les plus accrédités et les plus éminents du parlement, mais non certes pas parmi les plus notoires par leur républicanisme. Nous ne leur en faisons point un reproche, la République, telle que nous l'entendons, n'est pas faite pour les républicains seuls, mais pour tout le monde. Les opinions y sont libres et les sentiments respectés. C'est juste, c'est grand, c'est politique. Il faut que chacun soit maître et fier de sa place sur le terrain commun de la République, et que le cœur même puisse y être royaliste, pourvu que le vote y soit constitutionnel.

Mais enfin le cœur occupe une grande place dans l'organisation humaine, et quand le cœur déclare franchement qu'il est aux dynasties tombées, on peut sans calomnier personne, soupçonner l'esprit d'être involontairement influencé par le cœur.

Les membres de la commission de permanence, à tort ou à raison, n'étaient pas accusés de trop d'entraînement de cœur vers le gouvernement républicain et vers le président de la République. C'étaient M. le général Changarnier, M. Jules de Lasteyrie, M. le général Saint-Priest, M. Berryer, M. Nettement, M. de Montebello, M. de Lamoricière, M. Leo de Laborde, M. Vésin, M. Casimir Perrier, M. Beugnot, M. Molé, M. de Mornay, M. Benoît d'Azy, M. Baze, M. le général Bedeau,

M. Dupin, M. de Panat, et quelques autres honorables représentants de nuances plus ou moins caractérisées. Cette commission avait pour mandat de surveiller les circonstances et de convoquer immédiatement l'Assemblée si quelque danger imprévu ou si quelque *symptôme grave* lui paraissait de nature à menacer la République. Or écoutez.

XII.

Il y eut bien un certain nombre de ces représentants membres de la commission de permanence qui quittèrent leur poste et qui abandonnèrent leur mission de surveillance assidue pour aller où le cœur les poussait.

Mais le symptôme ne parut pas grave à leurs collègues et à leurs amis !...

Il y eut bien quelques-uns de ces membres de la commission qui, laissant la République à tous les hasards, franchirent les frontières ou passèrent la Manche pour aller rendre des devoirs personnels et s'associer très honorablement à des deuils et à des obsèques.

Mais le symptôme ne parut pas grave, et en effet il n'était que pieux !...

Il y eut bien quelques-uns de ces membres de la commission de permanence qui allèrent à *Wiesbaden* républicains, et qui publièrent dans les journaux qu'ils revenaient royalistes.

Mais le symptôme ne parut pas grave !...

Il y eut bien de ces membres de la commission de permanence qui allèrent ailleurs pour rendre hommage à d'autres droits ou à d'autres affections dynastiques, et qui ne revinrent pas plus républicains sans doute qu'ils n'étaient partis.

Mais le symptôme ne parut pas grave !...

Il y en eut bien qui allèrent composer une véritable cour de l'exil,—la plus généreuse des cours et la plus désintéressée ;—qui assistèrent à des ovations de l'avenir peu rassurantes pour le présent; qui présentèrent comme des chambellans de la Providence la France future, à son roi éventuel ; qui... qui... qui...

Mais le symptôme ne parut pas grave. Cette commission avait l'oreille dure et la vue basse ; elle ne s'étonnait de rien !!!

Il y en eut bien qui, avec ou sans autorisation sans doute du général commandant l'armée de Paris, firent une cérémonie funèbre dans le palais même des Tuileries, cérémonie très sainte et très respectable dans son objet, mais très hardie dans son local, cérémonie à laquelle ils convièrent les ministres du roi de la dernière dynastie ; comme si les *Tuileries* eussent été une maison patrimoniale et non le palais de la nation et le quartier général de la République ! comme s'il n'y avait pas eu sur toute la terre de France un autre arpent de sol neutre pour dresser un autel et élever la libre et touchante prière du cœur à la mort ! comme si une cérémonie toute semblable à *Saint-Germain-l'Auxerrois*, en 1831, n'avait pas été le prétexte et le prélude d'un soulèvement, d'une profanation et du sac honteux de l'archevêché sous le gouvernement de cette dynastie qu'on venait ainsi compromettre jusque dans son tombeau !..

Mais ce symptôme, malgré le caractère officiel de ceux qui le permettaient et le caractère officiel du lieu où il était donné, ne parut pas grave !... Cette commission, cette autorité militaire, ces ministres tombés, ces voyageurs de toute religion, semblaient se dire : Ne voyons rien, passez-moi un prince, je vous passerai un roi ; passez-moi une lettre, je vous passerai une déclaration ; passez-moi une auberge en Allemagne, je vous passerai un palais à Paris !...

Mais, je vous le répète encore, tout cela n'avait rien de grave, et ces symptômes ne valaient pas la peine d'être regardés !...

Qu'importaient en effet ces allées et ces venues des représentants à Wiesbaden, des représentants à Claremont ; des

représentants de Claremont à Wiesbaden, des représentants
de Wiesbaden à Claremont? et ces négociations patentes pour
opérer la fusion des deux royautés contre la république? et
ces présentations, et ces cérémonies, et ces allocutions, et ces
confidences faites en public par des commissaires eux-mêmes,
et ce palais livré aux ministres d'un autre gouvernement par
des personnages officiels du gouvernement présent? cela faisait ressembler la commission de permanence, à quoi? *à un
congrès de prétendants,* voilà tout.... Ce n'était rien ; il n'y
avait point là de symptôme grave. La commission dormait sur
cet oreiller rembourré de songes!...

XIII.

Elle dormait? Non, vous vous trompez, elle ne dormait pas
tant que vous pensez, et pendant que les dynasties récentes
et seules dangereuses s'agitaient, voyageaient, écrivaient,
proclamaient, se concertaient, négociaient, priaient avec os-
tentation aux Tuileries! Savez-vous ce qu'elle faisait la commission de permanence?... Elle surveillait l'empire! l'empire
tout seul; rien que l'empire; le vieil empire sans empereur!
le vieil empire sans héritier, sans dynastie, sans titre, sans
droit, sans parti, sans ministres, sans racine; le vieil empire
aussi mort, aussi impossible, aussi posthume que les carlo-
vingiens ! car qui dit empire dit empereur, dit monde asservi,
dit trônes sous ses pieds, dit Europe désarmée et France
muette, qui dit empire dit fantôme de gloire sur lequel quarante ans ont soufflé et dont il ne reste qu'un éblouissement
dans les yeux de l'histoire et pas un élément dans la main
du temps !

N'importe, il lui plaisait à elle, commission de permanence,
de surveiller cette ombre pendant que ces réalités qu'elle ne
voulait pas voir lui brûlaient les yeux ! O vigilante commission
de permanence! oh ! que la République était bien gardée!!!

XIV.

Et comment surveillait-elle l'empire ?

Ah ! vous n'avez qu'à ouvrir les procès-verbaux, c'est un chef-d'œuvre de sagacité et de sollicitude ; il en sort à chaque page une odeur de haute police des mains de tels ou tels subalternes d'exploration : ce sont des commérages en rapports, des demi-confidences, des rondes de nuit ; les fantômes d'une soirée d'automne au coin du feu. L'un a entendu dire, l'autre a cru voir, celui-ci s'imagine avoir soupçonné, celui-là s'étonne de n'avoir pas remarqué, tel éprouve le besoin d'interpeller le ministre de la guerre conspirateur pour lui demander bien franchement s'il conspire ? tel, de lui faire promettre qu'on ne donnera rien de plus que la ration sèche aux soldats altérés par la marche ; tel, qu'on attendra patiemment la prochaine revue pour savoir si vraiment on y confisquera, oui ou non, ce jour là la République... quitte sans doute à dénoncer la conspiration après qu'on l'aura laissée s'accomplir ;... enfin des choses prodigieuses de flair et de tact, de logique et de sagacité ! et tout finit par l'assassinat que vous savez.

Mais le commandant général des troupes, selon ces procès-verbaux, assiste lui-même à quelques-unes de ces séances, il tranquillise nécessairement la Commission ; car il n'aurait qu'à parler et il n'y aurait point de revues ; ou bien il n'aurait qu'à se retirer, et sa retraite dénoncerait le péril suprême. On convoquerait à l'instant l'Assemblée ; et la conspiration serait écrasée sous le poids d'une nation qui n'en veut pas. Non ; on ne convoque rien ; on ne dit rien, on se borne à ces chuchottements qui sont les dénonciations du silence !

XV.

Eh bien, raisonnons ferme et disons la vérité à la Commission de permanence !

Cette vérité la voici.

De deux choses l'une :

Ou la Commission de permanence a vu des crimes dans les actes du Pouvoir exécutif pendant l'absence de l'Assemblée? et alors elle est inexcusable de n'avoir pas à l'instant sonné le tocsin constitutionnel d'alarmes et rappelé l'Assemblée pour venir devancer, affronter, pulvériser le coup d'Etat;

Ou la Commission de permanence n'a vu que des fantômes? et alors pourquoi fait-elle *chorus* avec la Coalition rétrospective qui vient dénoncer de soi-disant conspirations du Pouvoir exécutif à l'Assemblée, agiter le peuple, semer la panique dans la République, suspendre les affaires, diviser les deux Pouvoirs dont l'harmonie nécessaire est la condition de tout bien, dont la lutte est la condition de tout mal?

Ou elle a été bien aveugle cette commission il y a deux mois, ou elle est bien muette aujourd'hui?

Qu'elle réponde si elle le peut !

XVI.

Elle répond : Je me suis tu par générosité. Et de quel droit une commission de permanence chargée d'être en sentinelle devant la constitution serait-elle généreuse? Est-ce qu'un avant-poste chargé de surveiller le péril serait bien venu de ne pas tirer le canon d'alarme ou de ne pas crier *aux armes* par *générosité* en voyant les manœuvres de l'ennemi?

Est-ce que ce même avant-poste serait bien venu de tirer le canon d'alarme et de crier aux armes en pleine paix et deux mois après le prétendu danger?

En vérité la logique de la commission de permanence n'appartient qu'à elle; ou plutôt c'est l'inconséquence, la logique des passions ou des préventions !

Poursuivons.

XVII.

Voilà donc le nuage chargé dans la commission de permanence. Maintenant il faut que l'orage crève. Comment va-t-il crever, et sur qui? Comment va-t-il en sortir la monstruosité d'une coalition entre des royalistes qui avouent leur antipathie contre la République et des républicains pressés de se jeter à tous les piéges que le royalisme leur couvre de fleurs de leur goût, c'est à dire de dénonciations contre tous les pouvoirs?

Huit ou dix hommes actifs, habiles, diserts ou éloquents, parmi les chefs de la majorité orléaniste, se prennent tout à coup à notre insu d'une soudaine colère contre le pouvoir exécutif dont ils ont patroné la candidature, dont ils ont possédé seuls le gouvernement depuis deux ans en le poussant avec nous d'abord à l'ordre, c'est vrai, puis à tous les abîmes de la contre-révolution, et jusqu'à l'amputation ingrate de son principe, le suffrage universel. Ces hommes éloquents et consommés s'entendent avec les visiteurs bien inoffensifs de Wiesbaden; ils leur disent : « Faisons ensemble une petite
« campagne contre l'empire. Cela amusera notre oisiveté, cela
« occupera l'attention de l'Assemblée, cela fera plaisir aux
« bons républicains de tiers-parti qui nous croiront bien con-
« vertis et qui nous applaudiront toujours de renverser au
« moins quelque chose ! »

Et les légitimistes répondent : « Pourquoi pas? Un pouvoir
« exécutif, c'est toujours la moitié d'une république ! Renver-
« sons; cela ne peut pas nuire à nos espérances; renversons
« toujours, nous verrons après. »

Cela dit, des représentants, anciens ministres de la royauté d'Orléans s'élancent à la tribune un beau soir où l'on ne s'attend à rien. Ils déchirent leurs habits comme Antoine après le meurtre de César. Ils s'écrient : « Le pouvoir exécutif vient
« d'avoir l'*audace* de faire ce qui est dans son droit, c'est à

« dire de supprimer le commandement de l'armée dictatoriale
« de Paris, et d'enlever sa confiance officielle à un général qui
« est justement cher à ses amis. Aux armes ! c'est à dire rendons-
« nous dans nos bureaux, d'urgence, en pleine nuit, et nom-
« mons une commission extraordinaire chargée de nous pro-
« poser les résolutions subites et extrêmes que les circons-
« tances peuvent demander ! »

Et les républicains de tiers-parti ébahis courent au piége
comme le bœuf à l'abattoir. Ecrivez le mot d'opposition sur quelque drapeau que ce soit, faites-le porter par qui que ce soit,
fut-ce par un ministre de toutes les royautés combinées, et ces
habitués d'opposition *quand même* le suivront jusqu'à l'abîme !

Quelques républicains trompés du tiers-parti donnent donc
majorité aux ministres de la maison d'Orléans. La commission
propose une résolution de refus de concours du pouvoir législatif au pouvoir exécutif, c'est à dire la rupture nette et radicale entre les deux forces constituées qui composent la République.

Je m'y oppose en vain avec deux cent quatre-vingt-six
hommes de bon sens, républicains sensés ou hommes d'ordre.
On me hue républicainement à gauche, monarchiquement à
droite ; un général que j'écoute avec égards va se promener
pendant que je parle. Un de ces hommes tolérants qui montrent
le poing aux idées et qui haussent les épaules aux convictions
indépendantes, daigne m'adresser une de ces apostrophes qui
tranchent les discours. Je descend assourdi, non convaincu.

XVIII.

Un orateur consommé, l'enfant gâté des coalitions, refait avec
les plus légères et les plus charmantes variantes, son discours
décennal des quatre coalitions. En changeant le nom de roi
contre celui de président, il enlève les républicains de défiance,
il les endort, il les caresse, il les séduit, il les intéresse, il les
facine, il les entraîne, il les mène au *lacet* aux sons de cette

flûte qui donnait le ton aux orateurs populaires du temps des Gracques. *L'empire est fait*, s'écrie-t-il, et quand les républicains charmés ont le pied dans la coalition, l'habile orateur tire la corde. Et moi je vous dis — LE TOUR EST FAIT !

XIX.

Le tour est fait, citoyens! Mais quel tour ? C'est à dire que la République est perdue par la main réunie des ministres de la maison d'Orléans et des républicains à courte vue, si vous ne venez pas là sauver de ses habiles ennemis et de ses funestes amis en mettant votre opinion et la Patrie dans la balance !

Le tour est fait! c'est à dire que le *conflit* impolitiquement dénoncé au pouvoir exécutif par les coalisés orléanistes et les coalisés républicains, réduit nécessairement la République à une de ces deux extrémités : une dictature du président de la République, que Dieu nous en sauve !

Ou bien une *convention de royalistes,* sans contrepoids dans le pouvoir exécutif asservi ou emporté! Que Dieu nous en sauve et en sauve la République surtout !

Car ces prétendus républicains du tiers-parti ne voient-ils pas à quoi ils réduisent leur République de *coterie!* leur République de *droit divin,* leur République sans *phrase,* leur République sans discussion, leur République brutale comme un fait, leur République de muets, leur République non d'hommes libres mais de gendarmes!

Ils prétendent la comprendre et l'adorer exclusivement. Nous n'avons pas assez d'intelligence nous autres pour en parler ; et voilà le sort qu'ils lui font en se coalisant avec les ministres de la royauté contre un pouvoir exécutif qui les sert mais qui obstrue je ne sais quelle route à leurs pensées.

Ils la réduisent à ceci :

Un pouvoir exécutif annihilé, détruit, emporté, démissionnaire, ou en surveillance sous un général à la discrétion et à la nomination de l'Assemblée. Voilà pour le dehors.

En dedans une petite minorité de républicains en face d'une immense majorité de royalistes!

Le beau sort que ces républicains de la coalition font là à leur République!

Elle durera longtemps votre République, n'est-ce pas, dans cette situation que votre irréflexion lui a faite?

Et vous appelez les républicains des deux pouvoirs, les républicains de la Constitution, les républicains assez intelligents pour voir le piége et assez courageux pour le dénoncer; vous les appelez des apostats et des traîtres? Ah! la pire des trahisons c'est la trahison du sens commun! le vôtre vous a trahi et vous ne tarderez pas à vous en apercevoir!

Puisse-t-il n'être pas trop tard!

XX.

Il y a, j'oserai le dire, dans ce pays-ci, depuis vingt-cinq ans, deux partis dont l'existence est également fatale à la Monarchie et à la République; deux partis qui font à eux seuls tout le *venin* qui ronge à la fois les trônes et les libertés, les Rois et les Peuples!

Ces deux partis sont dans l'opinion royaliste, le parti des coalitions depuis 1829 jusqu'en 1851! Le parti des ministériels renversant l'échelle quand ils sont aux affaires et menant le parlement et le journalisme à l'assaut dès qu'ils n'y sont plus. Agitateurs de trônes, briseurs de royautés, dès que ces trônes et ces royautés ne veulent plus être les hochets de leurs mains! Mais ceux-là au moins ils ont l'excuse de leurs ambitions, de leurs fautes, de leurs légèretés, dans leur nature et dans leur mérite, ils ont de l'imagination, du bon sens, de l'éloquence, des talents, presque du génie! Le génie de l'agitation! La fièvre. On les craint, mais on ne peut s'empêcher de les admirer en s'affligeant.

XXI.

Dans le parti républicain, c'est la petite fraction qui prend son nom du nom d'un journal. Petite église de *dictateurs* d'occasion, petit cénacle de *sectaires* de la République personnelle. Ces hommes concentrent en eux tout ce qui humilie, tout ce qui blesse, tout ce qui repousse enfin les âmes vraiment grandes, vraiment libres dans la nation, et ils ont tous les jours l'audace de dire au pays : « La République c'est nous ! la dé-« mocratie c'est notre horreur de toute supériorité ! L'égalité « c'est le niveau de notre intelligence sur toutes les têtes qui « nous dépassent. La liberté (ainsi que l'a formellement dit « avant hier un homme digne par son honnêteté d'autres apo-« logistes) la liberté, c'est le droit de penser comme nous ! » O âme de Carrel, âme grande et tolérante où es-tu?...

XXII.

Et quels sont donc les titres de ces quatre ou cinq républi-cains du *droit divin* d'une secte, pour affecter tant de superbe et tant d'intolérance et pour toiser de si haut tout homme qui vaut un autre homme dans ce pays?

Leurs titres ? ah ! je les connais et la France aussi.

Cette république qu'ils revendiquent aujourd'hui comme leur propriété personnelle et exclusive, elle s'est faite sans eux ! Malgré eux, peut-être !.. Ils n'avaient pas même assez d'initiative pour l'accepter, quand elle tombait toute faite du hasard sur leurs fronts ! Ils n'avaient pas même assez de politique pour reconnaître l'opportunité et la nécessité de leur république dans cette poussière des trônes écroulés sous leurs coups !...

Cette République, ils n'ont su que lui proposer des programmes de dictature et de tyrannie qui en auraient fait la déri-

sion et le dégoût de la France, si dès les premiers jours on ne
l'avait pas arrachée de leurs mains pour la nourrir du lait
plus fort de la tolérance et de la discussion, de l'humanité, de
la liberté !...

Des hommes circonvenus par leur école, mais meilleurs
qu'eux, n'osent-ils pas dire encore aujourd'hui « que tout gou-
« vernement qui permet qu'on discute son principe, est un gou-
« vernement perdu? »

Omar dans l'Orient, *S. Dominique* en Espagne et les *Lois
de Septembre* en France parlaient ainsi. Hommes à maximes
courtes et tranchantes ! Ils ne comprendront donc jamais que
la beauté et la force d'une république, c'est de pouvoir et de
vouloir être discutée, et que tout principe qui ne supporte
pas l'examen de la raison humaine, n'est pas un principe
mais une brutalité !

Cette République ? ils l'ont vue un jour opprimée par
une invasion de démagogues. Qu'ont-ils fait de plus républicain que nous, pendant que Paris se levait de lui-même
avec nous pour venger la représentation de la France ?

Cette République? Ils l'ont gouvernée pendant près d'une
année d'une manière absolue eux et leur parti. Qu'ont-ils fait
de notre politique au dehors? Qu'ont-ils fait de la plus belle
situation nationale et diplomatique où jamais République ait
été portée en cinq mois de modération et de dignité? Qu'ont-ils
fait de notre attitude sur les Alpes? Qu'ont-ils fait de notre
médiation nationale en Piémont? Qu'ont-ils fait de l'Italie
entière? A qui n'ont-ils pas ouvert la route de Rome sans
le vouloir en la découvrant?

Cette République? Ils en ont eu la dictature après les journées de juin 1848, journées dont on leur a fait gloire à eux
seuls, (le ciel sait avec quelle injustice pour d'autres, car s'ils
ont noblement combattu comme tout le monde, avaient-ils
mieux prévu et mieux préparé que ceux qui ont porté en
silence tout le poids immérité de l'événement?)

Qu'ont-ils fait après du gouvernement de la République? un long état de siége! Qu'ont-ils fait de la répression nécessaire mais limitée après la victoire? Qu'ont-ils fait de la mesure et de la clémence qui devaient borner les châtiments et les jugements à quelques centaines de chefs coupables, en amnistiant et en reconciliant le reste? Ils ont été bons soldats, mais toujours soldats, quand il fallait être hommes d'état.

Voilà les œuvres de ce parti si superbe, si rogue, si dénigrant et si ingrat aujourd'hui envers les choses, les idées, les hommes qui n'entrent pas dans le cadre étroit et compressif de leurs petites combinaisons et de leur esprit de secte?...

XXIII.

Voilà les hommes qui se jettent dans la première embûche qu'on daigne leur tendre! Voilà les hommes qui fourvoient la République dans une impasse de coalition proposée par leurs adversaires! Voilà les hommes qui sans le voir, sans le vouloir et sans le savoir, répudient les conseils de leurs seuls amis, prennent conseils de leurs mortels ennemis, qui se croient habiles parce qu'ils sont soupçonneux, et qui préparent à leur cause et à leur pays ce qu'il y a de plus funeste pour un peuple : « *Une révolution menée par une contre-révolution.* »

Ah! le parti *doctrinaire* a perdu deux monarchies! le parti de ces nouveaux doctrinaires de la République combien perdra-t-il de républiques? Combien perdra-t-il de révolutions?

XXIV.

Ah! j'aime mieux mille fois ces hommes qui siégent sur les bancs plus escarpés de la République, et dont nous sommes séparés par plus d'abîmes. L'abîme au moins est visible! Ces hommes ont plus de passions, mais ces passions sont plus entières! Ils ont plus d'idées fausses, mais ces idées sont plus impersonnelles et plus dégagées en eux de tout alliage de parti! Ils nous combattent, mais à ciel ouvert! Ils nous combattent avec des foudres; quelquefois avec le fer et le feu; mais ils ne nous combattent pas du moins avec des coalitions et des sophismes!! Ils sont ce qu'ils sont; des amis fanatiques de la République extrême, des ennemis des républicains modérés! C'est bien, c'est franc! c'est la guerre! et quand ils demandent une révolution, ils disent Révolution! On se comprend et on se défend. Mais que le jour des dangers suprêmes se lève pour la République et on les verra se dévouer sans ambition à la cause qu'ils préfèrent même à leur système et à leurs ambitions!

XXV.

Une révolution avec ces hommes-là, on sait ce que c'est du moins!

Quand le peuple fait des révolutions, lui, ces révolutions sont terribles; (j'en excepte une seule, celle du 24 Février, où pour la première fois depuis que le monde est monde, un peuple révolutionné, débordé, absolu, s'arrêta tout seul et fut pendant quatre mois soulevé, au-dessus du sol, au-dessus du crime, au-dessus de lui-même par l'enthousiasme de sa propre modération).

Oui, quand le peuple fait des révolutions, elles sont terribles. Elles font trembler le sol; elles bouleversent les sociétés; elles secouent les fondements des empires; elles engloutissent les vies et les intérêts; elles consternent l'humanité. C'est trop vrai! cela doit faire frémir les ambitieux ou les dupes qui y poussent ou qui s'y laissent entraîner par des coalitions comme celle que je combats. Mais quand le peuple fait des révolutions, lui, il a, ou il croit avoir du moins un but, une idée, une passion, un besoin, une espérance, une illusion, quelque

chose enfin ; c'est un droit à conquérir, un privilége à abolir‘
une liberté à saisir, une égalité à constater, une fraternité
des classes à fonder, un principe à promulguer sur le monde !
C'est faux, ou c'est vrai, comme voudrez ; ce sera même un
songe si vous voulez encore ! Mais enfin le songe est vaste !
Le but est haut ! L'idée est supérieure à de petites considérations ; l'illusion même, si c'est une illusion, est grande, passionnée ; grande comme le peuple lui-même, passionnée comme
lui ! cela se déplore, mais cela se comprend ; cela s'explique ;
cela vaut la peine ! cela paie la sueur et le sang !

XXVI.

Mais une révolution dans une révolution ! mais une révolution par fantaisie ! mais une révolution par caprice ! mais une
révolution par vanité de quelques meneurs de groupes parlementaires obéissants dans une assemblée surprise ! mais une
révolution par coalition de royalistes tombés et de républicains
mécontents ! mais une révolution pour un hochet ! mais une
révolution pour voter *la confiance par force* d'un président de
république dans tel ou tel général à sa nomination ! mais une
révolution par une équivoque ! mais une révolution pour que
les vengeurs de la monarchie tombée et les jaloux de la république exclusive se donnent la main dans un mensonge de
boules confondues dans une urne !

Ah ! pitié !...

Oui, pitié pour ce peuple qui veut l'ordre et le travail dans
la République ; et à qui vous arrachez des dents son morceau
de pain !

XXVII.

Républicains honnêtes et clairvoyants, hâtez-vous de rompre
cette fausse apparence de complicité qui perd la République,
et de rendre la sécurité au pays. Surveillez, mais aidez votre

pouvoir exécutif! Ne lui demandez plus son nom, mais son œuvre.

Quant à moi je sais par expérience que les coalitions portent *inévitablement* dans leurs flancs les révolutions ; et quand tous les républicains du tiers-parti y tremperaient, sinon du cœur, au moins du vote, et quand toutes leurs tribunes et tous leurs journaux m'accuseraient de la bêtise de l'impérialisme, de faiblesse ou de trahison, je dirais encore non. Non, mon devoir n'est pas de plaire à la République, mais de la servir ! Vous la tuez, vous la menez au piége ; eh bien ! si elle doit périr, que ce ne soit pas du moins par la main d'un de ses fondateurs !

« *Et si omnes, ego non !* »

LAMARTINE,
Représentant du Peuple.

POST-SCRIPTUM.

28 janvier au soir.

La Coalition l'a emporté. Le ministère a été obligé de se retirer devant les votes contradictoires mais réunis des amis de M. Thiers et des républicains de défiance. Le Pouvoir exécutif a vainement cherché un autre ministère. Dans l'impossibilité d'en trouver un dans l'Assemblée, il a fallu, pour l'expédition des affaires, nommer un *ministère neutre* pris en dehors de l'Assemblée. Ce ministère est composé d'hommes capables, pris parmi les hommes d'élite des diverses administrations. Ces hommes de mérite et de modestie se sont dévoués à ce rôle ingrat mais nécessaire. Les honnêtes gens leur en sauront gré.

Le Président de la République a adressé le Message suivant à l'Assemblée en lui annonçant, en termes très mesurés et très conciliants, ce ministère :

« Paris, 24 janvier 1851.

A M. le Président de l'Assemblée nationale législative.

« Monsieur le président,

» L'opinion publique, confiante dans la sagesse de l'Assemblée et du gou-
» vernement, ne s'est pas émue des derniers incidents. Néanmoins la France
» commence à souffrir d'un désaccord qu'elle déplore. Mon devoir est de
» faire ce qui dépendra de moi pour en prévenir les résultats fâcheux.

» L'union des deux pouvoirs est indispensable au repos du pays; mais,
» comme la Constitution les a rendus indépendants, la seule condition de
» cette union est une confiance réciproque.

» Pénétré de ce sentiment, je respecterai toujours les droits de l'Assem-
» blée, en maintenant intactes les prérogatives que je tiens du peuple.

» Pour ne point prolonger une dissidence pénible, j'ai accepté, après le
» vote récent de l'Assemblée, la démission d'un ministère qui avait donné
» au pays, à la cause de l'ordre des gages éclatants de son dévouement.

» Voulant toutefois reformer un cabinet avec des chances de durée, je ne
» pouvais prendre ces éléments dans une majorité née de circonstances
» exceptionnelles, et je me suis vu, à regret, dans l'impossibilité de trouver
» une combinaison parmi les membres de la minorité, malgré son impor-
» tance.

» Dans cette conjoncture, et après de vaines tentatives, je me suis résolu
» à former un ministère de transition, composé d'hommes spéciaux, n'ap-
» partenant à aucune fraction de l'Assemblée, et décidés à se livrer aux affai-
» res sans préoccupation de parti. Les hommes honorables qui acceptent
» cette tâche patriotique auront des droits à la reconnaissance du pays.

» L'administration continuera donc comme par le passé. Les préventions
» se dissiperont au souvenir des déclarations solennelles du Message du 12
» novembre. La majorité réelle se reconstituera. L'harmonie sera rétablie
» sans que les deux pouvoirs aient rien sacrifié de la dignité qui fait leur
» force.

» La France veut avant tout le repos, elle attend de ceux qu'elle a investis
» de sa confiance une conciliation sans faiblesse, une fermeté calme, l'im-
» passibilité dans le droit.

» Agréez, monsieur le président, l'assurance de mes sentiments de haute
» estime.

» LOUIS-NAPOLÉON BONAPARTE. »

II.

Cela vous paraît sage, n'est-ce pas? Mais ne vous fiez pas aux
apparences! Dès que la Coalition a connu la nomination de ce ministère et ce Message, elle a éclaté de nouveau en murmures et en
accusations de déloyauté contre le Président. Elle a prétendu que le
Président avait joué la comédie en feignant pendant six jours de
chercher un ministère dans l'Assemblée. Elle a dit qu'il voulait humilier cette Assemblée en lui envoyant un ministère personnel,
neutre, extra-parlementaire, afin de la punir et de la flétrir. Elle a
annoncé et demandé de nouvelles interpellations, comme s'il n'y
avait pas assez de bruit et d'agitation et de suspension d'affaires
depuis quinze jours!

Elle s'est accordé ce nouveau plaisir.

La Coalition a donc dit aux nouveaux ministres : Qui êtes-vous?
où nous menez-vous? d'où venez-vous?

Hélas! si les nouveaux ministres n'avaient pas eu les lèvres closes
par la convenance et par le patriotisme, ils pouvaient répondre aux
coalisés du parlement gauche et droite : *Nous venons de votre folie!
et vous nous accusez des impossibilités que vous avez créées vous-
mêmes.*

III.

Et en effet ceci est une affaire de bonne foi : où voulez vous que
le Président de la République prenne un ministère et une majorité

après une Coalition qui a pulvérisé les partis organisés dans l'Assemblée ?

Sera-ce à droite ? Mais vous l'avez détruite cette majorité en la séparant du Pouvoir exécutif attaqué et accusé par vous ? La moitié de votre majorité n'a pas voulu vous suivre dans une révolution d'étourdis : elle a passé dans les 286 ; ces hommes raisonnables qui ont refusé comme moi de renverser un gouvernement pour vous complaire.

Sera-ce dans ces 286 représentants ? Mais parmi ces 286 il y en a autant de gauche que de droite ; ils ont eu la même sagesse dans le péril de la patrie, mais ils n'ont pas les mêmes opinions sur la politique courante. Ainsi moi, par exemple, je veux restituer le suffrage universel régularisé, mais entier, à la République, et plusieurs des 286 ont voté la loi du 31 mai.

Sera-ce dans la gauche ? Ne voyez-vous pas que cette majorité des *coalisés* de la gauche est une majorité prêtée aux amis de M. Thiers pour refuser ensemble et dans un même vote leur concours. Mais une fois cette offense faite en commun au Pouvoir exécutif, la majorité apparente de la gauche *coalisée* n'existe plus. Le général Cavaignac et ses amis ne peuvent pas offrir des ministères à M. Thiers et aux ministres de la maison d'Orléans !

Vous avez donc créé l'impossibilité de gouverner, et vous accusez le Pouvoir exécutif de l'impossibilité que vous lui avez faite ! Ce n'est pas seulement ici injustice, c'est dérision ; la dérision même n'est pas française, elle est judaïque, elle est cruelle, elle crie iniquité.

Aussi l'opinion qui a une conscience ne s'y trompe pas, et elle vous blâme !

IV.

La France vous blâme, elle vous abandonne et elle vous repousse avec tant de force et tant d'unanimité que vous n'avez pas osé hier pousser la campagne de l'agitation plus loin, et que vous avez laissé tomber vos secondes *interpellations* sans les soutenir. Après avoir voté le feu, vous avez voté l'eau froide pour l'éteindre, vous avez voté la clôture contre vos propres amis. Hélas ! il était trop tard, le feu avait pris.

Un seul républicain a bien parlé dans tout ceci : c'est M. *Mathieu* de la Drôme, hier. Nous le blâmons quand il s'égare dans les détours bordés d'abîmes d'un socialisme dangereux et impraticable, mais cette fois il a marché ferme et droit aux vrais ennemis de la République, sans se laisser intimider ni dévier par la coalition des républicains fourvoyés avec les orléanistes dans une impasse où ils n'auraient jamais dû mettre le pied. L'orateur de la haute gauche a été sensé, nerveux, courageux, éloquent ; j'ai reconnu l'accent de la vraie République. Ce n'étaient pas là ces compromis avec soi-même, ces écheveaux embrouillés de circonlocutions, ces précautions oratoires d'une heure ces remords d'opinion délayés en discours qui nous avaient affligés dans la bouche des républicains mal engagés. La netteté de l'opinion donne de la lumière à la parole. M. *Mathieu* de la Drôme a été cette fois un homme politique.

V.

En résumé, que résulte-t-il de cette triste campagne de la coalition de 1851 ?

Il en résulte ceci :

Le pays troublé pendant un mois.

Les affaires suspendues.

L'inquiétude jetée par les ennemis de la République et par ses aveugles amis sur la durée de nos institutions, les seules possibles.

Le Pouvoir exécutif, menacé, outragé et grandi hors de proportion par les imprudents qui ne connaissent pas toute la popularité que donne une injustice !

La majorité, coupée, ressoudée, pleine de ressentiments contre elle-même et prête à se briser de nouveau au premier mouvement.

L'ordre moins assuré puisque la base chancelle.

Les républicains divisés aussi par l'impéritie de ceux d'entre eux qui ont donné dans le piége des agitateurs de la majorité royaliste. En sapant, autant qu'il était en eux, le Pouvoir exécutif, ces républicains-là ont diminué de moitié de sa force la Constitution et la République elle-même. Par répulsion contre un nom d'homme, ils ruinent une institution !...

Un ministère pris en dehors de l'Assemblée, c'est à dire émanant moins de la souveraineté représentative.

L'Assemblée elle-même un peu affaiblie et beaucoup dépopularisée par une agression impolitique suivie de faiblesse.

Résultat net : Abaissement pour tous les partis devant la France, et pour la France elle-même devant l'Europe.

Jouez maintenant le jeu de vos ennemis ! Confondez vos boules avec les boules de ceux qui votent votre perte ! Recommencez les coalitions !...

Eh bien ! vous les recommencerez une fois, deux fois, trois fois ! c'est moi qui vous le dis. Quand une assemblée a fait un seul jour une *coalition*, elle ne s'appartient plus, sachez-le bien ; elle appartient au hasard ; elle appartient au vertige ; elle est atteinte à mort, quoiqu'elle dure encore. Les tronçons s'agitent sans pouvoir se renouer. Il n'y a plus de corps, il n'y a que des fractions. Il n'y a plus de vie, il n'y a que des convulsions. Vous l'avez voulu !... Mais le peuple est sage et le pays est sain. Le Pouvoir exécutif, nous l'espérons, démentira vos accusations par sa fidélité à la République et par sa probité.

Rien n'est perdu !

LAMARTINE,
Représentant du peuple.

L'un des Propriétaires, J. MIRÈS.

LE

CONSEILLER DU PEUPLE.

Première Partie.

Fausse tactique d'une coalition parlementaire contre le Pouvoir exécutif.

I.

Je vous disais il y a peu de jours : « *Défiez-vous de la coalition.* » (1)

Je vous le répète aujourd'hui.

Ceux qui me lisent depuis trois années dans cette feuille savent cependant que je ne suis pas un *alarmiste*. Je n'ai pas cessé jusqu'ici de prêcher au peuple la confiance, l'espérance, la patience, la sécurité, tous les sentiments qui pacifient, qui rallient, qui concilient, qui dissipent les soupçons, qui écartent

---

(1) En faisant dans notre dernier numéro l'histoire des *coalitions* qui s'unissent pour détruire un gouvernement, nous avons cité le nom de M. Hyde de Neuville ancien ministre de la Restauration. Nous ne voulions, pas faire entendre par là que ce caractère chevaleresque et libéral à la fois ait jamais eu d'autre pensée que celle de sauver la monarchie de Charles X en résistant aux erreurs qui la conduisaient à sa perte. M. Hyde de Neuville a donné trop de gages de son dévouement à ses souverains pour qu'on le justifie jamais d'une infidélité de cœur.

les ombrages mutuels, qui font tendre la main à la main, qui ouvrent es cœurs, qui inspirent le pardon, la bienveillance, la concorde, a bonne volonté réciproque à tous les citoyens. Les hommes se sont moqués de moi à cause de cette disposition à la confiance ; ils m'ont appelé *optimiste*, c'est à dire crédule et naïf ! mais ma conscience et Dieu m'ont consolé. Inspirer la défiance et la colère aux citoyens dans les temps où l'union peut seule les sauver, c'est un mauvais acte ; je dis plus, c'est une exécrable politique. Il y a assez de bouches envenimées et assez de journaux agitateurs pour vous souffler les ombrages, les calomnies, les discordes, les accusations, les vertiges contre vos pouvoirs républicains : à chacun son rôle. Les vipères font du poison, et les abeilles font du miel. Les soupçons et les haines sont le poison des peuples. Laissons pétrir ce venin à d'autres.

II.

Mais s'il ne faut pas, comme ces journaux et ces partis, réveiller sans cesse la République en sursaut en lui disant : « Prends garde, ne dors pas, ne travaille pas, ne vends pas, « n'achète pas, ne sème pas, ne moissonne pas ; voilà ton pou- « voir exécutif qui conspire ! Voilà ton Président qui usurpe ! « voilà ton premier magistrat qui trahit ! voilà un nom qui « gronde l'empire ! voilà un mot ambigu dans un discours ! « voilà un geste suspect dans l'attitude d'un héritier de César ! « voilà un cri mal sonnant sorti de la bouche d'un vétéran en « voyant un profil napoléonien ! voilà un sabre, un uniforme, « un dîner, une revue, un coup d'état ! Que sais-je ? » Il ne faut pas non plus endormir la République sur des dangers d'une autre espèce ; il ne faut pas que sous prétexte de surveiller l'*Empire*, le vieil empire posthume et impossible, l'empire risible en 1852, il ne faut pas que le parti mal inspiré des républicains , uni par je ne sais quelle passion commune avec le parti des agitateurs parlementaires, perde le peuple, la patrie, la société pour satisfaire ses ombrages ou pour assouvir son monopole de domination sur la République! Il ne faut pas que ce parti substitue ses insatiables intérêts d'importance exclusive à l'intérêt de la nation ! Il ne faut pas qu'il se fasse le levier systématique de la division entre les deux pouvoirs! Il ne faut pas que ce petit schisme puisse servir tour à tour tantôt les orléanistes, tantôt les démagogues, tantôt ceux-ci, tantôt ceux-là, toujours les ennemis de la concorde et de l'affermissement des institutions! Il ne faut pas que, sous couleur de craindre l'Empire, il précipite la France dans une troisième anarchie.

III.

Assez d'anarchie comme cela pour un demi-siècle! La République des honnêtes gens nous en a sauvés, restons-y et améliorons-la. Quant à moi le seul service que je puisse rendre encore à cette République, c'est de la défendre contre les agitations malfaisantes de ce petit groupe de *despotes* de la République. Ils ne comptent pas par le nombre, car ils ne sont pas dix dans leur bureau d'opinion ! Ils ne comptent pas par l'éclat, car ils n'ont pas produit un homme d'état ! Ils ne comptent pas par la polémique, car ils tranchent d'un mot les raisons ; ils ne comptent pas par les idées, car ils proscrivent la discussion et ils invoquent le bâillon sur les lèvres!... Ils ne comptent pas par le prestige, car on les a vus au pouvoir autour du second gouvernement de la République, hélas ! et qu'a-t-on vu de grand ? si ce n'est la perte en quinze jours de la grande situation que la République française avait prise au dehors ?.. la suppression de toutes les libertés sous un arbitraire de famille? leurs candidatures à la présidence si mal menées et si antipathiques par la forme à la susceptibilité publique qu'il en est sorti sous leurs auspices malheureux, quoi? la can-

didature d'un prince! précisément ce qu'ils appellent, eux,
l'*empire*!

Voilà ce que nous leur devons à eux, et ils nous reprochent
à nous leur ouvrage?... Un gouvernement sans vues! une politique à tâtons!.. Le beau titre pour se faire aujourd'hui les puritains de la République!... eux! qui n'ont su que conseiller,
le jour de leur avénement, l'emprisonnement de leur collègue
éminent en journalisme, M. de Girardin! eux! qui ont rivé
le premier écrou de la liberté de la presse!...

Mais si cette école rogue et intolérante du journalisme dénigrant ne compte ni par le nombre, ni par le génie, ni par
la discussion, ni par la presse, ni par la modestie, ni par l'abnégation, ni par la magnanimité, ce signe des hommes d'état,
elle compte par l'importance, cette fausse grandeur de l'infé-
riorité! elle compte par la personnalité, cette contre-épreuve
de la faiblesse; elle compte par le dénigrement, cette passion
de l'insuffisance! elle compte par les alliances qu'elle noue
avec tout ce qui la sert; elle multiplie par le mouvement perpétuel et par les voltefaces de ses tactiques le nombre qui lui
manque et l'autorité qu'elle voudrait avoir!

Eh bien, voilà ces puritains de la République dont il faut
combattre les inspirations et le despotisme aujourd'hui en
s'exposant sans masque et la poitrine découverte à leurs coups
pour sauver les institutions en danger.

Ils ne sont pas dix, nous dit-on, que voulez-vous qu'ils fassent? Mais les Girondins n'étaient pas dix, et ils ont perdu
la République en la divisant! mais les Terroristes n'étaient
pas dix, et ils ont déshonoré la révolution en l'ensanglantant!
mais les conspirateurs orléanistes n'étaient pas dix, et ils ont
perdu la monarchie de la Restauration en l'irritant jusqu'à
la démence! mais les Doctrinaires n'étaient pas dix, et ils ont
perdu la monarchie de Juillet en se coalisant avec les Radicaux de la Chambre! Qu'importe que la petite clientèle du
National soit composée de dix ou de cent, si les Républicains

trompés ou intimidés la suivent dans une tactique funeste à la
démocratie et au pays, et s'ils mènent la République au piége
derrière eux ? Que la République soit perdue par un, par dix
ou par cent, en serait-elle moins perdue ? Et la nation en re-
tombera-t-elle moins dans un abîme de révolutions sans issue ?

IV.

Eh bien ! oui, la République est dans un de ces dangers
non encore apparents, mais suprêmes, qui forcent les hommes
les plus muets, comme le fils de Crésus, à qui le danger de son
père délie la langue, à parler, à désigner, à accuser ! Le danger vient tout entier de la fausse manœuvre de ces hommes,
il faut le leur dire en face. Nous avons fait tous les sacrifices
de personnalité à la paix ; mais la guerre maintenant, puisqu'ils la veulent !... La guerre, puisqu'ils la font à la concorde !... la guerre, puisqu'ils disent guerre à tout ce qui n'est pas
eux !... la guerre, puisqu'il n'y a plus de réticence ni de paix
possible avec une si aveugle et si incorrigible opinion. Je dirai
à cette faction de la République ce que Phocion disait à Anti-
pater : « Je ne puis pas être à la fois ton flatteur et ton ami ! »

V.

Oui, ce sont ces huit ou dix hommes qui font en ce
moment tout le mal.

Qu'importe, en effet, que les dynasties de première, seconde et troisième races pétitionnent l'empire, la royauté
traditionnelle, ou la royauté usurpée dans des programmes
confidentiels ou publics, communiqués à la France par leurs
correspondants à Paris ? On parle de lettres arrivant ou devant
arriver des divers conseils des prétendants à la couronne ?
Depuis quand brigue-t-on un trône par correspondance et par
fondés de pouvoir. Rendez grâces au bon esprit de la République,
qui permet qu'on le brigue ainsi et qui défend qu'on le brigue

autrement? Quel progrès de tolérance et de bon sens public qu'un gouvernement qui permet à toutes les royautés écartées du trône de tendre la main par-dessus les frontières à la souveraineté de raison et de discussion du suffrage universel, de lui rendre hommage par cette reconnaissance tacite de sa toute-puissance, et de lui dire : « Examinez mes titres, « voyez ma date, écoutez mes patrons, prêtez l'oreille à mes « orateurs, jugez ma cause, admettez ou rejetez mes préten- « tions et mes doctrines. »

Cela ne rappelle-t-il pas tout à fait les rois de *Pont* ou de *Bythinie* venant ou envoyant plaider leur cause devant le sénat de Rome, dont ils se faisaient les clients, et demandant le trône par la voix d'Hortensius ou de Cicéron? Je me trompe, cela est bien plus beau et bien autrement généreux de la part de la République; car ce trône que les prétendants sollicitent ainsi du suffrage universel de la France, c'est le trône même de la France! On l'estime assez cette souveraineté nationale pour lui dire à elle-même : « découronne-toi pour me couronner. »

Voilà du nouveau en civilisation et en liberté. Il y a dix ans on aurait insulté, emprisonné, persécuté de pareils actes et de pareils pétionnaires; aujourd'hui on lit, sans se troubler, ces messages de l'exil, qui seront bientôt, nous l'espérons, datés de France. On les loue, on les discute, on applaudit leurs orateurs. Le suffrage universel se sent si fort et si sûr de son droit qu'il ne se fâche de rien. Gloire au temps!

Oui, des regrets, des respects, des rapatriations à leur heure, des fortunes immenses et inviolables sur le sol, tout ce qu'ils voudront, tout ce que la France bien inspirée doit vouloir; mais des trônes, non! ils engloutissent.

VI.

Et quel danger y a-t-il même dans ces *fusions* des deux dynasties dont on ne cesse de nous entretenir comme de la victoire suprême selon les uns, comme de la catastrophe finale selon les autres ? Elle ne s'accomplira jamais cette fusion, car les dynasties ne s'amnistient jamais les unes les autres quand il y a un trône entre elles dans le passé et quand il y a, en remontant plus haut, le ressentiment de deux révolutions qui les séparent. Mais quand bien même cette fusion s'accomplirait pour un jour, et quand les deux dynasties confondraient leurs prétentions pour traiter de *nous sans nous et contre nous* plus à l'aise, qu'en résulterait-il ? Ce pacte de famille leur donnerait-il un droit ou un partisan de plus ? Voulez-vous que je vous dise la vérité ? Eh bien ! non, cela diminuerait au contraire la force de chacune de ces deux dynasties séparées ; car les partisans de la légitimité pure et incorruptible ne lui pardonneraient pas de bon cœur ce commerce de droit et ce trafic de trône avec cette illégitimité, cette usurpation, cette révolution de 1792 et cette révolution de Juillet qu'ils ont appris à détester, à incriminer et à maudire en naissant ; le pacte de famille ne serait pas plus tôt conclu à l'étranger entre les princes qu'il serait contesté, exécré, maudit et lacéré à l'intérieur par les partisans jaloux, scandalisés et ombrageux des deux familles ! Montrez-moi un pareil traité de paix dans l'histoire ! La nature proteste, et les cœurs ne ratifient pas.

VII.

D'un autre côté, la royauté d'usurpation et d'illégitimité dans la maison d'Orléans perdrait à cette fusion son seul titre. C'est la royauté révolutionnaire ! c'est la royauté solidaire de 1792 et de 1830 ! ôtez-lui ces deux titres, qu'est-ce qui lui reste ? Le jour où elle abdique la révolution, elle abdique son droit au trône et ses titres populaires à la faveur des ennemis de la légitimité ! En revenant sous le drapeau de la branche aînée elle revient contrite, humiliée, repentante, dépopularisée, subalternisée pour un trône! elle a perdu son prestige et son pavois. Elle participe à l'impopularité d'un principe et d'un entourage qui ont fait tomber trois fois la Restauration légitime.

Ces grands négociateurs de fusion croient fortifier les deux principes en les amalgamant: ils les neutralisent l'un par l'autre, voilà tout. Chacun des deux est plus fort de sa propre nature. Dormez en repos sur ces fusions; elles n'ajoutent rien au danger.

VIII.

Et quel danger y a-t-il même dans cette majorité actuelle composée d'anciens royalistes des deux branches, réunis par un coup de vent de réaction dans l'Assemblée nationale? Aucun. Ne voyez-vous pas qu'ils sont en effet les plus nombreux, mais qu'ils sont emprisonnés dans la République? Véritables otages du suffrage universel, ne pouvant sortir de l'Assemblée, où ils sont les maîtres, sans trouver la République à la porte, où le suffrage universel règne à son tour sur eux?

C'est la monarchie prisonnière entre les quatre murs de la République. Cette majorité se regarde, se compte, se félicite, se remue, parle, fronde, accuse, injurie même tant que cela lui plaît les institutions qui la froissent; mais une fois qu'elle s'est donnée ces plaisirs innocents, dont la République a le bon esprit de la laisser jouir, cette majorité regarde dehors, et elle se reconnaît captive dans sa constitution! Un autre coup de vent électoral la modifiera d'esprit et de nombre, et la République, non plus forte mais plus logique, au lieu d'avoir une représentation de royalistes, aura une représentation de républicains modérés ou du moins de républicains de raison! Voilà ce qui se passerait et ce qui se passait avant la coïncidence malfaisante de l'opinion du *National*.

Quoi de perdu donc pour la République sans ce parti?

IX.

Mais les partisans de la restauration de la dynastie usurpatrice savaient bien ce qu'ils avaient à faire et quels préjugés de cœur ou quelles cécités d'esprit ils allaient amorcer. Ils ont regardé autour d'eux, et ils se sont dit : Nous ne pouvons rien ; nous sommes emprisonnés dans la Constitution. Puis ils ont regardé dans l'opinion en face, et ils ont dit : « Nous « sommes sauvés ! Voilà des hommes qui nous donneront la « main ou la boule pour briser cette Constitution qui nous « emprisonne ! voilà des hommes qui nous prêteront la réplique « quand nous voudrons jouer le rôle d'opposition radicale et « irritée contre le pouvoir exécutif, c'est à dire contre la moitié « de la Constitution !... Ces hommes que nous avons écrasés, « liés, garrottés nous-mêmes hier par la main du Pouvoir exé- « cutif un moment séduit ou asservi à nos volontés, ces hommes « nous pardonneront tout, pourvu que nous les vengions à « notre tour du Pouvoir exécutif! Faisons une coalition tacite « avec eux, posons-leur des questions captieuses dans les- « quelles ils ne pourront voter contre le Pouvoir exécutif sans « voter en même temps par confusion d'idées contre la Répu- « blique, et ils voteront !... et ils entraîneront !... et ils sape- « ront leur propre ouvrage !... et ils refuseront concours à « leur propre gouvernement constitué, et ils refuseront con- « fiance à leurs propres organes!... et ils déclareront par six « votes de suite soupçon, opposition, désaffection, irritation, « obstination, guerre à leur propre magistrature républi- « caine!... et leur propre gouvernement, entravé par leur pro- « pre folie, deviendra impossible !... et le Pouvoir exécutif, « poussé à bout, fera quelque mouvement gauche ou cou- « pable!.. et le peuple, impatienté de voir ces républicains « coalisés se mettre eux-mêmes sous les roues de la République « pour l'empêcher de marcher, s'agitera et tremblera pour son « pain!... et il fera un empire de ruisseau ! un Bas-Empire non

« de soldatesque, mais de prolétaires affamés!... et ce Bas-
« Empire durera autant qu'une acclamation du peuple!... et
« nous serons débarrassés des républicains et de la Répu-
« blique!... et nous mettrons à Vincennes nos complices éba-
« his de la coalition parlementaire!... et l'Europe, qui nous
« regarde, rira, applaudira, nous assistera!... et nous repren-
« drons nos ministères et nos entrées aux Tuileries sous une
« longue minorité d'illégitimité monarchique qui nous livrera
« la démocratie!... et Henri V et ses amis seront tout étonnés
« de nous voir si bien nous passer d'eux!... et la duchesse de
« Berry ne reviendra pas en Vendée, car elle sait comment les
« fusions traitent les princesses héroïques!.... et cela durera
« tant que cela pourra!!! Et les légitimistes, les bonapartistes,
« les républicains, les trente millions d'âmes démocratisées,
« ennoblies par le suffrage universel, puis dégradées par l'abo-
« lition de la République reprendront, séparées ou coalisées,
« l'œuvre sans repos des révolutions! et un accès de commu-
« nisme secouera les familles, les propriétés, la société jusqu'à
« l'écroulement, et le monde sera de nouveau en feu!... Mais
« alors comme alors, et... gouvernera qui pourra! »

X.

Vous croyez que je calomnie quelqu'un, n'est-ce pas? Vous
pensez que je me moque du sens commun et de vous? Vous
dites en vous-mêmes : « Mais comment se trouverait-il de pré-
« tendus républicains assez aveugles ou assez suicides pour se
« prêter, même innocemment, à une coalition si démasquée
« avec les Orléanistes contre la République sous prétexte de
« faire de l'opposition personnelle au Pouvoir exécutif, au Pou-
« voir exécutif qui porte au moins la moitié du gouvernement
« de la République? Cela ne se peut pas! les hommes ne se
« trahissent pas eux-mêmes ainsi! car enfin, le Pouvoir exé-
« cutif entravé ou renversé, il est bien visible que leur Ré-

« publique va s'écrouler sur eux !... A quoi donc penseraient-
« ils ? un enfant ne ferait pas ces puérilités ! »

XI.

Eh bien, mes amis, avant d'avoir passé seize années de ma
vie dans les assemblées, avant d'avoir connu par expérience
les coalitions, les inconséquences, les contresens, les bêtises,
les perversités des petits groupes parlementaires dominés par
la colère ou par l'ambition, j'aurais raisonné comme vous ;
j'aurais dit : c'est impossible !

Et cependant cela est ! Oui, cela n'est pas possible, et cela
est vrai ! Oui, il s'est trouvé, il se trouve dans le parti du jour
nalisme puritain cinq ou six hommes assez peu clairvoyants
ou assez emportés par la prévention contre je ne sais quoi
pour prêcher dans leur journal la guerre personnelle au Pouvoir exécutif de la République et pour engager les républicains
impartiaux de l'Assemblée à voter le refus de concours à leur
propre Gouvernement ! et il se trouve des mains pour confondre leurs boules avec les boules des Orléanistes ennemis
nés de leur République !

Vous me direz : Mais ces républicains faisaient sans doute
des restrictions mentales ou même verbales ; car enfin leur
vote n'avait pas la même intention que les votes des Orléanistes.

— C'est vrai ! Mais il avait dans l'urne la même signification.
Il disait : Refus de *confiance* et de *concours*, guerre commune
au Gouvernement !

Et ce vote avait dans le pays le même effet ; il séparait
l'Assemblée du Pouvoir exécutif ; il paralysait le Gouvernement,
il tuait la République !

Et malheureusement cette petite fraction du *National* se
groupant et manœuvrant autour de quelques noms considérés
dans les Assemblées a entraîné dans cette fausse manœuvre

une grande partie des républicains impartiaux de l'Assemblée, très innocemment fourvoyés sur leurs traces ! et le Gouvernement s'est immobilisé tout à coup, comme une pendule dont les ressorts sont arrêtés par un grain de sable. Le grain de sable c'est cette imperceptible faction d'écrivains égarés, faction funeste aux monarchies, funeste aux républiques !

Et la République est en danger !

Et la patrie est en danger !

Et la société elle-même est en danger !

Car la République, croyez-moi, n'est pas un caprice de système ; c'est la dernière forme de l'ordre, de la France, de la propriété ! Hommes de mauvais conseil ! c'est la seconde fois depuis la révolution qu'ils mettent la République à deux doigts de sa perte.

Je ne crains pas de vous le dire, si les républicains impartiaux continuent à suivre ces cinq ou six guides qui ont eux-mêmes le bandeau de leur propre importance sur les yeux, c'en est fait !!! prenez le deuil de votre République ! elle est étouffée entre deux intrigues par la main de ses dangereux sectaires et de ses ennemis naturels et habiles. Elle devient Convention ou usurpation orléaniste ! et après elle devient anarchie, lutte de prétendants et de communistes ! guerre extérieure et guerre intestine ! Sauvez, sauvez la République constitutionnelle, la République des deux pouvoirs, ou attendez-vous à tout !

XII.

Vous croyez que je charge le tableau ? Eh bien, raisonnons !

Faites d'un regard avec moi le tour de l'horizon, et voyez si vous apercevrez un seul point clair par où puisse passer une espérance de bonne solution dans le cas où cette faction continuerait à entraîner les républicains impartiaux de l'Assemblée dans sa détestable manœuvre de coalition contre le Pouvoir exécutif; demandez-leur un peu avec moi : « Voyons, où nous menez-vous ainsi? »

Où on nous mène, citoyens! j'ose vous le dire.

On nous mène à une de ces cinq ou six catastrophes que je vais vous montrer du doigt, là, tout près de vous!

XIII.

Première hypothèse :

Si l'opinion du *National* n'est pas promptement abandonnée par les républicains clairvoyants; si les hommes de ce parti s'obstinent à voter avec les amis des orléanistes, et à refuser concours au Pouvoir exécutif, voici ce qui va se passer :

Le Pouvoir exécutif ne pourra trouver dans l'Assemblée aucun ministère, car s'il le prend à droite, la gauche et le centre refuseront confiance. S'il le prend à gauche, la faction du *National* lui refuse concours et le repousse par ses ressentiments et ses accusations, même quand il vient à lui. Si le Pouvoir exécutif veut prendre le ministère au centre?... Mais il n'y a plus de centre possible. Les hommes du *National*, en déclarant la guerre au Pouvoir exécutif ont détruit le seul centre républicain qui pût porter un ministère? Funeste faction, qui ne veut pas qu'on gouverne et qui ne peut pas gouverner!...

XIV.

De cette impossibilité pour le Pouvoir exécutif de trouver un ministère dans l'Assemblée que résultera-t-il? faiblesse et stagnation de gouvernement, hésitation de toutes les heures, perte des jours et des mois, grandes et petites affaires suspendues, politique étrangère et intérieure nulle; impatience, agitation, désespoir du peuple! Accusation mutuelle des deux pouvoirs, dont chacun dira : «Je me lave les mains du malheur des temps! » Vous savez combien un tel état de choses peut

durer en France! C'est l'agonie d'un peuple et d'un gouvernement!

Hommes de vertige, où allez-vous?

XV.

Seconde hypothèse:

Si l'*opinion* du *National* continue la coalition contre le Pouvoir exécutif, que se produira-t-il encore? Le Pouvoir exécutif
s'impatientera-t-il? dira-t-il en lui-même : « On me fournit un
« triste prétexte, un terrible grief de révolte morale contre
« l'Assemblée ? J'ai un peuple mécontent de n'être pas gou-
« verné derrière moi; je vais lui montrer l'obstacle et lui dire :
« débarrassez la route de la République?»

Mais non! il ne fera pas ce crime! et en ne le faisant pas
il montrera assez selon moi que ces accusations d'empire ou
de coups d'Etat dont on nous alarme depuis deux ans ne sont
que l'expression du désir de quelques *Cromwells* de plume
pressés de trouver dans le Pouvoir exécutif un coupable, afin
d'avoir le droit de remplacer la trahison par la dictature.

XVI.

Mais qui peut vous répondre que le pays, lassé, impatienté,
poussé à bout par vos impolitiques refus de concours au Pouvoir exécutif, ne prenne pas un jour ou l'autre parti pour vous
contre lui ou pour lui contre vous, et ne jette pas quelques
acclamations irréfléchies et criminelles? Ne savez-vous pas
combien la contradiction donne de popularité et combien il est
dangereux de caresser à contre-poil le lion? Et dans cette hypothèse qu'auriez-vous fait de votre République? Vous auriez
été les vrais *agents provocateurs* de l'Empire ! Y pensez-vous ?
Si cela arrivait, vous et les vôtres vous en accuseriez le Pouvoir
exécutif; mais la France et la République n'en accuseraient
avec raison que vous!

Votre obstination aurait jeté le pays dans la démence, et cette démence à qui l'histoire l'imputerait-elle si ce n'est à vous?

XVII.

Troisième hypothèse :

Supposons, au contraire, que le pays tourne son mécontentement contre le Pouvoir exécutif et vous aide à le déposer. Que devient l'Assemblée nationale, je vous le demande, sans Pouvoir exécutif nommé par le peuple? ou avec un Pouvoir exécutif démissionnaire, nommé par le peuple, chassé par vous?...

Elle devient Convention! Vous frémissez, et vous avez raison! car, les royalistes ayant la majorité dans votre assemblée, votre assemblée devient Convention contre-républicaine. Elle vous écrase vous et votre République dans votre coalition! Le sublime résultat!

XVIII.

Mais supposons qu'elle ne vous écrase pas.

Quand vous serez Convention, que ferez-vous? Un Comité de salut public? Mais je vous laisse à penser comment un pays qui trouve à peine assez de durée à la Présidence de la République personnifiée dans un magistrat de cinq ans en trouvera assez dans un Comité de salut public qui changera tous les mois, et où la majorité, en changeant avec les membres de cette oligarchie parlementaire, changera tous les mois aussi ou tous les jours l'esprit général du gouvernement. Ce sera une boussole sans pôle!

Votre République dans une nation industrielle et commerciale comme la France, à qui il faut un certain horizon assuré pour ses affaires, ne survivrait pas trois mois à un tel régime; c'est le régime des révolutions et des tempêtes, ce n'est pas celui des démocraties laborieuses, assises et régularisées! Vous fe-

riez perdre haleine au pays à vous suivre ainsi dans votre turbulente mobilité! Savez-vous ce qu'il ferait le pays? Il ne
vous suivrait pas... et il abandonnerait votre République dé-
capitée! autre procédé à l'usage de votre faction pour bien
servir la démocratie que vous prétendez avoir faite!...

XIX.

Quatrième hypothèse :

Ferez-vous autre chose après vous être débarrassés du pouvoir exécutif? Oui, je vois bien votre arrière-pensée; vous
ferez nommer par l'Assemblée elle-même je ne sais quel chef
parlementaire ou militaire du pouvoir exécutif. Vous avez, je
le suppose, quelque journaliste, quelque orateur ou quelque
général en réserve pour le découvrir tout à coup à l'admiration et à l'obéissance de ces quarante millions d'âmes qui sa-
lueront (n'en doutez-pas) d'une acclamation servile et unanime le grand homme que vous aurez eu l'indulgence de lui
façonner! Quelle bonté! et comme la France sera reconnais-
sante et empressée! Comme ce factieux en chef sera bien reconnu, bien obéi, bien accepté, bien soutenu, bien aimé par
ce peuple innombrable à qui vous aurez dérobé violemment
son élu quelconque pour lui substituer celui d'une faction de
journalistes de Paris!... Comme ce chef du peuple, nommé
sans le peuple et contre le peuple, par une assemblée qui sera
peut-être déjà usée dans l'esprit du peuple et qui ne repré-
sentera, en tout cas, que la majorité d'une assemblée, au
lieu de représenter l'instinct d'une grande masse nationale,
sera fort, puissant, incontesté! Quelle autorité majestueuse
une pareille dictature, par *assis et levé*, donnera à votre pouvoir exécutif! à votre gouvernement! à votre loi! Ce ne sera
pas l'homme de la France, il est vrai, mais ce sera l'homme de
la faction du *National!...* Et vous, vous bercez de pareilles
illusions sur la puissance de votre parti? et vous croyez que

la France, qui veut une démocratie à son image, à la mesure
de son intelligence, de sa liberté, de sa grandeur, se rape-
tissera à votre commandement pour s'accroupir comme une
esclave antique dans votre niche de dictature et dans votre
cachot de république large comme le bureau de votre journal?
et vous croyez que le pays, à qui vous direz : « Je veux
« que cela soit ainsi, je veux que vous vous courbiez sous
« cette plume ou sous ce sabre de mon choix ! » vous croyez
que ce pays se laissera imposer ce cauchemar sur la poitrine?
qu'il ne saura pas respirer malgré vous?... qu'il ne secouera pas vous et votre petite tyrannie au premier souffle
quand il aura besoin d'un meilleur air?... Ah ! vous vous
croyez donc bien adorés, bien précieux, bien nécessaires,
bien indispensables, bien populaires dans ce pays! Que Dieu
vous préserve du réveil ! car vous seriez bien vite détrompés.
Oui, le jour où le pays subirait de nouveau l'humiliation
d'une dictature de parti, il monterait comme une marée!
L'élément démagogique et l'élément royaliste, que vous auriez
à la fois soulevés, vous feraient flotter vous, vos plumes et vos
sabres, comme une écume dont il ne sentirait seulement pas
le poids! le peuple vous recouvrirait de sa toute-puissance
d'opinion et de souveraineté; ce serait comme au 24 février
1848, où le peuple ne fut pas plus tôt répandu par vous dans
son lit, dans son océan de révolution et de liberté qu'il éleva
un murmure presque unanime contre vous et les vôtres, et
que ce peuple vous disputa la porte de sa révolution et de
son gouvernement, jusqu'à ce que vous eussiez été présentés,
garantis, pris par la main et cautionnés par ceux que vous
insultez aujourd'hui avec une si habituelle ingratitude !

XX.

Non, si les républicains impartiaux et clairvoyants continuent à vous suivre dans cette guerre folle au Pouvoir exécutif

de la République et que vous triomphiez, savez-vous au profit
de qui votre triomphe ?

Au profit d'un gouvernement extrême quelconque, royalisme
ou démagogie, au profit d'un accès de communisme qui vous
couvrira des ruines de la République régulière, dont vous sapez
les deux pouvoirs en en sapant un. Or un gouvernement extrême, un accès de communisme dans un pays comme la
France en 1852, dans un pays où vingt-huit millions d'hommes
donneraient vingt-huit millions de fois leur vie pour leurs
foyers, pour leur capital et pour leur salaire, savez-vous ce que
c'est ? C'est la mort de la République en six semaines ! c'est la
démocratie reculée d'un siècle par l'horreur que ses désordres
lui feraient inspirer !

Votre imprévoyance aurait donc tué ainsi la République
pour en gouverner et pour en posséder le cadavre !

XXI.

Cinquième hypothèse :

Si enfin les républicains impartiaux et clairvoyants continuent à vous suivre dans cette guerre anti-démocratique au
pouvoir exécutif et si vous parvenez à opérer la rupture entre
ce pouvoir et l'Assemblée, savez-vous au profit de qui? encore?

Au profit d'une candidature de prince de la dynastie d'Orléans !...

Voilà où on vous mène ! et vous le savez bien !.... oui, vous
le savez bien, et c'est là ce qui vous rend sans excuse !... Vous
précipitez à tout hasard et par égarement la République dans
le piége le plus grossier que ses ennemis aient jamais tendu à
un peuple nouvellement républicain.

Comme moi, vous n'avez pas voulu des candidatures dynastiques au commencement d'une République ; vous avez eu peur
des noms couronnés au sommet mobile d'une démocratie ; cela
était sage ; vos amis de l'Assemblée constituante et vos coali-

sés de la droite actuelle ont jugé autrement, le pays a forcé la
main à notre prévoyance, l'élection souveraine a voulu un re-
jeton de gloire populaire pour premier magistrat de la République; nous ne nous sommes pas révoltés contre le suffrage
universel, notre souverain et le vôtre. La Providence est plus
profonde et plus haute que nos petites pensées; nous l'avons
respectée dans ce qui nous contrariait, et nous avons dit : danger pour danger, il y en a mille fois moins dans ce nom-là que
dans un autre. L'empire est une chimère, à moins que la faction du *National* ne le fasse par gaucherie! L'Empire n'a point
d'héritiers, l'Empire n'a point de personnel de gouvernement,
point de cour, point de ministres derrière lui; il ne pourrait
ressusciter que comme un fantôme! Il fondrait au grand air
comme ces grands hommes de cire de *Curtius*, dont il ne reste
que le costume quand on les expose au soleil.

D'un autre côté, ce nom est populaire dans les campagnes :
il donnera force et prestige à la République chez les paysans,
et si l'homme qui le porte est un honnête homme et un homme
intelligent qui sache préférer les grands rôles neufs aux paro-
dies, cet homme sentira la beauté du rôle ou d'une scène d'un
Washington français! Servons-nous de son nom, puisqu'on
nous l'impose; espérons bien de son intérêt personnel, et pré-
munissons, au moyen de ce nom, la République contre le danger de noms plus menaçants!

Voilà, selon moi, le bon sens. La France l'a eu comme moi!
Tous les républicains politiques l'ont quand ils réfléchissent;
mais les républicains du *National* ne l'ont pas, et ils prêtent la
main par un inconcevable acharnement d'erreur à ceux qui
trament une présidence orléaniste!

Leur manœuvre actuelle, intelligente ou non, ne peut aboutir que là!

Or cela encore c'est la mort de la République!.... Vous voulez donc la tuer, comme César, de vingt-sept coups de poignard
à la fois, tantôt par la main des conflits, tantôt par la main des

défiances, tantôt par la main des démagogies, tantôt par la main des dynasties, tantôt par la main des orléanistes, tantôt par la main des républicains ! *Tu quoque, Brute !*

XXII.

Mais non, vous n'êtes pas si coupables ! vous ne voulez pas la tuer, vous ne voulez pas la perdre ; vous voulez seulement l'embarrasser. Je vais vous dire ce que vous voulez sans le savoir.

Vous voulez pousser un nouveau candidat prineier sur la scène, dans la personne d'un prince, très honorable du reste, de la maison d'Orléans ? Et pourquoi ? pour que cette complication aggrave les difficultés de la France ; pour chasser une candidature napoléonienne de rééligibilité, si la Constitution se révise dans son article *rééligibilité*, par une candidature orléaniste ; pour combattre une dynastie par l'autre, et puis pour combattre ensuite ces deux candidatures dynastiques, dont vous espérez triompher par la candidature de quelques-uns d'entre vous ! le beau rêve ! la puissante combinaison de Machiavels à l'école ! la pénétrante connaissance du cœur humain et de l'opinion dans ce pays ! comme il fera beau voir le candidat innommé, quel qu'il soit, que la popularité du *National* nous révélera à son heure, ballotté au scrutin de douze millions d'hommes, de la Bretagne et du midi, du Nord et du Rhin, entre les souvenirs, les prestiges, les brigues, les influences territoriales des grandes zones monarchiques ou démocratiques se servant des scrutins et des magistratures de la République pour réinaugurer leurs vastes partis !... *Le National* contre trois couronnes ! *le National* contre la France ! *le National* contre les siècles ! *le National* contre la Providence ! Venez voir ce combat à forces égales !

Vraiment on croit rêver soi-même quand on lit dans les rêves de ces fortes têtes voulant combattre les montagnes !

Insensés, vous seriez vaincus avant d'avoir mesuré vos

forces. Ce n'est pas avec des rêves qu'on combat des périls pareils pour la République ; c'est avec la politique, la raison, l'opinion : la politique, la raison, l'opinion vous disent que vous ne pouvez sauver la République menacée par les orléanistes d'un côté et par les anarchistes de l'autre que par l'union de vos deux pouvoirs et par une prompte réconciliation de l'Assemblée avec son premier magistrat républicain ! Là est le salut, l'ordre, le travail, l'apprivoisement du pays à la démocratie gouvernementale. Tout le reste est faible, faux, ruineux, mortel à vous, à nous et surtout au pays ! Tout le reste, c'est à dire tout ce que vous faites depuis deux mois, tout ce que vous conseillez, tout ce que vous rêvez, tue la République. C'est entre vous et elle une question de vie et de mort !

Voilà pourquoi je vous combats et je vous combattrai ; je vous combattrai plus que si vous étiez ses ennemis avoués ; car si vous étiez ses ennemis avoués le pays se défierait de vous, et vous laisserait tout seuls! Mais vous êtes ses prétendus amis exclusifs, mais vous êtes ses faux guides et ses faux prophètes ; en vous suivant le pays croit suivre la République, et il ne suit que le sentier tortueux d'une petite faction qui mène sa République à la mort! *Vitam impendere vero.*

XXIII.

Je sais bien que vous me dites : « Mais le Pouvoir exécutif « a fait des fautes? mais il a laissé trop résonner autour de lui « au commencement le titre de neveu de l'empereur? mais il « a trop laissé battre le rappel des opinions anti-républicai- « nes sur son nom? mais il a trop concédé aux ressentiments « monarchiques et aux partis hostiles à vous et à nous? mais « il a eu des ministères qui nous répudiaient? mais il a laissé « présenter des lois qui nous mutilaient ou nous reniaient? »

Qui vous dit le contraire? Et ne l'ai-je pas dit avant vous et aussi haut que vous? Mais parceque l'on désapprouve et que l'on combat tel ou tel ministre, telle ou telle tendance de gouvernement qui se trompe, telle ou telle mesure funeste, telle ou telle loi malfaisante d'une administration (comme celle du 31 mai, par exemple), est-ce une raison pour déclarer une guerre maladroite à son pays, la guerre sans yeux, la guerre irréconciliable, le refus de concours, la lutte systématique entre les deux pouvoirs nécessaires et constitués dont la République se compose? Est-ce une raison pour mutiler la République elle-même et pour voter non du même cœur, mais de la même boule avec ses ennemis?

XXIV.

Vous avez été gouvernement neuf mois vous ou vos amis. Croyez-vous que votre gouvernement me plaisait? croyez-vous que j'approuvais tous ses actes? croyez-vous que j'applaudissais à sa politique étrangère quand il répudiait celle qui avait replacé la République dans son attitude inoffensive mais énergique sur les Alpes et partout? croyez-vous que j'applaudissais à ses promptitudes de dictature, à ses écrous de journalistes au secret, à ses brusqueries de main, à ses catégories, à ses états de siége, à ses procédés électoraux, à ses formes hardies de candidatures? Non certes, je n'approuvais pas tout cela! Et cependant je ne déclarais pas refus de concours au gouvernement d'un pouvoir bien intentionné, placé dans une situation difficile, et méritant quelquefois l'approbation, quelquefois l'indulgence, toujours la justice des bons citoyens. Non, je votais contre ses lois; mais je n'attaquais pas son institution. Je ne rompais pas avec un pouvoir public indispensable à la République. Et quand on me sommait de me joindre à ses ennemis, qui étaient mes amis, pour l'accuser, je disais : Non, il a pu se tromper, il a pu faillir; mais c'est un pouvoir honnête et nécessaire, et je vois en lui le pays, qui a besoin d'un gouvernement bon ou mauvais avant tout!

Pourquoi donc ne faites-vous pas de même envers votre
Pouvoir exécutif aujourd'hui? Est-ce que ce qui est bon pour
nous n'est pas assez bon pour les grands citoyens de l'état de
siége? est-ce qu'ils sont d'une autre argile que nous? est-ce
que le patriotisme dont nous nous honorons bien, nous vulgaire, les déshonorerait, eux?

XXV.

Mais qu'ils regardent donc autour d'eux : est-ce que l'exemple de ce patriotisme, de cette abnégation devant les intérêts
de la société et de la République ne leur est pas donné depuis
un an par le pays lui-même, mille fois plus désintéressé, plus
modéré, plus résigné, plus calme que ceux qui devraient lui
donner le modèle des vertus civiques?

Est-ce que ces quatre cents républicains de toutes nuances,
mais sans ambition, qui siégent derrière eux sur les bancs de
l'Assemblée ne leur donnent pas eux-mêmes en masse le spectacle de cette réserve et de cet apaisement patriotiques des
opinions et des prétentions exclusives nécessaires au salut
commun dans la fondation d'une République?

Est-ce que la Montagne elle-même ne se nivelle pas?

Est-ce que les Socialistes systématiques n'ont pas vu que leurs
systèmes effarouchaient la société? est-ce qu'ils ne les réduisent
pas tous les jours davantage à des études d'améliorations pratiques, modérées, inoffensives de leurs théories économiques?

Est-ce que les démocrates trop entiers ou trop exclusifs de
doctrines dans l'Assemblée ne transigent pas avec les mœurs,
les habitudes, le temps, pour affermir de tous leurs efforts
d'abord la République?

Est-ce que le peuple lui-même, dans le champ, dans l'atelier, dans la rue, ne répudie pas la démagogie et ne donne pas
l'exemple, même au milieu de sa gêne, de l'ordre volontaire,
de la raison, de la patience et de la paix?

Est-ce qu'il fait des refus de concours, des déclarations de défiance, des coalitions, lui?

Non! non! il n'y a de trouble que dans ce petit groupe d'agitateurs de plume, de papier et de boules. Tout se modère, tout se prête au temps, tout se concilie, tout s'apaise, tout est patient dans le pays; il n'y a que cette opinion qui n'ait ni patience ni pitié en ce moment en France! Eh bien, il faut que cette petite faction d'agitateurs tue la République, ou que les vrais Républicains répudient enfin cette petite faction! Plus de menagements, il faut se prononcer.

Que l'opinion réfléchisse, et qu'elle se prononce! Elle est notre juge à vous et à moi! Si elle se prononce pour l'opinion de la secte du *National,* nous rentrons dans le cratère des révolutions! Si elle condamne enfin cette petite église de schismatiques de la démocratie à l'impuissance, l'Assemblée, que vos deux mois d'agitation impolitique ont tronçonnée, reprendra son empire et sa majesté dans le pays; l'harmonie se rétablira entre les deux Pouvoirs; il ne restera plus en 1852 qu'une chose pour consolider la République, il restera à connaître le véritable esprit, la véritable volonté du peuple et à établir par une politique prudente et résolue la conformité de volonté entre la tête et les membres, entre l'opinion et la représentation.

Là se posera la question de la révision de la Constitution : si le pays la veut et que l'Assemblée la refuse, c'est une révolution! c'est l'explosion d'un pays sous une Assemblée qui ne l'exprime plus dans sa vérité; si le pays la veut et que l'Assemblée la vote, c'est la République fortifiée et impérissable.

Nous choisirons.

LAMARTINE,
Représentant du Peuple.

L'un des Propriétaires, J. MIRÈS.

CONSEILLER DU PEUPLE.

Première Partie.

LA RÉVISION.

I.

Nous approchons d'une crise pour le pays et pour la société; chacun y est intéressé pour sa part.

Le pays pour sa nationalité,

La société pour sa conservation et son amélioration,

Les riches pour leurs biens,

Les pauvres pour leur travail,

Les fabricants pour leur capital,

Les ouvriers pour leurs salaires,

Les négociants pour leur commerce,

Les agriculteurs pour leurs champs,

Les royalistes pour leur sentiment,

Les républicains raisonnables pour la liberté.

Il est donc naturel que tout le monde y pense, et comme le salut général ne sortira que de la pensée la plus sage et la plus unanimement adoptée, il est nécessaire qu'on s'en entretienne et qu'on échange de bonne foi ses idées et ses opinions sur ce qu'il y a de mieux à faire pour passer paisiblement et glorieusement ce défilé de 1852.

C'est pourquoi je veux m'en entretenir à cœur ouvert aujourd'hui avec vous.

II.

Toute a question se résume dans ces deux mots : la Constitution sera-t-elle où ne sera-t-elle pas révisée? Le meilleur article d'une constitution républicaine, c'est à dire d'une constitution perfectible, corrigible et progressive, c'est l'article qui déclare que rien n'est immuable dans les institutions politiques d'un peuple libre qui porte en lui-même et qui exerce à son heure, quand il le juge convenable et d'après des formes prévues et réglées, sa propre souveraineté.

Dieu seul est immuable, parceque seul il est infaillible.

Les peuples les plus sages ne le sont pas; ils peuvent se tromper, donc ils doivent pouvoir se corriger.

C'est là le principe de la révision des Constitutions. La Constitution de 1848 a eu le bon sens de le comprendre et de le dire.

L'assemblée législative est autorisée dans la dernière année de sa durée à déclarer, à une majorité des trois quarts des voix, qu'il y a lieu de réviser la Constitution sur tels ou tels articles et à faire appel à une assemblée constituante chargée de voter souverainement ces amendements à la Constitution.

Rien n'est donc plus légal et plus constitutionnel que d'examiner s'il y a lieu pour l'Assemblée législative de demander la révision et de faire appel au peuple en 1852.

III.

Mais cela est-il politique? et cela est-il républicain?

C'est ce qu'il faut discuter.

Discutons-le comme toute chose, sans passion et de bonne foi.

Je vais vous donner les raisons pour et contre, et nous nous prononcerons dans notre conscience après.

IV.

Ceux qui paraissent hésiter à consentir, du point de vue républicain, à une révision de la Constitution en 1852 disent :

La Constitution est vicieuse sur plusieurs points ; nous en convenons, nous n'avons pas cessé de le dire à la tribune ou dans nos journaux depuis trois ans, nous avons même notablement affaibli ainsi dans l'esprit du pays l'estime et la foi qu'il convient d'avoir pour le pacte fondamental. Le jour où nous soutiendrions à la tribune ou dans nos feuilles que la Constitution de 1848 est parfaite, les murailles même nous donneraient un démenti, et les échos de l'Assemblée nationale s'éleveraient contre nous. Nous leur avons tant dit le contraire !

Oui, nous convenons que la Constitution est imparfaite et vicieuse sur deux ou trois articles.

Ainsi le scrutin de liste qui fait voter les électeurs sur parole et dans les ténèbres, et qui change le mystère de l'élection en loterie, doit être revu pour rendre la lumière, la vérité et la sincérité à la souveraineté du peuple.

Ainsi le conflit qui peut placer face à face pendant quatre ans un président et une assemblée qui ne s'entendent pas et que personne ne peut déjuger, doit être constitutionnellement vidé. Il faut une solution à ce conflit des deux Pouvoirs dans la faculté d'un appel au pays ou dans la voix prépondérante d'un sénat ou d'un conseil d'Etat national institué pour cet usage.

Ainsi la non-rééligibilité du pouvoir exécutif doit être examinée et peut être effacée de la constitution. Les Américains, plus démocrates et plus expérimentés que nous en république, ont ri en nous voyant écrire cet article de la non-rééligibilité en 1848 ; ils se sont dit : Mais avec une pareille exclusion nous n'aurions pas eu Washington !... Condamner un peuple à ne pas nommer un président qu'il estime et qu'il désire, et le condamner à nommer un président qu'il ne veut pas, c'est attenter à sa souveraineté, et c'est le désafectionner de sa république même. C'est un *pis-aller* de pouvoir exécutif qui ferait détester le meilleur des gouvernements. Mieux vaudrait alors tirer un président au sort ; au moins le sort ne serait une atteinte à la liberté de choix de personne.

V.

Mais, continuent les hommes hésitants, si la Constitution est mparfaite sur tous ces points, n'y a-t-il pas plus de danger à permettre qu'on la retouche qu'à la conserver avec tous ses vices ?

Car enfin, une fois que nous aurons permis qu'on y touche, qui nous dit qu'au lieu de l'améliorer on ne la transformera pas ? Qui nous répond qu'après avoir évoqué le pouvoir constituant du fond du pays pour perfectionner et solidifier une république, ce pouvoir constituant ne nous donnera pas une monarchie ?

Qui nous dit qu'il ne prolongera pas trop la durée des présidences ?

Qui nous dit qu'il ne nous fera pas un empire ?

Qui nous dit qu'il ne nous rejettera pas dans les mains de cette faction des orléanistes qui, depuis 1789 jusqu'à ce jour, n'a su que renverser les royautés sans pouvoir en asseoir une, et qui, un pied dans le droit héréditaire, un pied dans le droit d'insurrection, profite de sa parenté avec les rois pour usurper sur le peuple, et de ses caresses au peuple pour inquiéter les rois.

Qui nous dit qu'il n'ira pas chercher dans l'exil le germe de l'arbre monarchique tombé pendant la tempête de 1830, sur la terre étrangère, à qui la France n'a rien à reprocher que son innocence et son antiquité? mais qui représente un principe mort dans la foi des siècles nouveaux.

Qui nous dit enfin qu'il ne dépassera pas la république gouvernementale organisée et civilisée que nous voulons, pour nous jeter dans une république de *convention* ou de *sectes*, sans tradition, sans lumières et sans garanties? dans une anarchie en un mot?

A toutes ces chances qu'une assemblée constituante pourrait faire courir à la République, au pays, à la société, nous préférons la Constitution imparfaite que nous a léguée la nation souveraine et représentée en 1848.

Voilà ce que nous disent les républicains ou les citoyens qui hésitent entre deux dangers et qui croient ainsi préférer le moindre.

VI.

Et voilà ce que leur répondent les républicains plus hardis qui croient que les maladies ne se guérissent pas par la durée, mais qu'elles s'empirent. Ils disent donc, et je dis avec eux :

« La France s'avance vers une crise qui donne des inquié-
« tudes à toutes les classes saines de la population. C'est
« vrai; mais d'où viennent ces inquiétudes? et quels sont les
« moyens de prudence et de résolution propres à prévenir
« tout danger? »

Ces inquiétudes viennent-elles de l'extérieur? Non; quelles que soient les prophéties qu'on vous fasse sur ces prétendues coalitions de l'Europe contre le système républicain régulier en France, le simple bon sens vous dit que ces coalitions sont des rêves de diplomates oisifs. Les coalitions ne sont jamais que des *reflux* de l'Europe refoulée et menacée dans ses propres limites et revenant se défendre ou se venger sur votre propre terrain. On ne fait pas une chose si difficile qu'une coalition de gaieté de cœur, on ne fait pas une coalition par précaution. Le monde n'est pas fou. Tant que la France n'attaquera pas les nationalités ou les souverainetés qui l'entourent, elle est elle-même inattaquable, ou si elle venait à être attaquée ainsi dans son innocence et dans son droit, elle leverait un million d'hommes au cri d'indépendance, elle lancerait légitimement ses bataillons, son nom, ses principes au cœur des puissances agres-sives, elle crierait vengeance aux peuples, elle attesterait le monde des réserves qu'elle a eus en 1848 pour tous les gou-vernements établis, elle ferait la campagne des idées nou-velles, la guerre de trente ans de la démocratie, elle triomphe-rait en emportant de grands lambeaux des trônes et des terri-toires comme indemnité de la coalition.

<h2 style="text-align:center">VII.</h2>

Ces inquiétudes viennent donc exclusivement du dedans.

La France se dit : Le gouvernement républicain que je me suis donné par ma souveraineté nationale le 4 mai 1848, parce-que toutes mes monarchies n'avaient que des ruines à m'offrir dans le passé, des chutes prochaines dans l'avenir, ce gouver-nement est le seul possible, mais il est encore une ébauche. Se consolidera-t-il?

Dans quatorze mois, ce gouvernement aura à renouveler à la fois son pouvoir législatif et son pouvoir exécutif? Double et difficile épreuve !

Les élections de 1852 seront-elles aussi sensées, aussi bien inspirées que le furent celles de l'Assemblée constituante en 1848? M'enverront-elles une assemblée de royalistes effrénés comme en 1815? M'enverront-elles une *Convention* comme en 1792? M'enverront-elles un corps législatif asservi et muet comme en 1810? Si c'est une assemblée de 1815, c'est une

réaction de sang contre la République tolérante et douce de
1848, ce sang criera vengeance dans le cœur du peuple, et le
royalisme un moment vainqueur expiera ensuite par de terribles représailles sa courte satisfaction.

Si c'est une *Convention*, la terreur et la dictature des plus
scélérats, selon la définition de Danton, marcheront à sa suite.
Malheur aux royalistes, malheur aux républicains modérés,
malheur au peuple instrument et victime de cette Convention !
malheur à la République elle-même, qui, grâce au temps, ne
survivrait pas à trois mois de terreur ou de spoliation !

Si c'est un corps législatif muet et servile comme celui de
l'Empire, malheur à la liberté et à la patrie, car un empire ne
peut vivre que de la guerre ! Or, la guerre intentée par système
à l'Europe, au nom de la conquête et du despotisme, c'est la
coalition cette fois, et c'est la coalition inévitablement triomphante ; car la guerre d'*un* contre tous, 1813, 1814 et 1815
vous disent ce que c'est, même avec un Napoléon pour Empereur.

Mais ce n'est pas tout ; nous aurons à nommer en même
temps un président de la République. Qui nous dit que ce
président ne sera pas un traître, ni un royaliste, ni un terroriste, ni un socialiste dans le mauvais sens du mot, ni un
frénétique, ni un fou ? Or si par malheur le président de la
République nommé en 1852 était une de ces têtes qui ne contiennent que du vent, des chimères, du sang, où en serions-nous ? Car bien qu'un président ne soit pas un roi, l'action
d'un pouvoir exécutif sous un gouvernement quelconque peut
entraîner un pays à de grandes catastrophes.

VIII.

Mais ce n'est rien encore. Voici quelque chose de plus grave.
Le suffrage universel qui faisait droit et titre en 1848 pour

tout le monde, et qui écrasait toutes les résistances et toutes les factions par son universalité, ce suffrage universel a été atteint, mutilé, amputé, affaibli par la loi, je n'ose pas dire inconstitutionnelle, mais impolitique et téméraire du 31 mai 1850. Il y a maintenant deux suffrages universels, le suffrage restreint du 31 mai, le suffrage unanime de 1848. Duquel des deux se servira-t-on?

Si c'est du suffrage unanime de 1848, il faut rapporter la loi du 31 mai. Se trouvera-t-il un ministre assez courageux pour le proposer, une majorité assez prudente pour y consentir?

IX.

Et s'il ne se trouve ni un ministre assez courageux ni une majorité assez prudente pour rapporter la loi du 31 mai et pour restituer le suffrage universel au peuple, que se passerait-il aux élections de 1852?

Les républicains et les masses d'électeurs qui ont été investis de ce droit, qui ont été ennoblis par ce droit de suffrage universel, s'abstiendront-ils de voter? Mais alors l'Assemblée et le Président, résultat d'un vote partiel et protesté, seront affaiblis dans l'exercice du gouvernement en face d'une opposition formidable des républicains et des masses, qui diront au gouvernement : Vous n'êtes pas la République! vous êtes un schisme! vous êtes une faction du gouvernement!

Les républicains et le peuple voteront-ils? Mais alors de deux choses l'une encore : ou on reconnaîtra leur vote illégal, ou on déchirera leur suffrage?

Si on déchire leur suffrage, comment validerez-vous les choix qui en seront sortis? ou comment invaliderez-vous les élections de soixante départements?

Si on reconnaît leur suffrage, la loi aura donc été vaincue par le nombre, et vous aurez une Assemblée et un Président d'insurrection.

Et que sera le gouvernement d'une Assemblée et d'un Président nommés par un schisme du suffrage universel de quelques départements contre les autres?

Ou que seront une assemblée et un président nommés par une élection d'insurrection ?

Il y a en effet de quoi penser dans tout cela.

Mais y a-t-il de quoi se décourager et de quoi perdre l'espérance du salut de son pays? Mais n'y a-t-il point d'issue à ces difficultés ?

Il n'y a point à se décourager, et il y a une issue, il y en a même deux. Je vais vous les indiquer :

Ces portes, elles sont ouvertes par la Constitution elle-même. Il y a la révision et la non révision de la Constitution. Vous avez à choisir : des deux manières la France se sauve, plus promptement et plus complétement par la révision, plus lentement et plus orageusement par la non révision; mais des deux manières il faut d'abord restituer le suffrage universel au pays. Je viens de vous le démontrer.

X.

Parlons d'abord de la révision.

Lors même que la Constitution de 1848 serait sans faute, je dirais encore aux représentants amis de la République : admettez la révision, même sans conviction et par ce seul motif que le pays le désire. Ne fût-ce qu'une fantaisie de sa part, passez-lui cette fantaisie. Les fantaisies d'un peuple sont souvent des instincts plus sages que nos sagesses. Ne résistez jamais longtemps, à moins que ces fantaisies ne soient des crimes.

Un gouvernement nouveau qui succède à de vieux régimes et à de vieilles habitudes froisse toujours inévitablement bien des mœurs et bien des cœurs pendant le moment de la transition. Voyez l'Amérique républicaine; il lui a fallu plus de seize ans pour s'accoutumer à sa république, et bien des années après sa révolution il y avait dans son sein et dans ses assemblées des partis qui lui proposaient, comme chez nous, de revenir à la royauté. C'est dans la nature. Les peuples, comme les hommes malades et souffrants, se retournent longtemps dans leurs lits avant de trouver une bonne place. Ils espèrent toujours bien d'un peu de changement. Ne leur enlevez jamais cette espérance ; si vous êtes des législateurs politiques et si vous voulez la République, pliez-la pendant les commencements aux douleurs, aux espérances, aux habitudes, aux faiblesses même de votre pays.

Les institutions sont faites pour les hommes, et non les hommes pour les institutions ; accommodez-les à leurs convenances. Accoutumez peu à peu l'esprit des peuples à la forme de gouvernement que vous voulez fonder ou que la nécessité leur impose, apprivoisez votre pays à la République au lieu de le courber par l'obstination et par la violence de puritanisme à un joug qu'il brisera si vous ne savez pas le rendre élastique comme l'opinion.

XI.

Le pays a ajourné avec sagesse beaucoup de ses améliorations et de ses espérances en 1852. Chaque parti s'est dit : cette date me fera raison de quelques-uns de mes griefs ou de quelques-uns de mes désirs.

Le peuple s'est dit : On me rendra mon droit régularisé mais entier du suffrage universel.

La propriété s'est dit : On me donnera par une Assemblée constituante le vote par arrondissement et par commune, qui épurera les élections des confusions et des ténèbres du scrutin de liste. Je reprendrai mon naturel ascendant, si je suis bienfaisante, dans les campagnes où je possède mes terres et mes foyers. Je redeviendrai l'aristocratie volontaire et légitime de la République, les services que je rendrai à mes voisins et à mes cultivateurs seront mon honorable féodalité, cette féodalité sera dans les cœurs la plus solide de toutes.

Les orléanistes sensés se sont dit : Nous aurons la rapatriation de nos princes sur le sol de la République. Il n'y aura plus de proscrits, ni par le triste droit de naissance, ni par suite des peines politiques encourues pendant les agitations révolutionnaires; une amnistie sans péril couvrira alors les républicains trop exaltés et les princes rapatriés. Ils redeviendront citoyens, et leurs noms et leur patriotisme les désigneront peut-être aux grandes magistratures de la démocratie.

Les bonapartistes se sont dit : Nous ne rêvons pas l'Empire, nous ne sommes pas les *Epiménides* de Sainte-Hélène, mais nous avons voulu montrer notre culte à la gloire militaire en appelant à la première dignité de la République un homme de ce nom. Sa magistrature nous paraît trop courte s'il la remplit bien, on nous donnera la faculté de le réélire pour une seconde magistrature de quelques années si le pays lui garde estime et popularité en 1852 ou en 1856.

Les industriels, les négociants, les fabricants, les ouvriers se sont dit : La France vit de travail, le travail vit de confiance, la confiance veut un *statu quo* de gouvernement un peu assuré et un peu étendu devant soi. Nous trouvons les changements de Pouvoir exécutif trop fréquents pour nos affaires, nos entreprises, nos salaires, on nous donnera deux ou trois années de présidence de plus.

Les politiques se sont dit : En révolution il ne faut qu'une seule assemblée, car on est souvent obligé comme en 1848 de prendre la dictature, et la dictature ne se divise pas en deux chambres. Mais quand la révolution est passée et qu'un gouvernement est établi, il convient selon nous de diviser la représentation nationale en deux assemblées issues toutes les deux du suffrage des citoyens, mais qui se font contrepoids pendan un certain temps pour donner réflexion au pays, et qui permettent au Pouvoir exécutif de s'appuyer sur l'une de ces chambres quand l'autre refuse concours. On nous donnera une Assemblée nationale et un Sénat comme en Amérique.

D'autres se sont dit autre chose, mais tous se sont dit quelque chose. Il n'y a pas d'esprit en haut, en bas ou au milieu qui n'ait bâti son amélioration, son espérance, sa chimère même sur la révision de la Constitution à l'époque autorisée par cette Constitution.

En refusant cette révision, vous refoulez toutes ces espérances, tous ces désirs, tous ces rêves même, si vous voulez, dans tous les cœurs ! Vous vous interposez entre le pays et ses perspectives, vous dites à l'espérance : tu ne passeras pas ! Vous irritez gratuitement l'opinion de toutes les classes de la population, vous vous déclarez l'ennemi public de l'imagination d'un pays où l'imagination tient une si grande place dans les facultés humaines ! Vous impatientez l'esprit public ! Vous faites dire à la France entière : Ces hommes se placent seuls comme une muraille entre mes volontés et moi ; écartons ces hommes, passons malgré eux, brisons le dilemne arbitraire dans lequel ils prétendent m'enfermer, révisons révolutionnairement la Constitution, puisqu'ils se refusent comme des enfants obstinés à la réviser constitutionnellement !

Nous avons fait des révolutions pour moins que cela ! nous en avons fait pour une ordonnance de Charles X contre la presse ! nous en avons fait pour une réforme électorale refusée par M. Guizot, et nous n'en ferions pas une pour un refus de réviser légalement une Constitution tout entière ? Ne vous y fiez pas ! il ne faut défier de rien une nation comme la France !

XII.

Mais j'admets que la France se soumette à ces arbitraires obstinations de quelques *dizaines* de représentants qui lui refuseraient le mouvement et l'air, j'admets qu'en s'insurgeant contre eux, elle ne s'insurge pas en même temps contre la Constitution de 1848, quelles difficultés, quelles impopularités et quels obstacles ces hommes ne prépareraient-ils pas ainsi au gouvernement de 1852 à 1856? La France pendant cette période porterait leur Constitution comme le condamné porte ses fers, elle ne cesserait de les secouer en les leur reprochant. A chaque embarras des affaires publiques attribué à un des vices de cette Constitution non révisée par leur faute, on dirait ce sont eux! à chaque crise des affaires privées, ce sont eux! Ils porteraient la responsabilité de toutes les animadversions nationales! ils seraient accusés et maudits dans tous les murmures de la population. Le poids des temps peserait sur eux. Ils auraient le gouvernement qu'ils aspirent à prendre, mais ce gouvernement que leur propre obstination aurait rendu impossible peserait comme une punition sur eux! Le porteraient-ils jusqu'au bout?

XIII.

Non, je ne connais pas un homme sage et prévoyant qui voulût accepter de gouverner une nation à contre-sens de toutes ses espérances, qui voulût dire pendant cinq ans à un peuple : « Je t'ai dit moi-même que ta constitution était « pleine de vices, d'entraves et de dangers, je t'ai inspiré « moi-même la passion de la corriger dans le sens de tes in- « térêts; mais maintenant que tu me demandes de le faire je « te le défends du droit de mon caprice; je te condamne, de « mon autorité privée, à subir sous moi pendant un temps in- « défini le joug de mon inconséquence et de mon ambition! »

C'est là cependant, en propres termes, ce que le parti qui aurait refusé la révision serait obligé de dire à la nation le lendemain du vote. Je doute que la France lui renouvelât son mandat. Non, quand ces hommes y auront réfléchi, ils diront comme la France, conservons la République, notre seul salut;

mais améliorons la Constitution, seul moyen de conserver la
République et de préserver la société !

XIV.

En y réfléchissant, ceux de ces hommes qui sont sincères
apprécieront la futilité des objections qu'on a faites à une révision et que je vous énumérais tout à l'heure.

Il n'y en a qu'une seule qui mérite d'être examinée. L'Assemblée constituante sera peut-être royaliste ou monarchique.
Mais qui a nommé l'Assemblée constituante de 1848 sous
l'empire de la plus grande émotion et de la plus complète liberté qui ait jamais conduit un peuple innombrable à ses comices?

C'est la France, n'est-ce pas?

C'est la France, qui n'a pas eu peur de la France et qui ne
s'est pas défiée d'elle-même !

Et qui nommera l'Assemblée constituante de 1852?

C'est la France, n'est-ce pas encore !

C'est la France plus calme, plus de sang-froid, plus organisée, plus réfléchie qu'un lendemain et dans la poussière
d'une révolution !

Eh bien ! si la France troublée, agitée, confuse mais patriotique de 1848, la France propriétaire, religieuse, industrielle,
agricole, commerçante, ouvrière, prolétaire, unie par l'instinct dans un même intérêt (car toutes ces classes n'en ont
qu'un, malgré les sophismes des oligarques et des démagogues), si cette France a cependant nommé en 1848 la plus
courageuse, la plus honnête et la plus sensée des représentations, pourquoi vous défiez-vous d'elle aujourd'hui et pourquoi pensez-vous que la France consultée par le suffrage universel restitué, que la France en immense majorité plébéienne,
démocratique, populaire, nommerait une représentation,
chargée de se désavouer elle-même en désavouant l'en-

noblissement du peuple, la République? Avez-vous jamais vu de ces apostasies en grand d'un peuple entier prenant à deux mains sa propre image pour la jeter en pièce aux pieds de ses profanateurs? Est-ce qu'un pays en masse devient insensé comme un Charles VI ou comme Hamlet?

Et quel droit vous a-t-elle donné de croire que si elle ne nommait pas des royalistes elle ne nommerait que des démagogues?

Les ténèbres du scrutin de liste lui ont fait commettre, il est vrai, quelques erreurs presque toujours involontaires ici et là, cela est vrai; elle s'est trompée d'hommes, jamais ou presque jamais d'intention; et tout bien compté, sur dix-huit cents élections politiques accomplies par elle depuis le mois de mai 1848 jusqu'à ce jour, il n'est pas sorti plus de trente ou ou quarante scandales d'opinion ou monstruosités d'idées des urnes de la France! et encore! Si vous alliez au fond de la pensée locale qui a produit ces scandales ou ces monstruosités d'idées, vous reconnaîtriez presque partout qu'ils ont été des votes à tâtons, des ignorances, non des systèmes! Mais trente ou quarante élections désorientées sur dix-huit cents, est-ce là de quoi atténuer les majorités d'ordre et de quoi désespérer de la démocratie? L'histoire, plus juste que vous, dira qu'il y a là de quoi rassurer les plus défiants et de quoi justifier à jamais le suffrage universel en France!

Mais considérez donc votre pays et voyez si les doctrines démagogiques et subversives ont désormais aucune chance d'y prévaloir sur le bon sens et sur l'intérêt public! Un peuple où vingt-huit millions d'hommes se partagent solidairement la propriété mobilière, immobilière ou industrielle! un peuple où les terres sont subdivisées comme des coupons du sol passant de main en main, agglomérées et parcelées tour à tour par l'économie et par l'héritage! un peuple où un million d'hommes bientôt ont un capital à eux économisé dans les rentes de l'Etat et sur le grand livre de la dette publique démocratisée en

six cent mille parts de plus, seulement depuis la République!
un peuple où deux millions de capitalistes, petits ou grands,
ont leur fortune en actions industrielles dans toutes les entreprises de travail ou de luxe, mines, houilles, chemins de fer du
pays ! un peuple où six millions d'ouvriers prolétaires sont attachés par l'association, par le salaire, par le patronage, par
la domesticité, seconde famille, au champ, au foyer, à l'usine, à
la fabrique, des propriétaires ou des capitalistes, ou des agriculteurs de toute condition ! un peuple où il n'y a pas trois cent
mille prolétaires oisifs, paresseux, vicieux ou immoraux qui
flottent comme une écume sur la surface honnête et responsable de quarante millions d'habitants! un peuple qui est divisé
en trente-sept mille communes, où chaque famille a son foyer,
où chaque citoyen connaît son voisin, où tout ce qui souffre est
promptement secouru, où tout ce qui cherche sincèrement un
salaire en trouve deux; un peuple qui est doué par la nature
des deux plus beaux dons de l'humanité, un bon cœur et un
bon sens ! un peuple qui est instruit dans des milliers d'écoles,
moralisé dans des milliers de temples, couvé, éclos, préservé
du mal, ramené au bien dans des millions de familles, un peuple qui a l'expérience des révolutions anarchiques depuis
soixante ans et qui a grandi dans la sainte horreur des proscriptions, des échafauds et du sang, dont ses pères lui ont dès
l'enfance raconté l'histoire, inspiré la sainte répugnance! Faire
d'un peuple pareil un peuple de démagogues, de pillards et de
guillotineurs ! Supposer qu'un peuple pareil va nommer pour
le représenter dans ses intérêts, dans ses honnêtetés, dans ses
vertus, dans son travail, dans ses propriétés, dans ses familles
une majorité de spoliateurs, de démolisseurs et de sicaires!
en vérité, c'est blasphémer non pas seulement une nation,
c'est blasphémer le bon sens !

Est-ce que ce peuple a donné sa popularité aux démagogues
les 24, 25, 26, 27 février 1848 ?

Est-ce qu'il ne s'est pas séparé à l'instant de son écume

pour se rallier aux hommes d'ordre, de modération et de sang-froid ?

Est-ce que dans tous les assauts qu'une plèbe flottante étrangère au véritable élément du peuple a essayé de donner à la République naissante, pour la précipiter dans l'anarchie, dans la violence ou dans le crime, l'immense masse du véritable peuple, depuis l'indigent jusqu'au riche, ne s'est pas rangée d'elle-même derrière ses modérateurs ?

Est-ce que les souvenirs de la terreur n'ont pas été répudiés par lui sur le berceau de sa République ?

Est-ce que les journées dé salut du 29 février, du mois de mars, du 16 avril, du 15 mai, du 23 juin, des élections, ne sont pas toutes des journées du peuple d'aujourd'hui ? Est-ce que cela ressemble aux journées d'août ou de septembre 92 ? aux journées des victimes de 93 ? Est-ce qu'il y a rien de commun entre le peuple de ce temps-là sortant barbare et cruel d'une longue servitude avec ce peuple de 1848 sortant de la lente éducation de la liberté ? Est-ce qu'un petit nombre de vociférateurs de clubs ou de sectaires dépaysés sont la majorité de la nation ? Est-ce que leurs fureurs posthumes ou leurs rêveries absurdes sont la civilisation du temps présent ?

Ceux qui font semblant de croire que la nation, interrogée dans sa conscience et dans ses intérêts par le suffrage de 1852, répondrait par la démagogie, le communisme et le suicide, ne sont pas seulement des aveugles, ce sont des ingrats. Car la société ne vit depuis trois ans que de l'intelligence, de l'esprit conservateur et de l'héroïque abnégation de l'incalculable majorité du peuple.

Il ne sortira de lui que ce qui est en lui, la représentation de son esprit de liberté, de progrès et de modération.

L'Assemblée constituante de révision achevera la République ébauchée par la première. Aucun parti extrême n'y aura la majorité, parceque la France n'est d'aucun parti que du parti de la civilisation. Elle ne se sauvera misérablement dans aucune des trois monarchies qui la sollicitent, parceque ce serait l'abdication de la démocratie, qui est sa nature et sa gloire. Elle ne se précipitera dans aucune démagogie et dans aucune secte, parceque ce serait la perte de ses intérêts, de sa nationalité, de sa civilisation. Elle veut vivre, posséder, travailler, penser, grandir. Voilà son esprit, voilà sa majorité! Il n'y a ni préjugé dans les partis du passé, ni vertige dans les partis de l'avenir qui puissent la retenir ou l'entraîner où elle ne veut pas aller.

XV.

Quelques républicains disent encore : « Mais la République « périra sous une nouvelle Assemblée constituante, parceque « vous n'avez pas fait prendre au peuple de ces engagements « terribles et sanglants qui le rendent solidaire d'une révolu- « tion accomplie, qui lui en partagent les crimes et les dépouil- « les, parceque vous ne lui avez pas fait brûler ses vaisseaux « (comme on dit) avec la monarchie? »

Je leur réponds d'abord par un fait : Les démocrates de 1792 avaient fait prendre au peuple d'alors ces gages sanglants et ces dépouilles; la République qu'ils avaient souillée ainsi a-t-elle vécu? Non, elle a péri précisément pour n'être pas restée pure.

Et quant à ces dépouilles, à qui les prendrait-t-il le peuple d'aujourd'hui? au peuple lui-même. Il n'a ni église proprié-taire, ni émigration à déposséder. A moins de tuer pour piller comme l'assassin de grande route, quelles classes lui donne-riez-vous à dépouiller? Elles possèdent toutes, au même titre, le capital de l'un et le travail et le salaire de l'autre. Ce se-rait la spoliation pour la spoliation, et d'ailleurs une pareille république, où l'on assassinerait pour voler, ne serait plus un gouvernement, mais une boucherie! La nation française y per-drait son nom, et n'aurait plus rien à envier qu'aux anthropo-phages.

XVI.

Mais heureusement la République pour se consolider n'a pas
besoin de ces expédients machiavéliques des Danton à contre-
sens qui les lui prêchent. Elle a sa raison d'être dans les classes
qu'elle a fait entrer dans le droit politique et qui ne pourraient
la déserter sans se désavouer elles-mêmes et sans déroger de
cette noblesse du citoyen que la République leur assure à jamais.

Ce n'est pas d'une nuit à l'Hôtel-de-Ville, ce n'est pas d'un
caprice et d'un système que la République est née comme on
vous le dit, elle est née parcequ'elle devait naître de la nécessité et de la logique des choses, au premier hasard qui faisait
écrouler le gouvernement de la monarchie, le gouvernement
du petit nombre.

En 1789 le gouvernement de la monarchie, de l'église et de
l'aristocratie, en s'écroulant sous l'assaut de la bourgeoisie,
fit apparaître tout à coup une classe nouvelle, nombreuse,
éclairée, riche, forte, capable et digne d'entrer en partage du
droit politïque et d'écarter les priviléges qui la reléguaient au
quatrième plan de l'ordre social. Ce fut la révolution française! Quand cette bourgeoisie eut pris sa place par l'égalité
et par le droit représentatif, la révolution fut faite, et ses résultats furent immenses.

Mais depuis 1789, qui n'avait appelé qu'une partie restreinte
du peuple au droit de citoyen politique, des classes innombrables s'étaient formées, s'étaient éclairées, s'étaient élevées
par la propriété, par les industries, par le commerce, par
l'économie, par la moralité, par les lumières, à la capacité et
à la volonté d'exercer le droit politique, d'avoir leur part, leur
voix dans le gouvernement. C'étaient les masses des villes et
des campagnes, une seconde et plus universelle bourgeoisie.
Il était tout simple que ces masses, reléguées par la monarchie

moyenne de 1830, se sentant le droit et la capacité de compter pour quelque chose dans le gouvernement de la nation, éprouvassent l'humiliation de n'être comptées pour rien dans l'élection, et la passion naturelle d'une part au droit politique. Elles le demandaient avec obstination, le gouvernement de la classe moyenne le refusait avec aveuglement. Un hasard a fait la brèche en 1848 ; le gouvernement s'enfuit, la République devait prendre sa place. La République ne veut pas dire autre chose que l'unité de la nation divisée en deux peuples et fondue désormais en un seul peuple. Or pour ces masses qui se comptent par millions d'hommes la République est la noble dépouille dont vous parlez. Il ne leur en faut pas d'autre. C'est leur armement, c'est leur conquête, c'est leur égalité, c'est leur unité, c'est leur noblesse. Qu'on ne la leur dispute pas, et elles concourront comme elles l'ont déjà fait dans presque toutes vos élections à consolider la société ; qu'on la leur dispute, et elles la défendront par leur droit, par leur bon sens, par leurs vertus, et non par leurs crimes ! La République de 1848, pour être chère au peuple, n'a pas besoin de donner à ce peuple ennobli d'autre gage que la République. Les terroristes de 1792 se trompent donc autant de dates que les réactionnaires implacables de 1852. Nous sommes en révolution sans doute ; nous subissons et nous subirons les oscillations de toute institution nouvelle qui se fonde au milieu des ressentiments, des impatiences ; mais nous serons assez heureux si la classe moyenne est prudente pour élever les uns sans abaisser les autres. Nous vivons dans un temps où le crime et la spoliation sont des anachronismes.

Rien à craindre donc d'une Assemblée constituante pour le maintien de la République. Aucun danger dans la révision.

<h2 style="text-align:center">XVII.</h2>

Mais ici se présente la question de la loi du 31 mai, qui a restreint au-delà du juste et du sage le droit électoral, et qui le restreint avant l'heure et hors des conditions où une Assemblée constituante pouvait seule organiser ce droit de la souveraineté de tous.

Pour tout républicain consciencieux et sincère la question de la révision est subordonnée à la question de la loi du 31 mai.

Autrement nous dirions au peuple : nous allons réviser la Constitution faite par tous au nom de quelques-uns seulement. Le peuple répondrait avec raison : vous vous moquez de moi ; vous voulez jouer la partie, et vous avez pipé les dés. Il est trop clair que si vous écartez de l'urne trois millions de républicains, demain un ou deux autres millions, la monarchie pourrait en sortir ! nous ne nous opposons pas à ce que la monarchie en sorte si le suffrage universel, unanime et souverain décide contre nous; mais nous ne reconnaissons pour souverain que le suffrage universel, entier, intégral, sincère et sans catégories, voté par l'Assemblée constituante en 1848. Nous reconnaissons à une future Assemblée constituante le droit non de le scinder, mais de le réglementer pour en exclure seulement les indignes ; en attendant lui seul est notre arbitre; rendez-le tel que l'assemblée constituante nous l'a donné, et nous demanderons avec vous la révision, car la révision est plus utile encore aux républicains qu'aux royalistes. Des vices de constitution sont une mauvaise condition de vie et de durée pour un gouvernement !

XVIII.

Ainsi voilà la question telle que les républicains consciencieux et les légitimistes même de bonne foi, et les hommes de vérité dans tous les partis la posent !

La révision, oui !

Mais la restitution du suffrage universel avant !

L'expérience à armes loyales !

Sans cela point de révision, car sans cela la révision pourrait

être la confiscation de la République au profit d'un seul parti !
Or on sait ce que durerait ce triomphe.

XIX.

La révision ainsi demandée et accordée après le rappel de la
loi du 31 mai tranche toutes les difficultés, fait tomber toutes
les colères et remet chacun dans son droit, Voilà la solution
simple, loyale, pacifique et constitutionnelle ; toutes les autres
sont des aventures, des subterfuges, des coups d'état dégui-
sés, des expédients qui ne sauvent rien et qui risquent tout,

La politique véritable n'est que la parfaite honnêteté. On ne
saurait trop le redire. Il y a une vertu dans la justice. Il y a
une toute-puissance dans le droit. Il y a une souveraine habileté dans le devoir.

Dans ce système chacun est dans son droit, et chacun fait
son devoir.

Que doit au pays le Président actuel de la République ? Il
lui doit d'accomplir son temps de magistrature et de remettre
loyalement le pouvoir aux mains du pays, qui le lui a confié. Il
le fera, nous n'en doutons pas.

Que doit la majorité de l'Assemblée nationale aux masses de
la nation, dont elle a confisqué une partie du droit de représentation par les excès de la loi du 31 mai, qui retranche trois millions de républicains du suffrage ? La majorité lui doit de restituer prudemment et loyalement le suffrage universel, sincère
et entier de 1848. Elle le fera, nous l'espérons, non du premier
coup peut-être, mais elle le fera avec patriotisme et prudence
quand le cri public, qui commence à s'élever, l'avertira qu'elle
a dépassé la sagesse et qu'un péril, non seulement pour la République, mais pour la société couve au fond de chaque urne
restreinte en 1852.

Que doit maintenant l'Assemblée nationale au pays ? Elle lui
doit de voter la révision, c'est à dire de donner satisfaction à
cette volonté souveraine qui voit des vices à corriger dans sa

Constitution et qui ne se laisserait pas impunément imposer ces vices prolongés par l'arbitraire et par l'ambitieuse obstination de quelques meneurs de coteries royalistes ou républicaines.

Et quand l'Assemblée aura fait son devoir comme le Président le sien, que devra le pays lui-même? Il devra comme en 1848 voter avec la conscience et la dignité de la force son Assemblée constituante et son Pouvoir exécutif.

Si l'Assemblée constituante peut être légalement convoquée à temps pour réviser la Constitution avant le 4 mai 1852 et qu'elle déclare les présidents rééligibles, comme le veut le bon sens et comme le veut la souveraineté du peuple, et si le Président actuel de la République a conservé l'estime et la confiance du pays, le peuple pourra le renommer pour une seconde période de Présidence.

Si l'Assemblée constituante n'est pas convoquée à temps pour la révision, si la réégilibilité des présidents n'est pas admise par la Constitution corrigée, ou si enfin le Président actuel de la République n'a pas la majorité, il se retirera jusqu'à une candidature nouvelle, et il emportera la plus belle gloire d'un magistrat républicain de son nom, la gloire de n'avoir ni trahi ni usurpé la République confiée témérairement peut-être à un pareil souvenir !

Un nouveau président choisi par la nation recevra le dépôt du pouvoir exécutif, et quel qu'il soit la France n'aura rien à en craindre. Car s'il est homme d'état et homme de vertu, la France l'aimera et l'aidera, et s'il n'est ni l'un ni l'autre, la France le méprisera et l'abandonnera d'elle-même. Confions-nous au bon sens de tous pour arriver en paix et en ordre à ces solutions, les seules sensées, et disons hardiment la veille de 1852 ce que l'amiral *Nelson* disait à ses équipages la veille de *Trafalgar : La France espère que chacun fera son devoir !* La Providence n'a-t-elle pas fait toujours le sien pour ce pays du bon sens ?

LAMARTINE,
Représentant du Peuple.

ALMANACH POLITIQUE.

MARS 1851.

I.

La chronique intérieure de ce mois est tout entière dans l'Assemblée, où quelques graves discussions ont soulevé et pressenti sans les résoudre les problèmes et les solutions de l'avenir.

La proposition de M. Creton, qui demandait l'abrogation du décret de bannissement porté contre les princes de la maison de Bourbon, a reparu au commencement de ce mois. M. Berryer est venu pour la seconde fois la combattre, au nom même de sa foi, dans le principe de la légitimité, comme une atteinte à la dignité de l'exil et un appel jeté aux intrigues et aux divisions intestines des partis. Le gouvernement, par l'organe de M. Royer, déclare accepter la pensée du projet de M. Creton; mais l'heure de ce grand acte d'équité et de confiance ne lui semble pas encore venue : il veut attendre qu'elle ne soit plus un péril pour en prendre l'initiative et y engager sa responsabilité. L'Assemblée consultée ajourne à six mois la proposition de M. Creton.

Les pouvoirs des officiers de la garde nationale élus pour trois

ans en 1848 par le suffrage universel de ses légions devaient
expirer au 5 avril. Le gouvernement avait d'abord annoncé qu'il
allait faire procéder à de nouvelles élections en vertu du décret
du gouvernement provisoire; mais il céda aux instances de la
commission qui préparait en ce moment même une nouvelle loi
organique de la garde nationale, et une loi transitoire, qui prolonge
les pouvoirs des officiers jusqu'au vote de la loi définitive, est présentée le 15 mars à l'Assemblée par M. de Riancey, son rapporteur.
Un débat passionné s'engage sur la lettre légale et sur l'esprit politique de cette prorogation. MM. Madier de Montjau et Jules Favre
l'accusent d'usurpation sur le pouvoir exécutif et de défiance envers
la garde nationale. Quelques paroles échappées à M. Baze amènent
M. de Lamartine à la tribune. M. Baze accusait le gouvernement
provisoire d'avoir désorganisé la garde nationale en l'universalisant.
M. de Lamartine lui répond par l'histoire, par le dévouement, par
le patriotisme, par le sang versé de la garde nationale sortie des
élections de la révolution de Février. Nous reproduisons ici quelques passages de cette éloquente improvisation.

« A l'égard de la garde nationale, les premiers actes du gouvernement provisoire, le lendemain de la révolution, ont été ceux-ci :
non point, comme le préopinant le disait tout à l'heure, la dissolution instantanée des anciennes gardes nationales existantes; au contraire, prière aux bons citoyens, aux commandants, aux gardes
nationales de continuer à prêter leur concours officieux, si ce n'était
encore officiel, à tous les intérêts sacrés qu'il était dans l'intérêt du
gouvernement de défendre.

« Et cette garde nationale a tellement obéi, Messieurs, à ces inspirations du gouvernement provisoire, et si heureusement obéi, que
tous les jours de danger pour le pays, tous les jours où des symptômes d'anarchie commençaient à se traduire en agitation dans la
rue, cette garde nationale n'a pas manqué une seule fois de répondre
à la voix du gouvernement. C'est à elle que dans une circonstance
bien signalée, vous le savez, et dont je pourrais retrouver des témoins sur ces bancs mêmes qui murmuraient tout à l'heure contre
moi; dans une circonstance où l'on voulait faire changer le drapeau
de la patrie, c'est en partie à cette garde nationale, à son zèle spontané, à son dévouement et à son intrépidité que la France doit
d'avoir gardé le drapeau qui fait sa dignité, sa force et sa nationalité. (Acclamations unanimes.). . . . .

« J'entends souvent, et je l'entendais encore tout à l'heure avec
une profonde douleur, calomnier involontairement bien des choses,
bien des actes, bien des hommes qui sont l'objet du ressentiment
d'une certaine portion de leurs compatriotes, et qui l'acceptent, qui
l'acceptent sans s'en plaindre, comme des hommes qui, ayant en-
couru une grande responsabilité, pour des motifs dont Dieu est le
juge, n'auront jamais du moins la lâcheté de déserter cette responsabilité. (Très bien! très bien!)

« Je termine par une réflexion que j'ai faite souvent sur mon banc

depuis trois années, et que je trouve en ce moment, sans la chercher, l'occasion heureuse ou malheureuse de vous faire entendre ;
(Parlez ! parlez !) que l'opinion conservatrice daigne m'entendre.

« Oui, messieurs, tant que les inculpations, les injustices, les calomnies, les ingratitudes des partis qui ont des ressentiments naturels contre la Répnblique, ne tombent que sur des choses, des actes, des hommes mêlés à ces grandes et difficiles circonstances qui
froissent tant de cœurs et tant d'intérêts, en sauvant quelquefois
une nation, le mal n'est pas grand, et il faut savoir, comme je le
sais, les subir, attendre le temps de la justice et de la postérité,
(Très bien!) Accusez-nous seuls, et épargnez la partie du peuple soumise, la masse de ce peuple dont la modération, la probité, la
magnanimité seront, malgré les nuages du moment, l'admiration
de toute une histoire. (Très bien! très bien !)

« Mais quand ces mauvaises interprétations, quand ces iniquités,
quand ces ressentiments implacables tombent sur ce qui vaut mieux
que nous, sur ce qui est plus respectable et plus inviolable à vos
injustices, sur ces gardes nationales qui ont couvert la société de
leurs poitrines, sur ce suffrage universel qui a tiré un principe nouveau et impérissable des débris mêmes d'une anarchie ! sur ce peuple même, non inscrit sur les cadres de la milice civique, non inscrit sur les listes électorales, mais qui, dans les jours dangereux,
s'est montré au niveau de toutes les forces organisées par son dévouement, par son désintéressement, par sa force contre lui-même,
oh ! alors prenez garde! (Très bien ! très bien ! — Exclamations à
gauche.)

« Oui, prenez garde, messieurs, il y a une dernière vertu dans
l'âme d'un grand et digne peuple, qu'il ne faut jamais lui enlever,
en calomniant ses plus nobles actes ; qu'il ne faut jamais lui arracher dans l'intérêt même de l'avenir. (Très bien ! très bien!)

« Cette dernière vertu, qui supplée à elle seule toutes les autres
dans les jours critiques, savez-vous ce que c'est? C'est l'estime de
soi-même! (Très bien ! très bien !)

« Oui, c'est l'estime de soi-même ! Ne permettez jamais à la passion et à l'ingratitude d'enlever cette vertu au peuple français. »

Le général Cavaignac et le général Lamoricière viennent à leur
tour apporter leur témoignage à la garde nationale soupçonnée ;
mais le vote de l'Assemblé sanctionne la loi transitoire à la majorité
de 418 contre 239 voix.

Une question qui jusqu'alors avait été une inquiétude pour les
uns, une espérance pour les autres, une incertitude pour tous, a été
définitivement tranchée dans l'une des dernières séances de ce
mois. Il s'agissait de savoir si le gouvernement entendait appliquer
le suffrage restreint par la loi du 31 mai à la prochaine élection du
président de la République, ou lui réserver l'unanimité du suffrage
universel.

Un représentant, M. Desmars, avait soumis à l'Assemblée une
proposition ayant pour but de consacrer, par une loi, l'unité du

scrutin, et de décider que le parlement et le président sortiraient des mêmes listes et des mêmes urnes électorales. M. Baze interrompt soudainement, le 27 mars, les travaux de l'Assemblée pour réclamer la mise à l'ordre du jour immédiate de cette proposition, « dont l'opportunité, dit-il, est aujourd'hui évidente à tous « les yeux. » Après un débat orageux et confus, l'assemblée fixe au surlendemain sa délibération sur le projet de M. Desmars.

On s'attendait à une crise, à un conflit peut-être. Mais, dès l'ouverture de la séance, quelques paroles du ministre de l'intérieur suppriment la discussion en l'éclaircissant. M. Waïsse déclare que le Gouvernement ne reconnaît qu'une loi électorale, également applicable à l'élection présidentielle et aux élections parlementaires. Le texte de la proposition de M. Desmars définit rigoureusement sa pensée ; il l'accepte dans toutes ses conséquences ; mais son adoption par l'Assemblée lui semble superflue après les garanties si précises et si formelles qu'il vient d'apporter à la tribune. M. de Vatisménil propose alors un ordre du jour qui rejette la prise en considération du projet de loi de M. Desmars, mais qui prend acte de l'engagement du ministre et de son adhésion officielle, au principe de l'élection unique. L'Assemblée, malgré les protestations de M. Dupont de Bussac, adopte l'ordre du jour motivé de M. de Vatisménil à une immense majorité.

En dehors de ces incidents politiques, les séances de l'Assemblée ont été remplies par de calmes travaux d'administration et d'affaires. Elle a ébauché la loi sur le dégrèvement des sucres indigènes, voté la proposition relative à la formation des chambres et du conseil général de l'agriculture, autorisé, en rejetant les interpellations de M. Raudot, une expédition militaire contre la petite Kabylie, resserrée dans les limites d'une campagne de sûreté et de protection, et commencé la discussion relative au chemin de fer de Paris à Avignon.

Un conflit religieux soulevé inopinément par un évêque contre son métropolitain a ému et scandalisé l'opinion dans les derniers jours de ce mois. M. l'archevêque de Paris avait adressé un mandement pastoral au clergé de son diocèse. Dans ce manifeste empreint de l'esprit le plus pur et le plus élevé de la doctrine évangélique, le prélat invitait les prêtres à s'abstenir de toute intervention dans les affaires politiques et à se renfermer dans les saintes et impartiales fonctions du sacerdoce. Il s'élevait contre l'usurpation des choses religieuses entraînées par quelques journaux dans dans les luttes et dans les passions de leur polémique ; enfin il exhortait les prêtres à l'amour de la patrie et à l'obéissance à la loi. Quelques jours après la publication de ce document, l'évêque de Chartres adressait à un journal de Paris, sous forme de lettre pastorale, une censure acerbe et hautaine du mandement de son métropolitain. M. l'archevêque de Paris, attaqué dans sa dignité pontificale et dans son autorité juridictionnelle, n'a répondu à l'agression de son suffragant que par un acte de droit ecclésiastique et de sage fermeté ; il a déféré au concile provincial de Paris la lettre de l'évêque de Chartres, « comme attaquant, au mépris de tout

« ordre hiérarchique, un acte de sa juridiction, et lui imputant
« des erreurs et des doctrines pernicieuses dont il n'y a pas de
« trace dans son mandement. »

II.

L'effervescence religieuse excitée en Angleterre par la réorganisation de la hiérarchie catholique promulguée par le souverain pontife
est passée depuis deux mois du tumulte de la rue dans l'agitation
du parlement. Dès l'ouverture de la Chambre des communes,
lord John Russell lui présentait un bill qui interdisait aux catholiques de prendre des titres empruntés aux diocèses de l'Eglise angli-
cane, et qui frappait de nullité et de confiscation toute donation
faite aux personnes revêtues de ces titres. La discussion de ce bill,
dédaigné par les anglicans comme une parodie de répression, repoussé
par les catholiques comme un attentat à leur foi, blâmé par les
libéraux comme une violation de la liberté des cultes et des consciences, a failli renverser le ministère ébranlé à plusieurs reprises
par des votes contraires ou des majorités décroissantes. Sa démission acceptée par la reine avait été officiellement annoncée aux
chambres; mais les chefs du parti tory appelés à lui succéder ne
purent parvenir à former un cabinet, et quelques jours après le
ministère de lord John Russell rentrait au pouvoir en soumettant au
parlement son ancien bill de répression contre les catholiques
désarmé de ses pénalités et de ses rigueurs. Après quinze jours de
débats passionnés le bill a été adopté par la Chambre des communes
à une majorité de 438 voix contre 95. Il a encore une dernière
épreuve à subir avant d'entrer dans la consécration et dans l'exercice de la loi.

La réorganisation de la Confédération négociée depuis deux mois
entre l'Autriche et la Prusse dans les conférences de Dresde est sus-
pendue par des complications nouvelles. L'Autriche veut entrer
dans la confédération avec tout le cortége de ses états étrangers à
l'Allemagne. Elle revendique pour elle seule la suprématie honori-
fique et l'exercice du pouvoir exécutif du corps germanique reconstitué. La Prusse réclame sa part de cette prépondérance et demande
à alterner avec l'Autriche dans le patronage politique de l'Allemagne. Ce litige de souveraineté, obscurci par les subtilités de la
diplomatie germanique, se débat confusément dans les notes multipliées des deux chancelleries rivales. C'est au temps seul qu'il appartient de résoudre cette question allemande, qui est depuis trois
ans l'énigme de l'Europe. — P. de Saint-Victor.

L'un des Propriétaires, J. MIRÈS.

LE
CONSEILLER DU PEUPLE.

Première Partie.

DE LA NÉCESSITÉ DE REVENIR SUR LA LOI DU 31 MAI.

I.

Le suffrage universel a sauvé la France en 1848 ; le suffrage universel a fait l'Assemblée constituante, l'Assemblée législative, les Conseils généraux, le Pouvoir exécutif, le Président de la République, la base, les degrés, le sommet de notre société politique, tout enfin. Vous qui parlez, qui siégez, qui gouvernez, vous ne siégez, vous ne parlez, vous ne gouvernez qu'en son nom ; et si quelqu'un est inexcusable d'oublier ou de calomnier le suffrage universel, à coup sûr c'est cette majorité imposante, souvent conservatrice, quelquefois excessive et imprévoyante, qui est sortie du suffrage universel.

Vous ne devriez y toucher qu'avec respect et tremblement, comme on touche à une chose sainte pour en enlever la poussière, pour en détacher les souillures, mais en prenant un soin superstitieux de ne pas le profaner, encore moins de le mutiler.

II.

La Constitution, je le reconnais, vous laissait, par l'article inachevé concernant le domicile, le droit réglementaire de corriger les abus, les vices évidents, les confusions, les doubles emplois, l'irresponsabilité tumultueuse du vote universel. Moi-même, moi le premier j'ai reconnu ces vices, ces irresponsabilités, ces tumultes dans l'exercice de ce droit de la souveraineté de tous les citoyens, et j'ai recherché consciencieusement dans un écrit cité à la tribune par le ministre de l'intérieur quelles étaient selon moi les corrections graves, d'âge, de domicile, de moralité, de fils ou de chef de famille, de célibataire ou d'homme marié, que l'Assemblée constituante future aurait à déterminer pour laisser à cet acte son universalité, en lui donnant plus de garantie de lumière, de choix, de responsabilité par la définition plus sévère du titre de citoyen français.

Je ne retire aucune des considérations que j'ai présentées à cet égard ; mais je rappelle ce que j'ai rappelé deux fois dans l'écrit cité, *l'Avenir de la République,* que j'ai réservé à l'Assemblée constituante seule le droit de cette révision. Toucher avant l'heure à la Constitution me paraissait bien plus dangereux que de subir encore une ou deux fois les imperfections d'une loi mal faite.

Vous avez donc seulement le droit réglementaire, et nullement le droit constitutionnel de modifier la loi du suffrage universel. La mesure de votre droit était donc dans le plus ou moins de profondeur des modifications que vous feriez à l'institution. La constitutionalité ou l'inconstitutionalité de l'acte du 31 mai 1850 était dans l'esprit même de l'acte. Vous borniez-vous à épurer le suffrage universel de ce qui était évidemment abusif et vicieux ? à réglementer le domicile dans des proportions qui ne retranchassent que les vagabonds, les hommes sans racines ni dans le sol, ni dans la commune, ni

dans la famille, ni dans une domesticité constatée? Vous étiez
dans votre droit. Le suffrage universel, comme je l'ai dit alors,
n'est pas la souveraineté du premier venu, c'est la souveraineté des citoyens. On ne prend pas ses droits de citoyen dans
le club, dans le grand chemin, sur la place publique. On les
prend dans la loi, dans la commune, dans la famille, dans la
notoriété de ses concitoyens.

Jusque là tout était bien. Mais s'est-on borné là? Je ne veux
pas détailler, après tant de publicistes et tant d'orateurs, les
divers excès de droit auxquels nous nous sommes laissé emporter le 31 mai; je me borne à demander à la conscience publique, à la bonne foi française, cette constitution des constitutions dans ce pays de franchise; je me borne à demander si
une loi qui enlève ici le septième, ici le cinquième, ici le quart,
ici la moitié des votants; si une loi qui, comme à *Nantes,* par
exemple, sur trente-sept mille électeurs n'en laisse subsister
que sept mille; si une telle loi peut s'appeler une modification?
J'aimerais autant soutenir que l'amputation qui enlève à
l'homme un ou deux de ses membres ne fait que le modifier.
Non, ce n'est pas une modification seulement, c'est une muti-
lation. Le suffrage universel est le suffrage de tous; vous en
retranchez le tiers, la moitié, les deux tiers, les trois quarts,
comme à Nantes; où est le total, où est le principe? Il n'y a
plus de principe, il n'y a plus de total, il n'y a plus qu'une
fraction et une exception. La souveraineté ne porte plus.

Eh bien! qu'est-ce que les passions vous demandent dans
leur aveuglement? D'examiner impartialement si la souveraineté porte encore d'aplomb sur sa base, ou si par hasard, par
inadvertance, par excès que vous n'auriez ni voulu ni prévu,
cette base n'est pas rétrécie, ébranlée, affaiblie par l'article
des trois ans de domicile; tellement qu'il y eût danger pour
vous et pour nous de ne pas l'affermir en lui restituant une
partie de sa masse et de son universalité?

III.

Laissez-moi ouvrir mon âme aux conservateurs, qui composent ce qu'on appelle en France le parti ou le côté de la réaction, et que je n'ai jamais appelé, moi, jusqu'ici, que le côté de l'imprudence. C'est en leur faveur surtout, c'est à leur point de vue de modérateurs et de conservateurs, d'ennemis des révolutions passées et d'ennemis des révolutions nouvelles qu'il nous paraissait sage à nous de revenir sur un faux pas.

Et où en étiez-vous le 24 février au soir, au moment où le droit parlementaire de 1830, après avoir fait écrouler le droit divin aux journées de Juillet, s'écroulait lui-même aux *Tuileries* sans qu'une main de la royauté, de la société, du gouvernement établi, de la garde nationale, de l'armée se levât pour le soutenir? au moment où tout s'abîmait dans l'inconnu, dans la poussière, où les hommes d'État consternés s'éloignaient en baissant la tête sous la fatalité des écroulements et sondaient en tremblant le sol du pied sans savoir sur quel reste d'écueil solide ils pourraient reconstruire un gouvernement, une société? A qui pouviez-vous en appeler du peuple sans autorité qu'au peuple lui-même? Quel prestige véritablement respecté pouviez-vous évoquer à ses yeux pour lui dire : tu t'arrêteras là? tu ne dépasseras pas cette limite? tu t'imposeras à toi-même l'obéissance, la raison, la modération, l'ordre, le respect de la vie, des biens, des foyers, de la religion, de la propriété, de la civilisation; tu te préserveras toi-même de l'anarchie et de la guerre civile en te soumettant provisoirement aux premiers citoyens qui auront l'audace ou le patriotisme de se mettre à ta tête? et tu attendras ton souverain, ton souverain que tu iras chercher toi-même dans les profondeurs et dans les mystères de droit général, de la volonté de tous, supérieure à la volonté de chacun?

Lui auriez-vous parlé au nom du droit divin monarchique

et de cette hérédité sacrée de la possession légitime des peuples par les rois, consacrés eux-mêmes par l'investiture de la théocratie des Pontifes de Rome? Mais il vous aurait montré les ruines de la Bastille, les tours du Temple, l'échafaud à jamais sinistre du second Charles Ier sur la place de la Révolution, les trois tremblements de terre de la France pour secouer trois fois ce prétendu droit des souverainetés inaliénables, et ce jeune héritier légitime du trône, exilé au fond de l'Allemagne, et coupable seulement dans son innocence de porter dans son nom le tort de ce prétendu droit condamné.

Lui auriez-vous parlé du droit de cette souveraineté illégitime, de cette souveraineté d'expédients et de circonstance de 1830, réclamant la couronne au nom des votes parlementaires de quelques députés dans une chambre au milieu de trois jours de soulèvement? Mais il vous aurait dit : vous êtes des insensés; elle tombe au premier souffle de la sédition malgré ses qualités ou ses services personnels, précisément parcequ'elle ne porte sur aucun droit ni héréditaire ni électif, car le vote à huis-clos de soixante députés amis d'une maison royale put bien être un expédient, mais ne fut jamais ni un scrutin ni un payois.

Lui auriez-vous présenté le droit de la chambre aristocratique? Mais elle tenait son titre de la main d'un roi qui n'en avait pas d'autre que celui qu'il tenait de ces mêmes hommes nommés pairs de France en récompense de ce qu'ils le nommaient Roi?

Lui auriez-vous parlé du droit de sa chambre des députés? Celui-là du moins était plus légitime et plus large, mais il était affaibli par la partie du peuple trop circonscrit dont il sortait. Deux cent mille électeurs ne sont pas un peuple ! Le peuple tout entier les regardait comme une émanation considérable et respectable du pays sans doute, mais il jugeait leur droit par leur petit nombre; il ne les avait pas nommés, il ne s'inclinait qu'à demi devant eux, il les accusait d'être la représentation oligarchique d'une seule classe de la propriété et de la société, il profanait leur enceinte, il étouffait leur tribune, il lui fallait un droit qui ne souffrît ni une objection, ni une exception, ni une enquête sur son origine, qui ne fût ni un mystère répudié, ni une foi morte, ni une convention purement politique, un droit évident comme la nature et puissant comme l'universalité ! un droit naturel enfin ! le suffrage universel ! Nous le proclamâmes au-dessus de cette tempête, et cette tempête se calma comme par magie ! Si j'avais un doute sur la divinité du principe du gouvernement des sociétés par elles-mêmes, je la retrouverais dans cet apaisement soudain, dans cette soumission instantanée d'un peuple de quarante millions d'âmes, d'un peuple sans chef, sans autorité, sans armée, à un simple mot ! le suffrage universel ! Dieu n'a pas mis une telle puissance dans un mensonge ! Les trois jours de Février, les trois mois qui suivirent la révolution et qui précédèrent votre réunion dans cette enceinte, sont le miracle à mes yeux de la souveraineté nationale ! le miracle de la nouvelle foi des gouvernements !

IV.

Y a-t-il dans la chambre actuelle, y eut-il dans l'Assemblée Constituante une seule voix, une seule qui protestât contre cette origine de son mandat et qui ne rendît hommage à la fois et au droit et à la sagesse d'instinct ou d'inspiration presque divine avec laquelle le peuple l'avait exercé ?

Il fut attaqué quelque temps après par des factions, dites-vous.

Oui, et cela était inévitable ; les factions démagogiques *étrangères* ou *suburbaines*, et plus *étrangères* que *suburbaines*, osèrent attaquer la représentation au 15 mai et au 23 juin de rage de se voir forcées d'abdiquer entre les mains de la représentation ? C'est vrai ! Mais que devinrent ces factions ? trois heures en firent justice par nos mains au 15 mai ! trois jours

en firent justice dans les journées de juin par nos mains aussi,
par celles du général Cavaignac, par les vôtres, par celles de la
garde mobile et de l'armée! La France entière se leva contre
ces poignées d'hérétiques à la souveraineté de la nation. Le
suffrage universel fit sortir mille armées de terre sans avoir
besoin de frapper du pied le sol de la République!

V.

Mais si vous ne pouvez accuser le suffrage universel dans ce
premier acte de son apparition, l'élection de l'Assemblée Constituante, le pouvez-vous mieux dans les actes successifs par
lesquels il a révélé sa nature? Et qui donc a élu vos conseils
généraux en masse, expression plus immédiate, plus rappro-
chée et par conséquent plus sincère de l'opinion; conseils généraux pénétrés en immense majorité de l'esprit vrai de la
France, c'est à dire de l'esprit de liberté réglée et de gouvernement progressif? corps que vous avez trouvés assez conservateurs, assez sûrs, assez civiques pour leur renvoyer comme à
des tribunaux d'appel le gouvernement même politique du
pays en cas de révolution consommée à Paris?

Et qui donc a nommé le 10 décembre le Pouvoir exécutif,
que nous avions écarté, nous, par précaution ou par prévention contre un nom qui nous paraissait dangereux pour la République, et que le suffrage universel a choisi lui, par instinct
pour un nom qui lui présageait popularité dans les masses et
autorité dans le pouvoir?

Et qui donc vous a nommés vous-mêmes? vous qui, malgré
les agitations, les turbulences, les vociférations des clubs et
des hommes extrêmes de la démocratie, représentez en majorité immense ce que la France consultée exprimera toujours :
l'intelligence, l'ordre, l'honorabilité de la famille, la dignité
de l'âme, les garanties de lumière, de commerce, de propriété,
l'aristocratie des sentiments ?

Qui a fait tout cela dans les jours les plus problématiques et les plus difficiles, si ce n'est ce suffrage encore agité, confus, ce principe à peine formulé, jeté pour ainsi dire à *croix ou pile* sur ce peuple? et le refus que vous feriez de vous fier à lui à présent dans le calme, dans la régularisation, dans l'état d'épuration réglementaire que nous admettons tous, ce refus de confiance ne serait-il pas la plus aveugle et la plus brutale ingratitude d'une majorité à l'institution qui l'a sauvée? Non, vous ne voudrez pas donner à l'histoire cet exemple de plus de l'aveuglement des majorités prenant le pouvoir des mains d'un principe et se retournant à l'instant avec impudeur pour écraser de ce pouvoir le principe qui les a faites et armées! Condamnez à l'ostracisme des hommes qui vous pèsent et dont la présence est une offense à vos yeux, rien de plus naturel; vous ne ferez que ce qu'Athènes et Rome, et toutes les monarchies, et toutes les républiques ont fait avant vous! Cela est humiliant pour la nature humaine, mais cela n'est pas mortel pour les nations! mais condamner à l'ostracisme le pays lui-même, le principe lui-même qui a reconstitué toute autorité, toute souveraineté, toute assemblée, tout pouvoir législatif ou exécutif après le chaos où vous vous étiez engloutis! c'est là ce qui ne se serait pas encore vu! c'est là ce qui frapperait tôt ou tard à mort non seulement la majorité, mais le pays lui-même; car les hommes proscrits par l'ostracisme meurent, s'oublient, pardonnent ou ne lèguent leur mémoire à réhabiliter qu'à la postérité; mais les principes proscrits par l'ostracisme ne meurent pas, et ils se vengent en laissant dans le chaos les majorités qui les ont proscrits!

VI.

Et croyez-vous donc, parceque le suffrage universel vous a sauvés jusqu'ici, qu'il a rétabli le pays sur ses bases, la propriété sur ses foyers, l'Assemblée calme et souveraine sur le respect public, croyez-vous que tout soit fini, et que vous n'aurez plus rien à lui demander en salut, en autorité, en force conservatrice dans un prochain avenir ?

Ah ! votre ingratitude n'aurait d'égal alors que votre cécité !

Ne flattons pas les circonstances, n'endormons ni le pays, ni la République, ni l'Assemblée législative, ni le Pouvoir exécutif, ni les partis ennemis de la République eux mêmes dans une complète sécurité ? Oui, tout est fini si vous ne recommencez pas tout !.., oui, tout est fini si vous ne brisez pas l'instrument que nous vous avons mis dans la main pour votre salut et pour le nôtre ! oui, tout est fini 'si vous restez consciencieusement et imperturbablement dans votre mandat, dans votre devoir, dans votre légitimité souveraine et constitutionnelle, ne demandant qu'aux actes prévus, légaux, constitutionnels aussi, d'accomplir les phases successives de l'organisme républicain du gouvernement que vous fondez sur des ruines ! oui, tout est fini si vous ne détrônez pas la souveraineté qui vous a donné la vôtre, et si vous ne mettez hors la loi de cette souveraineté aucune des classes du pays.

Non, rien n'est fini ! Tout recommencera, tout recommencera plus orageux, plus insoluble et plus terrible, si vous déchirez dans l'universalité sincère du suffrage universel le pacte qui a tout apaisé ! si vous jetez aux tempêtes le contrepoids tout puissant qui s'oppose et qui s'interpose seul entre les différentes factions, factions du passé ou factions de l'avenir, dont la lutte sans le suffrage universel bouleverserait, déchirerait, ensanglanterait le pays, et bientôt peut-être le monde civilisé tout entier.

Vous doutez? J'approfondis, je sonde jusqu'au fond sans crainte de faire crier un moment les blessures pour sauver le pays.

VII.

Qu'est-ce qu'une révolution?

Une révolution est toujours une guerre entre deux classes de la société, guerre courte ou longue, humaine ou sanguinaire selon les mœurs douces ou féroces du pays, ou selon le bonheur et l'habileté de ceux qui les finissent.

Et qu'est-ce qu'un gouvernement après une révolution ? C'est le traité de paix après la guerre ; c'est là réconciliation à des conditions honorables et utiles aux deux partis entre les classes qui se combattaient la veille.

La révolution de février a été une de ces guerres. Le suffrage universel, qui a ensuite établi comme son expression la République, a été le traité de pacification. De sourds besoins en souffrance, je ne dirai pas de nivellement brutal, ni d'immorale cupidité, ni de honteux pillage, mais d'égalité dans la possession de droit politique, mais de participation légitime et proportionnelle à l'élection, aux lois, au gouvernement de la société, une et non plus divisée en catégories, travaillaient tous ceux qui étaient placés par une charte étroite au dessous du pays légal ou du pays votant. Des fautes de règne, des imprévoyances de gouvernants, des secousses d'opposition, des provocations téméraires de ministres, des résistances à *outrance*, comme les appelait alors un homme d'État que vous honorez, M. Molé, un incident, un hasard, une fatalité ou une expiation, ce que vous voudrez, a fait éclater cette révolution ou cette guerre entre les deux catégories du pays en février 1848. Le gouvernement, qui n'a pas voulu écouter, qui n'a pas su prévoir, ne sait pas non plus, malgré ses immenses forces, se défendre et défendre la nation contre cette révolution. Elle peut consumer, dévorer, ensanglanter longtemps le pays. Le pays tout entier est saisi à l'instant d'une sagesse et d'une modération qui feront l'étonnement de l'avenir comme elles font votre dérision aujourd'hui; la Providence se montre, elle inspire véritablement tout le monde, les vainqueurs, les vaincus, vous, nous, l'âme universelle du peuple dans toutes les parties, depuis le mendiant et le prolétaire jusqu'au sommet de la société. On est pressé de se réconcilier, de se fondre, de s'unir dans un principe sauveur en commun. On ne se serait pas entendu sur une dynastie, sur un gouvernement; on s'entend sur un principe acceptable à tous, sur un droit égal et unanime, on se rallie sur un terrain large et solide, la souveraineté représentative de la nation, le suffrage universel, la République de concorde et de partage commun et proportionnel du droit politique. Le sang s'arrête, l'ordre se rétablit, le peuple court en paix au suffrage, sans proscrire, sans violenter un seul citoyen.

Voilà l'Assemblée constituante !

Voilà la République de tous !

Voilà la paix !

Quelques factieux pendant l'interrègne du gouvernement provisoire, pendant les commencements de l'assemblée, pendans les clubs, et aux journées de juin, veulent protester au nom des dictatures populaires, des frénésies démagogiques, et usurper pour les prolétaires seuls, soufflés par les démagogues, la souveraineté! Le suffrage universel armé des baïonnettes de la garde civique et de l'armée, qui est le peuple discipliné aussi, triomphe à l'instant et rétablit le seul empire incontesté de la volonté du peuple représenté !

La révolution est terminée.

Le nouveau principe est trouvé.

Il règne en vous, en nous, en tous.

Anathème à qui le touchera !

VIII.

Je ne veux rien écrire qui offense la loi de mon pays, même

quand cette loi est douteuse dans son titre ; mais enfin l'histoire elle-même dira que le 31 mai 1850 la majorité de l'Assemblée actuelle y a touché avant le temps. Qu'elle y ait touché dans son droit, puisque la question réglementaire du domicile était pendante; qu'elle y ait touché à bonne intention puisque des abus scandaleux éclataient par des manœuvres et par des désordres déplorables autour de l'urne, et après l'urne par des tentatives coupables, je ne le nie pas ; moins qu'à tout autre il me conviendrait de le nier, car je les avais prévus, signalés, flétris à l'origine, en me refusant à admettre l'élection obscure, confuse, sauvage du scrutin de liste et en demandant de la lumière pour la liberté, de la responsabilité morale, pour le droit électoral universel ! mais enfin la majorité avec d'autres pensées que la multitude, non pas vile, mais déplorable et aveugle de mai et de juin, la majorité du 31 mai y a touché trop tôt et y a touché trop fort.

Que demandent les hommes vraiment modérés ? les républicains de raison et de nécessité ? ils demandent que vous réfléchissiez si en effet vous n'avez pas été, le 31 mai, au-delà de vos propres pensées, au-delà de votre droit ? et j'ajoute moi, au-delà de toute prudence au point de vue de la conservation et de l'affermissement de l'ordre, non pas seulement de l'ordre républicain, mais de l'ordre civil et social ?

IX.

J'écrivais tout à l'heure : tout est fini si vous ne déchirez aucune lettre du traité de pacification entre les classes ; tout recommencera si vous replacez ces classes en état d'antagonisme et de lutte. Enlevez la base à votre gouvernement, il s'écroule de mille côtés à l'instant. Ne vous fiez pas trop à la force du jour, et songez aux paroles de confiance qui retentissaient à la tribune et aux Tuileries la veille du jour où un gouvernement ne trouvait plus qu'une escorte pour l'accompagner vers l'exil !

La force dans ces temps-ci, c'est plutôt un piége qu'une base pour beaucoup de gouvernements !

Voyons, faisons le bilan non du passé, mais de notre avenir ! Osons aborder en pleine lumière les éventualités de notre situation ; si la tribune se tait et se déguise, qui donc parlera ?

La République est établie ; mais est-elle acceptée comme établissement définitif ou même de longue durée par les différents partis du pays, qui n'y ont cherché qu'un asile ? Non, ce serait un bien naïf homme d'état de la République que celui qui croirait à l'abdication des souvenirs, à l'abdication des espérances, à l'abdication du cœur et de l'âme des partis invétérés dans les habitudes et dans les affections de dynasties ? Il faut leur rendre justice même à cet égard, ils ne font pas d'hypocrisie. Lisez leurs journaux, écoutez leurs entretiens ; on pense tout haut sous notre République, et tant mieux, c'est la preuve qu'elle respecte les consciences et qu'elle a foi en elles.

X.

N'avez-vous pas vu l'été dernier les amis anciens ou nouveaux de la dynastie légitime aller sans masque à *Wiesbaden* ajourner sans doute patriotiquement toute entreprise qui serait un acte coupable envers la paix de leur patrie, mais avouer sans doute aussi avec franchise la fidélité de tradition qu'ils portent à un principe personnifié dans un proscrit ? Si jamais l'heure sonnait pour les partisans de ce principe et pour les fidèles de cette cause de frapper pacifiquement aux portes de la patrie et des palais de Louis XVI et de Charles X, qui leur répondrait si ce n'est la voix décisive du suffrage universel ? Et si le suffrage universel n'avait plus ni universalité ni autorité, qui leur répondrait si ce n'est la guerre civile ?

Ignorez-vous que les ministres et les amis d'une royauté moins enracinée, moins sainte dans les préjugés de ses partisans, mais plus récente, ont passé et repassé la mer ou le Rhin et ne cessent de les repasser tous les jours. Pourquoi? pour honorer des funérailles, pour consoler des deuils, des douleurs, des exils, et ce n'est pas moi, ce n'est pas nous, ce n'est pas la République qui incriminera les respects, et qui fera la loi des suspects contre les bons sentiments; mais pouvez-vous douter aussi que les serviteurs de cette monarchie dehors et dedans ne comptent avec avidité les heures de la République pour devancer à son chevet les pas de la monarchie légitime, si jamais l'heure de sa lassitude ou de son agonie venait à sonner? Et si ces deux partis qu'une intrigue peut concilier, que la place de la révolution rend irréconciliables, venaient à se rencontrer l'un au Palais-Royal, l'autre à Versailles, pour se disputer la succession de la France en la déchirant? quelle main pourrait les séparer et les repousser si ce n'est celle du suffrage universel? Et, s'il n'existe plus, quelle main si ce n'est celle de la discorde et des factions?

Ignorez-vous que des dictatures insensées, mais acharnées aux idées impossibles, que des émulations acerbes de la Convention, des rêves de lois agraires, des gouvernements désespérés du radicalisme, qui n'est lui-même que le désespoir de l'impatience, que des inquisitions de la liberté, que des despotismes populaires sous le nom de République, se sont tramés, se trament et se trameront longtemps encore dans les pensées impuissantes de ces partis qui restent et qui retombent au fond des révolutions comme la cendre longtemps chaude après les grands incendies. Quelle est la force d'inertie ou de répulsion invariable qui les a contenus et qui les contiendra, si ce n'est le suffrage universel? Et si vous laissez dire à ces partis que le 28 février, le 16 avril, le 15 mai, le 23 juin et tous les grands jours du scrutin général de la France ont refoulés, si vous leur laissez dire : une partie du suffrage muet du peuple est avec nous, ceux à qui on a fermé le scrutin votent du cœur avec nos pensées, n'aurez-vous pas affaibli votre société de toute la force, de toute la fraction de force et de poids que vous aurez imprudemment enlevée au suffrage universel?

Ah! croyez-moi, les sectes anti-sociales sont nées dans l'ombre, sous le suffrage restreint et sous le droit disputé des dernières monarchies! le grand jour du suffrage universel les a tuées en les faisant apparaître à la lumière. En les replongeant dans l'ombre vous leur rendez la vie.

XI.

Mais point de réticence! allons plus loin! disons ce qui est dans l'esprit de tous les citoyens, et ce qui comprime seul encore les libres battements du cœur de la France prêt à s'ouvrir à toutes les perspectives de sécurité, de travail, de confiance, d'ordre, de paix auxquelles nous aspirons tous dans la République.

Nous approchons de ce qu'on appelle les crises, c'est à dire de ces périodes régulières dans la transmission et dans la rénovation des pouvoirs publics, qui deviennent aussi normales que les fonctions organiques de la vie dans les républiques assises, mais qui dans les premiers temps sont aussi des épreuves.

Qui que nous soyons, nous prêtons l'oreille au sentiment des besoins, des aspirations sourdes, des volontés de la France; nous entendons la France penser et sentir, s'il est permis de parler ainsi; la Constitution même nous en a fait une loi autant que la prudence. C'est notre devoir d'être attentifs à ces pressentiments des désirs et de la volonté du pays afin de leur mieux obéir. C'est notre devoir comme citoyens, comme hommes d'état, j'ajoute même comme républicains pour ceux qui le sont de cœur et d'esprit; car plus nous sommes réellement convaincus que la république est nécessaire, plus nous sommes intimement dévoués à l'affermissement et à la durée de la république représentative dans un moment qui interdit toute autre possibilité d'un gouvernement d'une autre nature, plus aussi nous devons vouloir plier, conformer, approprier, mouler la République aux habitudes, aux instincts, aux intérêts, aux formes, aux faiblesses même de notre pays.

Eh bien ! y a-t-il un citoyen réfléchi et de bonne foi qui, en prêtant ainsi l'oreille aux besoins, au murmure, au chuchotement sourd du pays, puisse douter que l'opinion publique ne demande avant peu de temps à l'Assemblée législative quelques modifications non organiques, mais essentielles à la Constitution de 1848, ne fût-ce que la transformation du scrutin de liste dans la loi électorale, pour ne pas sortir du sujet que nous traitons ? — Ne fût-ce que la solution légale des conflits possibles à vider entre le Pouvoir législatif et le Pouvoir exécutif ? — Ne fût-ce que la question pendante de rééligibilité ou de non rééligibilité des présidents de la République ?

Qu'on se taise ou qu'on parle, qu'on raisonne ou qu'on murmure, le silence convenu ne tromperait personne. Il est évident pour moi et pour presque tous que le pays pense, réfléchit, prévoit, se préoccupe, et qu'un de ces souffles irrésistibles, électriques, une de ces pressions atmosphériques de l'opinion que personne ne voit et que tout le monde sent demandera par les voies constitutionnelles qu'on résolve ces trois ou quatre questions à l'heure et dans la forme où elles devront être examinées.

La forme ? Il n'y en a qu'une qui ne soit pas une révolution ou un coup d'état, c'est une Assemblée constituante. Il y aura donc peut-être avant le mois de mai 1852 une Assemblée constituante à nommer par le peuple : qui la nommera ?

XII.

Ici se place un terrible dilemme, que j'ai vu de loin en 1849, et qui seul m'aurait décidé à voter en ce moment contre la loi du suffrage restreint. Ce dilemme le voici :

Ou l'Assemblée constituante sera élue sans tumulte, sans invasion des urnes, selon la loi d'élimination que vous avez faite, ou elle sera élue par plus de voix, par plus de bulletins que votre loi n'en doit trouver au dépouillement du scrutin, (ce que la Providence et la sagesse du peuple écartent de notre avenir!)

Si l'Assemblée constituante est élue selon la loi d'élimination du 31 mai et sous l'abstention ou la résignation de la moitié du peuple exclu, ou s'excluant lui-même, que deviennent l'autorité, la force du mandat? Vous retombez, avec la faiblesse d'une république tronquée, dans tous les vices, dans toutes les langueurs et par suite dans toutes les violences du gouvernement monarchique, appuyé seulement sur une fraction du pays contre l'autre! Vous créez deux peuples, et vous vous mettez à la tête de l'un de ces peuples contre l'autre!... Je ferme les yeux pour ne pas voir plus loin; mais j'entends d'avance les contre-coups d'un écroulement. La guerre des classes se reforme, se recrute par vos mains. Vous remontez au 23 février. Vous étiez le lendemain, vous redevenez la veille d'une révolution.

Si les électeurs éliminés ne se résignent pas, si les urnes sont envahies et les votes plus nombreux que les électeurs? C'est une révolution; force reste au droit, non à la loi. Il faut se voiler le visage.

Mais attendez : dans cette révolution même il y en a deux : car voici un second dilemme qui sort alors de la situation.

Ou l'invasion électorale aura lieu partout, et alors partout les élections sont nulles et l'Assemblée nommée par les électeurs non légaux se trouve en face de l'Assemblée nommée par la loi du gouvernement. Deux parlements : lequel domptera l'autre? Les révolutions n'avaient pas encore offert ce phénomène d'anarchie. On avait vu deux pontifes à Rome, deux rois ailleurs ; mais deux peuples, jamais !

Ou bien l'invasion électorale n'aura lieu que dans un certain nombre de départements, et alors les élections seront cassées ici, validées là! Assemblée tronquée et usurpatrice pour faire l'acte constitutif de la nation! la moitié de la France représentée, l'autre moitié non; la Constitution viciée dans son origine; la loi acceptée ici, repoussée là! non plus deux rois, deux papes, deux peuples; mais deux Frances!...

On se perd dans cet abîme d'imprévoyance et de témérité si vous ne modifiez pas à temps la loi du 31 mai.

XIII.

Vous croyez que c'est là tout, et que l'imprudence et l'absurdité ne peuvent pas aller plus loin? Ecoutez encore :

L'Assemblée constituante va se poser la question du pays et du jour. Les présidents de la République pourront-ils être réélus pour un temps plus ou moins prolongé, cinq ans, six ans, huit ans, dix ans? j'ignore. Eh bien! je suppose que la rééligibilité pour cinq ou six ans soit constitutionnellement votée. Le peuple est appelé à élire le Président, n'est-ce pas? mais quel peuple? est-ce le peuple du suffrage restreint? est-ce le peuple du suffrage universel?

Voici un dédale d'autres dilemmes.

Si c'est le peuple du suffrage restreint, il se passera à l'élection du Président ce qui se sera passé à l'élection de l'Assemblée constituante. Le Président sortira d'un suffrage révolté ou décimé. S'il sort d'un suffrage révolté, vous ne le reconnaîtrez plus, n'est-ce pas? ce sera la sédition faite homme.

S'il sort d'un suffrage décimé, le peuple ne le reconnaîtra plus que de force. Ce sera l'oligarchie et l'usurpation parlementaire personnifiées! que faites-vous de lui dans les deux cas?

Un grand séditieux à la tête des lois! un factieux en chef!

Ou un grand usurpateur parlementaire à la tête du peuple!

Faiblesse ou violence et dérision des principes des deux côtés!...

Mais on a trouvé un remède, un subterfuge pour calmer

tous remords et pour endormir toute conscience. Vous allez voir si cela peut endormir aussi le sens commun.

On nous dit, ou plutôt on nous murmure : nous ferons élire l'Assemblée par le suffrage restreint du 31 mai, et nous ferons élire le Président par le suffrage unanime de 1848. La tête tourne à une telle conception de l'anarchie.

Quoi! vous aurez deux poids et deux mesures dans le pays de l'égalité? et cette inégalité souveraine, cette omnipotence absolue résultant du titre au pouvoir, vous la créerez en faveur d'un homme, et vous la créerez contre le pays? Vous mettrez le chef temporaire au dessus des lois et de la nation éternelles? Vous direz à la représentation : « Tu seras élue par le petit nombre, » et au magistrat temporaire exécuteur des lois : « Tu seras élu par l'universalité ! » Vous ferez le mandat du pouvoir législatif étroit comme une urne parlementaire, vous ferez le mandat du pouvoir exécutif large comme l'espace compris entre l'Océan et les Alpes, profond comme le sol sur lequel la France est fondée ! Vous donnerez à l'un un vote limité pour base, à l'autre le peuple entier pour pavois ! et vous croirez avoir pondéré vos pouvoirs? Soyez francs, dites plutôt que vous aurez recréé d'un mot la plus absolue et la plus dangereuse des monarchies sous le nom de Bonaparte président, la monarchie du suffrage restreint contre la misérable démocratie du suffrage universel! Dites : L'Assemblée nationale est abolie. La France a un roi!.... un roi? non je me trompe, un autocrate viager du suffrage universel.

XIV.

Et avez-vous pensé même à la condition précaire et dégradée que d'un autre côté vous feriez à cet *autocrate* du suffrage universel en face du pouvoir législatif élu par le suffrage épuré? vous lui auriez donné de la force, oui, mais à condition de lui infliger du mépris.

Car qu'avez-vous dit tous les jours dans vos journaux et dans la discussion du mois de mai 1850? que dites-vous tous les jours depuis? qu'ai-je avoué moi-même, tout en combattant votre loi exagérée et inopportune, sinon inconstitutionnelle, presque inconstitutionnelle du 31 mai? Vous avez prononcé le mot de *vile multitude* ; je ne le rappelle pas pour irriter le peuple honnête contre son auteur, je suis sûr qu'on lui a donné un sens injurieux qu'il n'avait pas dans son esprit; quand on a vu comme moi la multitude d'un grand peuple réfrénant ses propres débordements, comprimant par sa modération et par sa grandeur l'imperceptible poignée de la populace malfaisante, tendant la main, ouvrant son cœur à ceux qu'elle venait de renverser, et se défendant elle-même de la moindre de ces injures dont on l'accable aujourd'hui, on ne croit pas que cette multitude, c'est à dire ce peuple puisse être jamais atteint par l'insulte.

Mais enfin on a prononcé le mot de multitude avilie par ses vices, aveuglée par son ignorance, ballottée par ses agitations, possédée par ses besoins, égarée par ses vociférateurs et par ses libellistes! et l'on a dit : voilà le suffrage universel! et l'on dit maintenant au président de la République : voilà d'où vous sortirez!... Voilà la source où nous vous permettrons d'aller puiser votre pouvoir à la condition de le honnir et de le salir après! voilà la faveur que nous vous faisons!... Vous sortirez de l'égout électoral, et nous du fleuve purifié et réglé dans ses bords! Vous aurez votre origine dans la loi, et nous dans l'élément pur! vous serez l'élu de la démagogie, et nous les élus de la nation éclairée, propriétaire, civilisée, morale! C'est une force pour vous! oui, mais c'est une force qui nous permettra de vous appliquer sans cesse les qualifications dédaigneuses que les élus de l'aristocratie intellectuelle donnent à l'élu de la brutalité démagogique.

C'est à dire que par cette loi du suffrage mutilé vous sapez à la fois les deux pouvoirs, vous faites deux ruines d'une! disons le mot, vous préparez, vous combinez sans le savoir une double révolution.

XV.

Oui, si je détestais la République plus que je n'aimerais mon pays, je ferais exactement ce que vous faites. Je donnerais dans une première Constitution au peuple un droit absolu ; puis je lui en arracherais un grand lambeau pour l'irriter comme la brute à laquelle on dispute sa proie ou son haillon ; puis je le lui rendrais pour nommer désormais un tribun, un président, un consul, un je ne sais quoi populaire ; puis je le lui retirerais pour nommer l'autre moitié de lui-même ! Puis je créerais deux droits électoraux en antagonisme, et je les ferais s'entrechoquer l'un contre l'autre pour les briser, les avilir, les anéantir l'un sur l'autre, et avec eux la Constitution, l'Assemblée souveraine, le Pouvoir exécutif, le gouvernement ! et quand j'aurais conduit mon pays sur les bords de ce nouvel abîme, alors je me réjouirais comme un esprit infernal de la ruine que j'aurais préparée, et je triompherais en moi-même, car je serais sûr d'avoir vaincu la République en la divisant !

Mais en renversant ainsi la République, n'est-ce pas aussi la société, la conservation, le foyer, le champ, la famille que vous aurez vaincus ?

Qu'y a-t-il de possible après la République d'ordre, de raison et de nécessité pour des hommes sérieux ? Ce qu'il y a de possible ! Rien que des amours-propres vengés sans doute, mais vengés par la conflagration de la patrie !

Aucun de vous ne voudrait être vengé à ce prix ; et d'ailleurs, je le répète au parti des imprudents et des implacables, s'ils ont soif d'être vengés, qu'ils se vengent sur nous et non sur le pays et sur eux-mêmes ; proscrivez les républicains, et conservez patriotiquement la République ! La République, c'est le suffrage universel. Croyez-moi, méditez à temps, méditez dès aujourd'hui sur la nécessité de rentrer dans la légalité constitutionelle, et ne rougissez pas de revenir de quelques pas en arrière de la loi excessive et inexécutable du 31 mai ; elle est grosse de témérité et de catastrophes. Ses adversaires eussent-ils tort, ne laissez pas même un prétexte d'inconstitutionalité à ceux qui chercheraient un drapeau de division entre les citoyens. J'ai le droit de dire aujourd'hui à l'opinion : soyez prudent et conciliant; car c'est moi qui ai dit au peuple le 31 mai : « Soyez résigné et patient. L'Assemblée, rassurée et calmée sur « les craintes trop fondées que des excès déplorables lui inspi- « rent, reviendra; elle vous restituera ce suffrage universel, ce « sceptre du peuple avec lequel vous vous êtes blessé vous- « même sous la fatale inspiration de quelques fanatiques d'ul- « tra-démocratie ! »

Oui, sachez revenir à temps de peur d'être emportés par l'impulsion rétrograde de 1850 au-delà du point où vous voudriez vous-mêmes vous arrêter. Je ne dis pas seulement : soyez modérés et justes; mais soyez politiques et prévoyants : les uns par prudence, les autres par nécessité ; ceux-ci par habileté, ceux-là par vertu, tous par patriotisme ; ayons la patience du pays lui-même ; sachons résigner nos volontés partielles, pressées, divergentes, téméraires à cette volonté souveraine et pacificatrice du suffrage universel, cette légitimité du destin moderne. C'est un sacrifice pénible à tous, impossible à quelques-uns, dira-t-on.

Mais notre pays vit-il d'autre chose que des sacrifices réciproques que nous faisons tous, à l'envi, minorité ou majorité, peuple ou gouvernement, républicains ou monarchistes, à la chose publique depuis trois ans?

Est-ce que le peuple débordé, vainqueur absolu quelques jours et quelques mois après l'écroulement de la monarchie de juillet, n'a pas fait à l'instant le sacrifice de ses bouillonnements, de ses emportements, de ses exigences, de ses rancunes de dix-huit ans contre les classes, contre les hommes qu'on signalait dans votre propre presse comme les possesseurs de ses monopoles? comme les exploitateurs de ses impôts? comme des objets de haine et d'envie?

Est-ce que les républicains exaltés n'ont pas fait le sacrifice de leurs ombrages, de leurs impatiences, de leur domination jalouse et exclusive de la République en abdiquant le plus promptement et le plus complétement possible entre les mains du suffrage universel, librement consulté, et de la représentation nationale, arbitre souverain évoqué par eux? Est-ce qu'ils ont à leur profit, à leur caprice, exclu de l'élection un seul nom, une seule classe même de ceux qui pouvaient le plus légitimement leur donner des inquiétudes sur la République? les juger eux-mêmes, les désavouer et les condamner?

Est-ce qu'ils n'ont pas remis avec résignation dans les mains de la majorité de l'Assemblée à titre de majorité élue par le suffrage universel le pouvoir au 8 mai 1848, au 24 juin, au 10 décembre? Est-ce qu'ils vous ont contesté au-delà des bornes de la discussion la politique, les lois, les mesures plus ou moins réparatrices, plus ou moins dictatoriales, nécessaires, selon cette majorité, au rétablissement de l'ordre? état de siége, droit exagéré d'association dans les clubs? armée, commandement spécial de Paris? administration, enseignement, politique étrangère, Rome même, ce douloureux contresens à toute la logique de la France républicaine ou monarchique? restriction de la presse? tout enfin, excepté ce qui contient tout, ce qui domine tout, ce qui justifie tout, ce qui répare tout, le suffrage universel? et encore ont-ils provoqué la résistance ou le calme obéissant du pays le 31 mai? J'en appelle à mes paroles et à celles du ministre qui me répondit dans cette mémorable discussion!

Est-ce que les hommes des partis dynastiques, est-ce que ceux qu'on appelle du nom de leur dogme, *les légitimistes*, n'ont pas fait pendant ces trois ans à la patrie, à la société, à la paix des temps le sacrifice de leurs prédilections héréditaires pour l'enfant proscrit par juillet?

Est-ce que ceux qu'on appelle du nom de leur règne de dix-huit ans, parcequ'ils n'ont de principe qu'un nom de famille, ceux que la République devait le plus douloureusement froisser parcequ'elle succédait immédiatement à leur trône, est-ce que la plupart d'entre eux n'ont pas fait sans murmurer alors à la France, à la nécessité, à l'ordre, à la nation, le sacrifice, sinon de leur émotion et de leur douleur, au moins de leurs colères et de leurs complots ?

Est-ce que ceux à qui un autre nom faisait rêver un empire au lieu d'une magistrature républicaine n'ont pas fait le sacrifice de leurs rêves posthumes à l'impérieuse évidence de la réalité ?

Est-ce que les socialistes eux-mêmes, ces hommes que j'ai combattus avant et avec vous, ces hommes à qui l'éblouissement d'une révolution avait fait voir l'impossible, et qui avaient pris les ombres de l'imagination pour des corps, et les *mirages* de la révolution radicale pour des fleuves de prospérité, est-ce que ces hommes eux-mêmes après quelques mois de vertige et d'agitation n'ont pas fait, en immense majorité, partout, le sacrifice le plus difficile à faire peut-être, le sacrifice des systèmes et des chimères de l'esprit ? Est-ce que la tribune retentit encore des songes sonores et irritants qu'on y lançait à la crédulité ou à la révolte du peuple ? Est-ce qu'on y entend autre chose aujourd'hui dans la bouche même ou dans les journaux des hommes de ce parti que je combats, que des doctrines de mauvaise économie politique quelquefois, mais enfin des demandes d'améliorations raisonnées et d'assistance légitime aux besoins des prolétaires et aux besoins surtout d'unité d'intérêt pour produire l'unité de cœur entre les classes diverses des citoyens ?

Non ; vous ne pouvez le méconnaître sans injustice, le suffrage universel porte ses fruits ; le temps a marché, le jour se fait, tout le monde a sacrifié à la concorde quelque chose de ses affections personnelles, de ses pensées, de ses ressentiments. Tout le monde a fini par dire : Le pays avant nous !

Eh bien ! seriez-vous donc les seuls, vous à qui tous ces sacrifices ont profité, vous maîtres du pays par la majorité, que vous possédez et que vous tenez jusqu'ici du suffrage universel lui-même, seriez-vous les seuls qui refuseriez de faire à cette patrie, à laquelle les uns ont donné leur popularité, les autres leur ambition, les autres leur vie, de lui faire le sacrifice d'une défiance exagérée, le sacrifice d'une faute dangereuse commise le 31 mai, le sacrifice d'un amour-propre de majorité? Non, cela ne serait digne ni de la France, ni de la gravité des événements, ni de vous. Maudissez la révolution, supportez douloureusement la République, insultez, outragez, proscrivez les républicains qui vous ont tendu la main pour remonter à ces droits d'où vous étiez momentanément descendus ; mais sauvez le suffrage universel, qui vous sauve seul de plus longues et de plus sinistres révolutions. Nous ne vous demandons qu'un sacrifice à la prudence, et nous vous répondons du pays, pourvu que vous ne lui arrachiez pas son droit du cœur et son vote de la main.

Vous êtes conservateurs de la société non menacée, mais inquiète, nous le sommes avec vous ; mais n'oubliez pas que le principe conservateur s'est déplacé par la révolution que vous avez vue venir, que vous avez laissé accomplir, et contre laquelle vous n'avez eu ensuite que de tardives et inutiles imprécations. Oui, le principe conservateur, qui était sous la monarchie dans les institutions oligarchiques, dans le petit nombre, dans le privilége, dans le droit borné, dans le suffrage restreint, est aujourd'hui tout entier dans le suffrage, dans le vote universel. C'est lui seul qui vous sauvera.

Il y eut un jour, un des jours les plus menaçants de la révolution de février (le 19 mars), où m'élevant en mon nom, en votre nom, au nom du gouvernement provisoire contre l'esprit et contre le despotisme de ces circulaires conventionnelles que vous nous reprochez si injustement, je dis, avec tous mes collègues, dans une proclamation aux Français sur les élections : « N'écartez, ne violentez, ne gênez personne. A

« quoi bon remplacer des gouvernements étroits et exclusifs si
« c'est pour leur ressembler ? Envoyez au pays la liberté, et il
« vous renverra la République. »

Eh bien ! je dis, en renversant aujourd'hui ces mêmes paroles, je dis à l'opinion dans ce journal : « Retirez au peuple
« le suffrage universel, et il vous renverra les révolutions ! »

LAMARTINE,
Représentant du Peuple.

ALMANACH POLITIQUE.

AVRIL 1851.

L'événement intérieur de ce mois est la formation du ministère
définitif promis par le président de la République dans le Message
qui annonçait à l'Assemblée, à la suite du vote du 18 janvier, la nomination d'un ministère transitoire. C'est après de longues et laborieuses négociations, tentées sans résultat auprès de M. Odillon Barrot, de M. de Malleville et de plusieurs autres hommes d'Etat de
la majorité, que le Président s'est décidé à rappeler au pouvoir, en
leur adjoignant quelques hommes nouveaux, M. Léon Faucher et
les chefs du cabinet dissous par ce vote de l'Assemblée.

Le nouveau ministère est ainsi composé :

Intérieur, M. Léon Faucher ; affaires étrangères, M. Baroche ;
justice, M. Rouher ; finances, M. Fould ; guerre, le général Randon;
marine, M. Chasseloup-Laubat ; instruction publique, M. de Crou-
seilhes ; travaux publics, M. Magne; agriculture et commerce,
M. Buffet.

Le lendemain du jour où sa nomination paraissait au *Moniteur*,
— 11 avril, — le cabinet faisait son entrée dans l'Assemblée. A
peine M. Léon Faucher avait-il lu le manifeste de sa politique, manifeste qui promet le maintien de l'ordre, le respect de la loi et
la pacification de l'esprit public, que M. Sainte-Beuve proposait à
l'assemblée de le condamner sur ses noms sans attendre ses actes,
et de renouveler contre lui la motion de défiance du 18 janvier.

Cet appel de ralliement jeté à la coalition est resté sans écho. L'ordre du jour de M. Sainte-Beuve a été rejeté par 327 voix contre 275.

Aucun autre incident politique n'a marqué les débats de l'Assemblée, interrompus pendant huit jours par les vacances de Pâques. Parmi les travaux d'administration et d'affaires qui ont occupé ses séances, nous mentionnerons seulement la loi sur les hospices, sur les monts de piété, sur le traitement des cardinaux, et la deuxième délibération du projet de loi sur la garde nationale.

Une insurrection avortée en Portugal, une crise politique en Espagne résument toute l'importance des nouvelles extérieures de ce mois. En Portugal, le maréchal Saldanha, depuis longtemps en lutte contre le premier ministre, le comte de Thomar, a tenté de le renverser par un mouvement militaire. Le 7 avril, il partait de Lisbonne pour aller se mettre à la tête de quelques corps insurgés. Mais cette sortie d'une ambition jalouse et impatiente n'a été qu'une fuite à travers la défection de ses troupes et l'indifférence des populations. Poursuivi par le roi, qui a pris le commandement de l'armée, le maréchal Saldanha était bientôt acculé aux frontières de l'Espagne, où les prochaines nouvelles annonceront sans doute sa retraite.

En Espagne, le ministère présidé par M. Bravo Murillo vient de dissoudre les Cortès, dont la majorité lui était hostile, sur le prétexte d'un dissentiment sur la fixation de l'ordre du jour du réglement de la dette. Le parti progressiste, écarté depuis sept ans de l'action politique de l'Espagne, s'est relevé à ce décret comme à un signal de résurrection et d'avénement. Il a fondé un comité de propagande et de direction électorale, dont la présidence offerte au général Espartero a été acceptée par lui dans une énergique adhésion.

L'Allemagne s'arrête enfin dans ce cercle vicieux de diplomatie métaphysique autour duquel elle tourne si péniblement depuis trois ans. Les lentes et laborieuses négociations de l'Autriche et de la Prusse viennent d'aboutir au rétablissement pur et simple de l'ancienne Diète germanique; c'est la Prusse elle-même qui invite les Etats secondaires à y envoyer leurs représentants, dans une dépêche officielle émanée du cabinet de Berlin.

L'Angleterre a fait trève aux passions et aux préoccupations politiques. Elle est livrée tout entière aux préparatifs de l'Exposition universelle et aux soins de l'immense hospitalité qu'elle va donner aux députations du monde Européen qui affluent dans sa capitale.

C'est le 1er mai que la Reine doit ouvrir solennellement le palais de cristal d'Hyde-Park, ce monument dédié par le prince qui l'a fondé à l'unité de la race humaine. Cette Exposition universelle ne sera pas seulement le Jubilé de l'industrie moderne, ce sera encore un événement de civilisation, le rendez-vous d'alliance des races et des nations, la fête pacifique de l'humanité se contemplant, s'admirant et se reconnaissant dans ses œuvres. — P. de Saint-Victor.

L'un des Propriétaires, J. MIRÈS.

LE

CONSEILLER DU PEUPLE.

❦

Première Partie.

❦

SUR LA LIBERTÉ DES CULTES

à propos de la loi sur l'observation forcée du dimanche.

I.

Si ce n'était ici qu'une question d'opinion, je ne prendrais pas la peine de la traiter. Peu importe que les opinions s'égarent, s'exagèrent, se passionnent même avec plus ou moins d'excès pendant ces périodes agitées de la vie des peuples qu'on appelle des révolutions ou des réactions. Il faut savoir subir ces oscillations naturelles de l'esprit humain sans se plaindre, sans s'irriter, et souvent même avec l'indifférence, avec la patience de la résignation et avec la dignité du silence.

Mais ceci est bien autre chose qu'une opinion, c'est la conscience de chacun de nous tout entière; c'est la conscience d'une nation qui a combattu un siècle et demi pour l'indépendance de la foi et de la raison; c'est la conscience de la révolution

5

française imprudemment et fanatiquement offensée, blessée, défiée par des doctrines en matière de liberté religieuse qui refouleraient nos principes consacrés depuis 89 jusqu'aux adultères les plus simoniaques et les plus impies entre l'Etat et 'Eglise, entre la loi et la foi, entre le juge et le fidèle, entre le bourreau et le croyant! en un mot jusqu'à l'unité obligatoire du culte maintenu sur la force.

C'est le sentiment, c'est le devoir, c'est le cri de cette conscience offensée, souffrante, menacée d'asservissement dans les hommes les plus religieux du temps qui m'engage à discuter aujourd'hui cette question avec mes lecteurs.

Peu m'importent les injures ; ce n'est pas à un homme qu'on répond de ses actes et de ses paroles dans de semblables polémiques.

II.

Mettons d'abord à part respectueusement ce qu'il y a de vrai, de juste, de bon dans la loi proposée ; il ne faut pas que les paradoxes, les négations, les excès d'une opinion nous jettent dans un autre excès. Il ne faut pas que les anachronismes, les folies et les impraticabilités de certaines dispositions nous fassent méconnaître et répudier ce qu'il y a de moral, de saint, de grandement civilisé dans la loi. Elle devrait se borner à une seule considération et à une seule disposition que pour ma part je provoquerais et j'adopterais avec empressement. Cette disposition, la voici :

« La République française, voulant attester par l'exemple
« de l'Etat l'hommage qu'elle rend à Dieu, et favoriser autant
« qu'il est compatible avec la liberté absolue des consciences
« l'exercice de l'acte le plus sublime de l'humanité, l'adoration
« de Dieu sous tous les cultes, ne fera point travailler le di-
« manche dans les ateliers des travaux publics ; des réglements
« disciplinaires donneront, autant que possible, aux soldats

« isolés, le temps nécessaire pour assister aux instructions et
« aux cérémonies des cultes qu'ils professent. »

Nous sommes presque tous en France disposés à adopter des
dispositions de cette nature, en écartant bien entendu avec une
réprobation formelle les considérants d'un rapport qui feraient
d'un acte de respect pour le sentiment religieux sous toutes
ses formes libres un retour à l'asservissement des consciences.

A cet égard, et dans une République surtout qui vit de liberté
et de moralité plus que d'autorité brutale, jamais trop de respect, jamais trop de faveur pour le sentiment religieux, pourvu
que ce sentiment religieux soit indépendant comme la volonté,
noble comme la liberté, spontané comme la conviction ! Ne
rougissons pas de la Divinité, la politique n'est que le corps
des sociétés humaines, les religions en sont l'âme. Flétrir ou
négliger le sentiment religieux dans le peuple, c'est le viol de
l'âme ! Décréditer ce sentiment dans les masses, c'est les dé-
grader au dessous de l'esclave, qui a un maître sur la terre,
mais qui a du moins un Dieu dans ses pensées ! c'est livrer le
peuple sans consolation et sans vengeur céleste à la profanation
et à la servitude de ses misères, de ses vices et de ses assujet-
tissements. Il n'y a donc qu'une République anti-populaire qui
puisse être irreligieuse. Le républicanisme et la religion, c'est
la même chose dans le cœur des véritables hommes politiques,
car la démocratie ne puise son titre et son droit divin que dans
le ciel. Que serait le peuple si on ne voyait pas Dieu en lui?
Le sentiment religieux est tout l'horizon de l'humanité, lui
seul ouvre aux individus comme aux sociétés les perspectives
de l'infini. Enlever au peuple cet horizon, c'est l'emprisonner
dans un cercle de mouvement sans grandeur et d'agitation
sans but. Si Dieu n'est pas au terme du chemin que les grands
esprits, les sages, les philosophes tracent aux progrès des sociétés, à quoi bon marcher? vous ne les ferez jamais marcher
qu'à la mort et au néant? Non, il faut un autre patriotisme à
l'homme que cette terre, il faut aux peuples le patriotisme de

l'éternité; c'est le sentiment religieux. Que l'état lui donne un signe de naturalisation et de respect, c'est trop juste! c'est trop politique! c'est trop saint! Mais ce signe doit-il être comme dans la loi proposée par un membre de l'Assemblée un signe de solidarité entre l'Etat et un culte spécial? un signe de supériorité, de dédain, ou de proscription, partial contre les sectateurs d'autres cultes ou d'autres philosophies religieuses dans le pays?

C'est ici que l'abîme nous sépare, et soyez convaincus, dirai-je hardiment aux novateurs en arrière qui voudraient nous ramener je ne sais où (Royer-Collard l'a dit), soyez persuadés que c'est vous, que c'est la religion qui tomberait avec vous dans ces abîmes, et que c'est encore la main de la liberté que vous seriez obligés d'invoquer une troisième fois pour l'en retirer.

III.

Appelons les choses par leurs noms. Il y a eu dans le monde, depuis Luther et depuis Bacon, et depuis Descartes, et depuis tous les apôtres modernes de la raison libre jusqu'à nous, une guerre longue, diverse, obstinée, mortelle quelquefois entre le raisonnement et l'autorité sacerdotale, entre la religion sur preuves et la religion sur parole. La guerre de trente ans en Allemagne, les guerres de religion en France, les massacres et les bûchers de l'inquisition d'Espagne immolant plus de victimes qu'aucune cause purement humaine n'en a jamais immolé, la révocation de l'édit de Nantes sous Louis XIV, l'incendie du Palatinat, les proscriptions des Cévennes plus atroces que celles de Sylla, les échafauds de 1793, les prisons, les exils à Sinnamari, les autels renversés sur les sacerdoces ont été les phases terribles de cette guerre la plus intime, la plus profonde, et par cela même la plus implacable que les hommes se soient jamais livrée, précisément parceque c'était la guerre pour Dieu! Oui, la guerre pour Dieu! la guerre entre ceux qui voulaient l'adorer au grand jour de la raison individuelle ou collective sans superstitions, sans prestiges humains, sans autres moyens que ceux de l'esprit, sans autres mystères que ceux de la nature, et ceux qui voulurent continuer d'imposer au monde, sous peine d'excommunication civile, d'expatriation, de confiscations, de bûchers et de supplices, le dieu de leur église exclusive et de leur implacable conviction.

Soyez certain que sous la révolution française de 1789, sous le mouvement qui la préparait, il y avait au fond et il y avait par dessus tout une guerre sourde de religion; l'homme ne se remue pas, ne se dévoue pas, ne se sacrifie pas lui-même pour si peu! Mais quand il sent Dieu sous ses pensées alors il marche hardiment aux révolutions, parceque cela en vaut la peine! ses agitations et ses guerres deviennent alors des dévouements religieux et des martyres. C'est ce qui remua trois siècles le vieux monde lassé de ses faux dieux contre le paganisme et pour le paganisme avant et après Constantin. Il y avait dans ces peuples les convulsions d'une religion qui ne voulait pas mourir, les convulsions d'une religion supérieure qui voulait naître et qui trouvait le terrain occupé, les temples fermés; elle les ouvrit avec l'épée!

Eh bien! c'est ce qui se passa non entre deux cultes pendant les seizième, dix-septième et dix-huitième siècles seulement, mais entre la philosophie et le vieux catholicisme d'état, obstiné à posséder non les âmes qui lui appartiennent quand il sait les conquérir et les retenir, mais l'unité de culte, mais les lois de l'état, mais les consciences enchaînées par les concordats après les choses qui ne lui appartiennent pas.

Oui, l'esprit révolutionnaire, je l'entends dans son grand et bon sens, l'esprit de progrès et de liberté faisait avec le mot de démocratie la guerre à deux choses, à la noblesse privilégiée et au sacerdoce exclusif imposé aux peuples; le trône lui-même n'était pas aussi sérieusement en jeu : il ne tomba que par ac-

cident dans la lutte parceque le sacerdoce exclusif èt la noblesse privilégiée s'y adossaient. Mais ce que la philosophie et
la révolution combattaient avec. le plus de conviction et d'a-
charnement, c'était le sacerdoce exclusif, c'était l'Eglise dans
l'état, c'était le souverain prêtant la loi, la prison, le bourreau à la croyance pour faire exécuter son unité de foi et sa
souveraineté de dogmes ; le reste n'était presque que se-
condaire. L'âme de la révolution était là! Elle voulait affranchir les serfs ; oui, mais elle voulait avant tout affranchir l'esprit humain. Ne rappelons pas les luttes sanglantes et les hor-
reurs mutuelles avec lesquelles les deux idées se combattirent
par la terreur et par la guerre civile. Dans le Midi, à Avignon,
à l'Abbaye, dans la Vendée, partout le fanatisme excite un
fanatisme contraire. Les flammes s'allument sur les bûchers
de l'inquisition, et le sang éteint ensuite les flammes ! C'est là
le malheur, le crime, la honte et la pitié sur nous !

IV.

Que sortit-il enfin de là? et quel fut le traité de paix ? Il en
sortit d'abord quelque chose de détestable et d'illogique parceque ce n'était pas la liberté, et que, l'État et la religion ne séparant pas entièrement leurs mains, la main de l'État après
avoir été si longtemps tenue et écrasée par la main de l'Église,
l'Église à son tour avait sa main captive et écrasée dans celle
de l'État. Je veux dire la *constitution du clergé.*

Cet état mixte où l'État se faisait théologien, comme autrefois le théologien s'était fait bourreau, amena les persécutions
et les sévices mutuels.

Mais il en sortit plus tard, après la terreur, sous la Convention régénérée par thermidor, sous le Directoire qui retrouvait
les vérités philosophiques par parcelles dans les cendres
de 1795, il en sortit la séparation complète de l'Église et du

Pouvoir, la conscience libre, sans faveur comme sans entraves, les cultes salariés et régis par eux-mêmes, la tolérance indéfinie du sentiment et des croyances religieuses, sauf le droit de police et de vigilance sur les mœurs dans les réunions dont le culte était l'objet. C'est à dire qu'il en sortit la vérité ; plût à Dieu que la France eût été assez raisonnable et assez constante pour en rester là ! La paix, la conscience, le sentiment religieux, Dieu et les hommes y auraient beaucoup gagné.

Vous savez comment Napoléon, pressé de ramasser toutes les vieilles armes d'empire et de défaire tout ce qu'avait fait de bien ou de mal la révolution, se hâta de caresser le culte d'état en le couronnant avec lui pour le dominer.

On loue Napoléon d'avoir changé tout cela ! d'avoir rétabli une religion d'état, de s'être fait grand-prêtre après s'être fait premier magistrat d'une république. Les opinions viennent de la conscience, et je n'ai rien à dire à ceux qui glorifient cet acte. Quant à moi, qui sous cet ordre apparent ne vois que la tyrannie de l'État prenant le manteau hypocrite de la religion du peuple pour s'emparer de la popularité de ses idées, je dis que cette prétendue restauration de l'ordre religieux par Napoléon, je dis que cette prétendue imitation ou ce plagiat de Charlemagne prenant l'Église dans sa main pour y prendre à la fois les âmes et les corps, je dis que cet anachronisme d'un culte légal le lendemain d'une révolution qui s'était faite pour mettre Dieu hors la loi comme il est au dessus de toutes les lois, je dis que bien loin d'être l'honneur et l'habileté, ce fut l'apostasie et le crime du règne de Napoléon. Il prit ce jour-là en dérision toute la pensée d'un siècle, tout le sang versé pour conquérir la liberté des âmes, et il jeta tout ce sang à son ambition d'un jour et à sa popularité d'un moment. Il fit le Concordat ; il traita de l'esprit humain et de la conscience religieuse du peuple français, comme si c'eût été une province conquise ; il vendit son siècle à Rome en échange d'un sacre futur. Il montra plus tard ce qu'il entendait par le respect pour *l'auguste* alliée de son trône, la religion? Il exportait par journées d'étapes le séminaire entier de *Gand* à *Wezel* en uniforme de soldats et condamné aux travaux d'une compagnie de discipline! Et il faisait entrer la nuit par les fenêtres du *Quirinal* à Rome une compagnie de gendarmerie pour enlever le pape et le conduire de captivité en captivité jusqu'à la mort ou à l'obéissance! Voilà le respect!

Après Napoléon les gouvernements qui lui succédèrent, restauration, gouvernement de Juillet, conservèrent et aggravèrent ces simonies qui leur profitaient, (à ce qu'ils croyaient) pour gouverner les peuples par leur conscience et pour tenir le clergé à leur solde, par les salaires, les dignités, les budgets.

Et qu'arrivait-il? le clergé se soulevait contre la moindre exigence ou la moindre restriction du Pouvoir; le Pouvoir froissait involontairement le clergé. Enfin on supprima à la révolution de 1830 le titre de religion d'État, et on y substitua le titre de *religion de la majorité*, titre presque aussi absurde que l'autre, car la majorité qui engage l'obéissance n'engage pas la conviction. Tout le genre humain serait païen et déclarerait qu'il existe plusieurs dieux égaux dans le ciel, qu'un seul homme comme Socrate ou Jésus-Christ, disant le contraire, aurait raison contre le genre humain!

V.

Mais ces relâchements successifs des liens dont Bonaparte avait relié l'Empire et l'Église étaient des progrès cependant vers la liberté des consciences et vers la séparation complète que nous désirons. Des membres éloquents du clergé lui-même en 1830, des néophytes alors aussi passionnés pour cette séparation qu'ils le sont aujourd'hui pour le système de religion par force, les hommes qui rédigeaient *l'Avenir* (je ne les nomme pas pour n'employer que des armes acceptées), ces hommes qui rédigeaient un journal de libéralisme religieux poussaient jusqu'à la fureur et jusqu'à l'outrage contre le gouvernement de 1830 les violences de leur système d'alors, la séparation absolue.

J'applaudissais alors non à leurs violences et à leurs inconvenances de langage, mais à la vérité qu'ils professaient, et j'y applaudis encore aujourd'hui. Ils étaient dans le vrai, ils servaient à la fois ainsi l'Etat et la religion, la conscience et la liberté.

A mesure que ces idées gagnèrent et que l'Etat affecta moins d'imposer une religion par ses châtiments ou par ses faveurs, le sentiment vraiment religieux fit d'immenses progrès dans les âmes, le peuple revint de ses antipathies contre le sacerdoce; moins il y eut de coercition, plus il y eut de respect. De la France de 1788 à la France de 1848 il y a un ou deux siècles de différence en matière de religion. La France de 1788 se jetait dans l'athéisme par horreur du joug sacerdotal; voyons ce que ce peuple déjà ramené au respect et à l'amour des cultes par un commencement de liberté était devenu en 1848.

VI.

Les 24, 25, 26 février, ces masses armées et victorieuses, les pieds dans le sang de trois jours de lutte, les mains noircies de poudre, les sens et l'esprit exaltés par l'ivresse de l'agitation et du combat, aveuglées par la poussière de tout ce qui s'était écroulé, ne marchant que sur des ruines, sans force publique pour les contenir, sans armée pour les intimider, sans autre gouvernement que leurs instincts, sans autre inspiration que la voix et le geste de quelques hommes jetés par le mouvement au sommet des vagues populaires; ces masses désordonnées, dis-je, sont libres de dire et de faire tout ce qu'elles ont dans leur sagesse ou dans leur délire? Que font-elles pour ces mêmes autels qu'elles ont autrefois insultés et démolis? Que font-elles pour ces mêmes pontifes, pour ces mêmes prêtres qu'elles ont autrefois honnis, outragés, massacrés aux sinistres jours de septembre?

Ah! vous êtes bien ingrats de l'avoir oublié. Je n'ai jamais flatté ce peuple; mais je ne puis entendre sans un soulèvement de cœur les calomnies odieuses dont les hommes qu'il relevait lui-même alors l'outragent si impolitiquement aujourd'hui! Je me considérerais comme un lâche, comme un faux témoin si moi qui l'ai vu alors ce peuple de plus près que vous tous! si moi qui ai lu dans ces moments où l'âme d'un peuple est sans voile jusqu'au fond de ses instincts, je m'associais à ces calomnies même par mon silence!

Oui, une écume soulevée, abjecte et criminelle du peuple a commis des turpitudes et des attentats en mai et en avril, et a vociféré quelques infamies dans quelques clubs; mais le vrai peuple, mais le peuple en immense majorité, mais l'élément populaire presque unanime a été pur et sublime au moment de sa révolution. Nous devrions l'en faire tous les jours souvenir au lieu de le défigurer et de l'insulter sans cesse. Vous n'avez pas parole de l'avenir! Vous devriez laisser à ce peuple sa propre estime pour l'encourager à en mériter davantage. Quant à moi, si j'étais à votre place, au lieu de souiller son image quand il a été beau et généreux, je proposerais d'élever une statue à l'estime du peuple! il l'a mérité dans l'interrègne de février!

VII.

Que fit-il encore une fois pendant le feu? que fit-il après?

Pendant le feu, un seul cri s'élève: Respect aux cultes, neutralité des prêtres! inviolabilité des sanctuaires. Au moment du sac des Tuileries, les vases sacrés, les choses saintes sont emportés processionnellement à travers les marques de vénération du peuple à l'église Saint-Germain-l'Auxerrois. Quelques curés

de Paris nous envoient demander protection pour les églises;
nous y envoyons quelques hommes pris au hasard dans la
foule; ces hommes étaient inutiles, les portes étaient ouvertes,
la vénération publique les gardait, on y priait en sûreté pendant que le canon retentissait aux portes.

Le vénérable archevêque de Paris, celui qui fut depuis dans
un jour honteux pour le crime lui-même le martyr de la pacification, traverse, en habits pontificaux, les rues de Paris pour
venir à l'Hôtel-de-Ville le lendemain de la révolution rendre
hommage au caractère inoffensif au culte de cette révolution
et se vouer avec nous au soulagement des blessés de tous les
partis? Comment la révolution accueille-t-elle le ministre de
réconciliation, de paix et de charité? Vous le savez.

Et pendant ces quatre mois, et dans toute la France, quel
est le ministre du culte outragé? Quel est le temple violé?
Quel est l'autel profané? aucun; ils étaient tous sous la sauvegarde la plus sûre, sous la sauvegarde de la liberté des
croyances, que la République promettait de consacrer par de
nouvelles institutions plus libres et plus religieuses à la fois
que celles qu'on veut faire aujourd'hui à la religion, la séparation complète de la politique et de la conscience. Nos doctrines et celles de *l'Avenir* devaient être enfin appliquées; et
nous ne faisions pas d'hypocrisie à cet égard. Nous ne cachions
pas nos pensées de liberté sous des paroles astucieuses, pro-
mettant au clergé plus que nous ne voulions tenir. Je parle
pur moi du moins.

VIII.

Le même archevêque de Paris vint chez moi huit ou dix
jours après la révolution. Il me demanda confidentiellement ce
qu'il fallait craindre. « Craindre, lui dis-je avec franchise, rien;
« ce serait insulter la République, telle que nous la compre-
« nons et telle que le peuple la veut, que d'y voir un renouvel-

« lement de persécution quelconque ou un accès d'impiété bru
« tale. La pensée et la tendance de la République, comme la
« pensée et la tendance de la philosophie, sont d'accroître le
« sentiment religieux dans la nation par la liberté. Nous ten-
« drons à émanciper de plus en plus et enfin entièrement l'Eglise
« de l'Etat. Si l'Assemblée Constituante à laquelle nous devons
« réserver cette question nous seconde, nous supprimerons les
« concordats avec Rome, nous laisserons chaque fidèle faire
« son propre concordat avec sa conscience, nous remettrons
« au peuple les quarante millions qu'il paie en impôt forcé
« pour les cultes, nous lui dirons créez des *syndics* des cultes,
« et payez directement vous-mêmes le service de vos conscien-
« ces selon votre foi, et en attendant que cette grande transi-
« tion s'accomplisse, nous continuerons de payer viagèrement
« aux ministres des cultes l'indemnité de leurs fonctions sa-
« crées jusqu'à extinction, pour qu'il n'y ait point d'effet ré-
« troactif dans la révolution religieuse, et pour que personne
« ne soit victime de la vérité. Je vous dis là tout le secret de
« ma pensée, ajoutai-je; la République n'aura pas d'autre per-
« sécution que la liberté avec indemnité, et substitution des
« cultes salariés par les fidèles aux cultes salariés par l'Etat.
« Vous serez tout aussi honorés, plus honorés même; les mi-
« nistres des cultes seront tout aussi rétribués, davantage peut-
« être; mais Dieu sera enfin libre dans les âmes, et l'homme
« libre dans sa foi. Cela vous scandalise-t-il? cela effraie-t-il
« votre religion?

— « Non, me dit-il après un moment de réflexion pieuse et
« grave, ses paupières baissées sur les yeux; non, au contraire,
« je suis de ceux qui ont assez de foi pour être convaincu que
« ma foi n'a besoin que d'elle-même. Cette pensée secrète de
« la République a été la mienne. Je veux seulement la commu-
« niquer au souverain Pontife avant de m'engager comme
« évêque dans cette voie, qui est celle de mes convictions per-
« sonnelles. »

Quelque temps après le Pape me fit interroger sur le même
sujet par deux hauts intermédiaires de la cour de Rome. Je
leur tins le même langage, je leur avouai avec franchise que la
religion sous la République n'aurait pas d'autre persécution que
la liberté et la vénération du gouvernement. Ils] ne parurent
nullement contristés de cette perspective. Le pape alors était
libéral et paraissait résolu à prendre la liberté pour dernier
apôtre de Dieu! Il y a des hommes bien funestes à leur cause ;
ce sont ceux qui lui persuadent aujourd'hui que la force est un
meilleur apostolat que la tolérance ! c'est à ces hommes que
nous répondons.

IX.

Et voilà ce que nous leur répondions déjà en 1842, à une
époque où l'imprudence de certains hommes d'une piété implacable soulevait témérairement cette question des fidèles,
question qui les écraserait comme des enfants si on les laissait
jouer avec ces masses d'idées plus fortes qu'eux.

« En religion, administrés, comme en enseignement, nous
« sommes dans le faux. Et pourquoi sommes-nous dans le faux ?
« C'est que nous ne sommes pas dans la liberté. Non, croyants
« ou sceptiques, catholiques ou dissidents, chrétiens ou ratio-
« nalistes, Etat ou Eglise, nous nous gênons, nous nous con-
« traignons, nous nous opprimons mutuellement, et en nous
« opprimant, nous opprimons quelque chose de plus saint que
« nous, la vérité, oui, la vérité divine que nous étouffons dans
« notre faux embrassement, et dont nous sacrifions chacun une
« partie à notre apparente concorde. Il faut ou la sacrifier tout
« à fait, ou nous séparer; il n'y a plus de milieu, Dieu souffre
« en nous.

« Napoléon, ce grand destructeur de toutes les œuvres de la
« philosophie, s'est hâté de renverser la liberté religieuse, fon-

« dement et âme de toutes les autres. Il a fondu de nouveau
« l'Etat dans l'Eglise, l'Eglise dans l'Etat; il a fait subir un
« sacre au pouvoir civil; il a refait des Concordats, ces traités
« où des princes temporels disposent des âmes de leurs peu-
« ples; il a déclaré une religion nationale *instrumentum regni;*
« il a vendu à faux poids son peuple à l'Eglise et l'Eglise à son
« peuple. Cette grande simonie a édifié les simples et scanda-
« lisé les vrais fidèles. Toute la contre-révolution de l'esprit
« humain était dans cet acte. Cet acte a reculé d'un siècle
« peut-être le règne de la liberté des âmes, qu'on atteignait par
« les cultes volontaires desservis et régis par eux-mêmes.

« . . . .

« . . . .

« Cela fait trembler sur le sort du sentiment religieux en
« France, et pourquoi? Parceque l'état actuel de promiscuité
« entre l'Eglise et l'Etat n'est vrai ni pour l'Etat ni pour l'E-
« glise. Qu'ils ont beau s'embrasser et se dire paix, il n'y a
« point de paix. Chacun des deux se plaint, et a raison de
« gémir. Voyons cependant qu'est-ce qui aurait le plus raison
« de se plaindre, et où est la partialité entre les différentes
« croyances religieuses qui se disputent l'âme des hommes
« pieux. »

« Que l'établissement catholique national n'ait pas à se
« plaindre d'un manque de liberté suffisante en France; ex-
« cepté peut-être en matière d'enseignement, un coup d'œil
« suffit pour nous convaincre à cet égard.

« Une confédération légalisée, composée *officiellement* de la
« presque universalité des citoyens d'un empire de trente-cinq
« millions d'âmes; une confédération religieuse qui est à elle
« seule un gouvernement dans le gouvernement, cette confé-
« dération déclarée dans la Charte religion de la majorité, et
« à ce titre ayant à peu près tous les avantages qu'elle avait
« précédemment à titre de religion de l'Etat, ou de Religion
« dominante; une confédération qui a ses traités à part avec

« une puissance extrà-nationale, qui est Rome ; une confédé-
« ration qui, par l'organe de ce souverain pontife son mo-
« narque spirituel, traite d'égal à égal avec l'Etat lui-même,
« et lui impose l'exécution de ses traités appelés *Concordats* ;
« une confédération qui à sa hiérarchie respectée, ses car-
« dinaux, ses archevêques, ses évêques, ses ministres nom-
« més par l'intervention mixte des deux pouvoirs, et s'impo-
« sant ainsi à tous les deux ; une confédération à qui l'Etat
« garantit siéges, autorité, allocations, palais, cathédrales ;
« dont le sacerdoce illimité comme nombre et répandu partout
« dans les familles est autorisé par l'Etat à des pratiques, à
« des immixtions dans l'intérieur des foyers, à des interven-
« tions sacrées ou domestiques, à des rassemblements de
« peuple pri vilégiés, à des enseignements sans contrôle qu'au-
« cune police s ur la terre n'autoriserait jamais dans aucun au-
« tre ordre de cit oyens ! Voilà l'établissement catholique parmi
« nous quant à la puissance morale.

« Quant à la puissance matérielle, vous la connaissez ; le
« budget en sait la partie officielle, les mœurs savent le reste.
« Cette confédération religieuse est rétribuée comme l'armée
« des âmes sur les fonds de l'État sous mille formes. Traite-
« ment de ses ambassadeurs à Rome, de ses patriarches et de
« ses missionaires à l'étranger ; traitement de ses cardinaux
« en France, traitement de ses évêques, avec traitement sup-
« plémentaire quelquefois des départements ; traitement de
« ses chapitres, de ses aumôniers, de ses curés, de ses desser-
« vants pour nos quarante mille communes ; bourses des sé-
« minaires, immunités d'impôt des petits séminaires, recru-
« tement nombreux aux frais de l'État des pépinières de son
« sacerdoce ; matériel immense des édifices bâtis jadis par cette
« religion qui fit pour ainsi dire végéter la pierre pour enfanter
« ses cathédralés, tout ce matériel entretenu et donné par
« l'état au culte ; revenus des fabriques, casuels, aumônes qui
« ne restent pas dans la main du prêtre, mais que la charité

« des prêtres arrache à la piété du riche pour les répandre
« dans le sein du pauvre ; voilà le budget du sacerdoce catho-
« lique en France! il dépasse cent millions par an ! »

Soyons de bonne foi, vous qui criez à la persécution et au
dénuement! exista-t-il jamais une confédération, une association, une puissance légalisée plus colossale, plus intime, plus
incorporée au sol, aux mœurs, aux familles, à l'État, à la
force publique au budget, à l'impôt que celle-là ? Et peut-on
s'empêcher de sourire quand on entend une confédération si
universelle, si respectée et presque si souveraine accuser les
temps et demander quoi? si ce n'est l'empire ?

Mais regardez donc autour de ces *O'Connell* de fantaisie qui
se posent en martyrs; les mains pleines de monopoles, de priviléges, d'immunités, de respect public ! Qu'est-ce que les
autres associations religieuses ont donc à côté de cela? la nu-
dité, la raillerie, l'autorisation refusée de s'édifier en commun,
et le réquisitoire suspendu sur toute réunion de vingt fidèles,
d'un procureur de la République.

Eh bien ! moi, je ne vous reproche rien de cette puissance,
de ce respect, de cette opulence ; si l'établissement catholique
comporte par le nombre, par la sainteté, par la volonté libre
des fidèles cette imposante situation, qu'il l'ait, qu'il la conserve! qu'il l'accroisse encore! qu'il ait sa part léonine dans la
liberté, qu'il ait l'action, le développement tout entier de sa
conscience dans l'ordre purement religieux ! Point de gêne, de
restriction, d'appel d'abus, de petites persécutions ! de petits
ostracismes contre tels ou tels hommes associés pour objet religieux de quelque nom populaire ou impopulaire qu'ils s'appellent; mais si ces libertés dégénèrent en monopole, si ces
respects auxquels toute conscience a droit demandent à l'État
de leur prêter sa *force*, son *épée*, comme l'osent dire les membres d'une commission dans un rapport, alors non ! Levons-
nous, arrêtons-les ! professons notre foi du même droit qu'ils
professent la leur, avec eux, ou à côté d'eux, ou en opposition

de croyance avec eux ! mais ne permettons ni à eux ni à nous de placer pour juge entre eux et nous le gouvernement, la police, le gendarme, le tribunal, l'amende, la prison ; entre les consciences ne laissons placer pour juge que Dieu ! Il n'appartient ni à eux ni à nous ; il est à tous, et c'est à lui seul de faire justice aux actes et aux croyances qui ont son culte pour objet.

X.

. . . .

. . . .

Et quel remède, ai-je dit ailleurs, à une si fausse situation, qui produit, qui encourage de telles exigences ?

La liberté dans la réparation, la paix dans l'indépendance.

(La suite au numéro prochain.)

LAMARTINE,

Représentant du Peuple.

Nos lecteurs nous sauront gré de reproduire dans *le Conseiller du Peuple* l'éloquente justification par laquelle M. Lamartine a répondu dans le journal *le Pays* aux griefs et aux accusations élevées contre lui par un article de *l'Assemblée nationale.*

RÉPONSE A L'ASSEMBLÉE NATIONALE.

L'Assemblée nationale vient de publier un l'article intitulé LAMARTINE-CAVAIGNAC, article dans lequel les ministres de la fusion s'efforcent de réduire le personnel de la République au ridicule ou au néant, pour démontrer l'impraticabilité de la République. Faisons d'abord observer que ces ministres d'une cause tombée, jamais insultée, se trompent. Quand bien même il auraient démontré, en effet, que tous les hommes du pouvoir républicain ont été ou sont au dessous de leurs rôles, ils n'auraient fait que décréditer des hommes, ils n'auraient rien prouvé contre la nécessité de l'institution. La démocratie n'est pas dans tels ou tels hommes ; elle ne s'appelle ni Lamartine, ni Cavaignac, ni Bonaparte ; elle est dans l'air que nous respirons, elle est dans l'impossibilité actuelle au moins (si vous ne voulez pas dire éternelle) de toute monarchie, dans cette France pulvérisée en partis rivaux ; elle est dans l'avénement irrésistible de douze millions d'hommes au droit social et politique, dans ces masses élevées à la hauteur des anciennes classes politiques par le travail, l'instruction, la pensée, la volonté d'être quelque chose ; elle est dans la nature ! elle est dans le temps ! elle est dans la nation ! Tuez des hommes tant que vous voudrez, il restera le peuple. La démocratie a été conçue par le christianisme il y a des siècles ; elle a eu les convulsions qui précèdent l'enfantement dans le sein de sa mère, en 93 ; elle est née en 1848. Elle ne mourra pas ! N'en parlons plus.

Quant aux hommes dont vous prétendez démontrer l'insuffisance, ils en sont plus convaincus que personne ; vous ne leur apprenez rien, et vous ne les humiliez même pas. Qui donc est de taille à se mesurer avec la grande idée qui surgit dans le monde ? Qui donc est resté debout devant elle ? Qui donc est de force à lutter avec l'esprit d'un temps ? Où sont Mirabeau, Sieyès, Cazalès, Maury, Vergniaud, Danton, Bailly, Lafayette et tous ceux qui ont prétendu être aussi forts ou être plus forts qu'une époque ? Où êtes-vous vous-mêmes ? ils ont été comme nous, tantôt sur la vague, tantôt dessous, roulés par les oscillations de l'élément terrible et immense qu'on appelle la révolution du XVIIIᵉ et du XIXᵉ siècle, et qui emporte

également à des bords que nous ne connaissons pas ceux qui
prétendent la pousser de leur faible main, comme ceux qui
prétendent l'arrêter de leur petit souffle !

Vous nommez deux hommes. Je ne réponds que pour un ;
nul, en ce temps-ci, n'a le droit de répondre pour un autre.
Seulement vous vous trompez quand vous dites que ces deux
hommes sont rivaux. Ils sont si peu rivaux que c'est l'un qui a appelé l'autre d'Afrique pour lui remettre la défense militaire de
l'ordre, quand il a pressenti que Paris aurait besoin d'un bras républicain pour combattre un accès inévitable de cette démagogie,
fléau des démocraties militantes. Moi, rival de quelqu'un sous la
République ! Ah ! vous oubliez qu'il m'eût été facile d'être supérieur à tous pendant ces accès passagers de la faveur publique, que j'ai eu plus de peine à contenir qu'à capter, et que je
savais mesurer d'avance à leur valeur et à leur instabilité ! Non,
je ne serai jamais le rival de personne en ambition, sachez-le
bien ; le rival de tous en services, ou plutôt le serviteur dévoué
et désintéressé de quiconque servira le mieux la République !
Là est la gloire, parceque là est le devoir sous les démocraties
qui ne vivent que d'abnégation !

Toute l'appréciation que vous faites de mon rôle dans le
passé de la République, pour m'enlever dans son avenir un rôle
que je ne demande qu'à l'obscurité, se résume dans ces trois
mots :

Lamartine est légitimiste, et non républicain ;

Lamartine est chimérique, non politique ;

Lamartine a été vaincu par la démagogie dès qu'il a voulu
contenir et réprimer, avec les collègues de son parti, la démocratie.

Examinons.

Que je sois né de sang royaliste, que j'aie toujours respecté
comme un homme décent les Dieux de mon enfance, les lares
du foyer paternel, les malheurs et les exils de la dynastie légitime sous laquelle j'étais né ; que j'aie toujours vu avec éloi-

gnement d'esprit et avec répugnance de cœur la proscription
de l'héritier traditionnel et innocent du trône par une dynastie
de son propre sang qui n'était ni légitime ni républicaine, mais
qui était personnelle, intéressée, et qui prenait à la fois deux
places qui ne lui appartenaient pas, la place d'un neveu et la
place d'une nation, c'est moi qui vous l'ai dit tous les jours depuis dix-huit ans : vous n'êtes pas bien fin de le deviner ! Je
vous le redis encore.

Que je n'aie jamais été un républicain de conspiration et de
fanatisme hébété pour telle forme de gouvernement contre telle
autre, c'est encore moi qui vous l'ai dit mille fois.

Mais s'il n'y avait dans mon intelligence mûrie aucun pres-
sentiment de l'avénement de la démocratie dans le monde,
pourquoi donc, vous et vos amis, avez-vous tant et si injustement accusé les *Girondins* d'en avoir dessiné et aplani la route?
Entendez-vous avec vous-mêmes, car je ne puis répondre aux
deux accusations à la fois ; ou plutôt, oui, je puis y répondre
en disant la vérité toute simple. Je n'étais pas républicain de
fanatisme, je n'étais pas républicain de cette crédulité niaise
qui attribue aux formes de gouvernement plus de vertu qu'elles
n'en ont à tort et à travers ; j'étais homme de bon sens, et quand
il m'a été démontré que la République était la nécessité de vos
interrègnes, la nécessité du peuple qui la voulait, la nécessité
des classes privilégiées qui ne savaient pas instituer ni défendre
autre chose, j'ai été, je suis, je serai républicain de raison
comme vous êtes républicains de nécessité! La nécessité! vous
faut-il donc un meilleur titre de républicanisme? La nécessité!
y a-t-il un plus sûr gage et un plus fort lien de mon esprit à la
République? La nécessité! n'est-ce pas un des noms antiques
du Destin? Oui, la nécessité, c'est le destin de la démocratie
moderne. Etes-vous contents?

Vous ajoutez : « Lamartine est chimérique, non politique.
« C'est un apôtre, un prophète, un rêveur; il ne pense pas, il
« chante ou il rêve. » Je n'ai pas de miroir pour me contempler

moi-même, c'est l'avenir qui le tient en ce moment ; vous avez
peut-être raison ; cependant j'ai un doute, et je l'exprime
comme doute, sincèrement comme doute, sans fausse modestie
comme sans vanité. Ce doute, le voici : Comment se fait-il que
ce rapsode, ce prophète, cet apôtre, ce rêveur soit précisément
le seul d'entre vous qui, après avoir dormi et rêvé dix-huit ans
selon vous, et prophétisé mille fois votre écueil, et combattu
vos coalitions insensées par lesquelles vous précipitiez l'heure
des monarchies, comment se fait-il que ce rêveur soit le seul
de tous ces prétendus hommes politiques qui ait frappé juste
au point et à l'heure sur le temps, et contribué à faire sortir
le gouvernement de la démocratie d'une révolution, à la place
de ces gouvernements monarchiques écroulés sous vous et par
vous? Comment se fait-il que ce rêveur ait attaché son nom à
un fait immense, et vous votre nom à une immense ruine? Le
hasard est donc un grand Dieu. Quoi! ces hommes politiques
font un cataclysme, et ce rêveur fait le plus grand acte politique du siècle! *et nunc intelligite!*

Enfin, Lamartine et la démocratie, assurez-vous à vos lecteurs, ont été, hors une seule fois, toujours vaincus par la démagogie. Ceci est neuf et mérite bien qu'on l'étudie, non pour
les hommes, mais pour la démocratie elle-même. Comptons
donc sur nos doigts, et voyons les défaites de Lamartine et de
la démocratie roulés ensemble dans la boue, dans le sang et
dans le pillage à la révolution de 1848?

Que voulait la démagogie ou qu'était-elle censée vouloir
une heure après le bouleversement de la monarchie en 1848 ?

La démagogie voulait ou était censée vouloir l'incendie, le
massacre, l'anarchie et le pillage, n'est-ce pas? Trois heures
après l'incendie était éteint, le massacre prévenu, le pillage
changé en respect des portes et des foyers, l'anarchie se cour-
bait devant un gouvernement. — Où est le vaincu, où est le
vainqueur?

Le lendemain et les jours suivants que voulait la démago-

gie? Elle voulait le drapeau rouge et le gouvernement rouge!
— Elle a le drapeau tricolore et le gouvernement de la démocratie honnête et nationale. — Où est le vaincu, où est le vainqueur?

Le surlendemain que veut la démagogie? Elle veut le tribunal révolutionnaire et la terreur. — Elle a la magnanimité, la révolution désarmée des supplices, l'abolition de la peine de mort et la répudiation de l'échafaud politique. — Où est le vainqueur?

Huit jours après, que veut la démagogie? Elle veut la guerre démagogique et la propagande incendiaire en Europe. Qu'obtient-elle? le manifeste au peuple, le respect des nationalités, la répression par la main de la démocratie des tentatives de propagande armée sur nos frontières, et la paix! — Où est le vaincu, où est le vainqueur?

Un mois après, que veut la démagogie? Elle veut la dictature d'un ou de deux ans pour le seul peuple de Paris, l'ajournement indéfini des élections, la confiscation du suffrage universel et l'interrègne de la représentation nationale. — Elle obtient le suffrage universel en action, la convocation de la souveraineté du pays, le règne de la France. — Où est le vaincu, où est le vainqueur?

Six semaines après, que veut la démagogie? L'épuration de la partie modérée du gouvernement provisoire, l'exclusion de Lamartine et de ses amis, la proclamation du comité de salut public pour revenir sur tout ce qui a été fait contre la démagogie! Arrivée avec ce programme armé à l'Hôtel-de-Ville au mois de mars et deux cent mille prolétaires trompés à sa suite, conduits par les clubs, qu'obtient-elle? — Un refus face à face de tout le gouvernement, les poitrines découvertes, et le gouvernement démocratique maintenu par la seule force morale. — Où est le vaincu, où est le vainqueur?

Le 16 avril, journée la plus mémorable et la moins connue encore de notre révolution, journée dont l'opinion égarée a

transporté la gloire principale à ceux qui n'en ont qu'une part
légitime, et qui n'en connaissent pas même la signification et
les ressorts, que veut la démagogie? Elle veut l'attentat contre
les hommes et la démocratie modérée, la scission du gouvernement, le pouvoir arraché à la main qui le modère pour le
livrer aux mains qui le convoitent et pour le tourner contre
la bourgeoisie ! — Qu'obtient-elle avec cent mille démagogues
montant du Champ-de-Mars sur l'Hôtel-de-Ville ? Elle obtient
quatre bataillons de garde mobile renfermés avec Lamartine
et le maire de Paris à l'Hôtel-de-Ville pour mourir ou en disputer les portes aux démagogues ; elle obtient le général Du-
vivier haranguant sa poignée de jeunes soldats pour leur communiquer le feu de son âme, le général Changarnier appelé en
volontaire dans le palais pour disposer le petit nombre de défenseurs, le gouvernement en permanence sur un seul point,
le rappel battu, la garde nationale répondant comme un seul
homme aux tambours, Paris, les villes et les campagnes sub-
mergeant d'un flot la démagogie ! — Où est le vaincu, où est
le vainqueur ?

Mais vous dites : quelques jours après des bandes de démagogues ont envahi, par surprise d'un moment et par mauvaise
stratégie des chefs, l'Assemblée ! C'est vrai, mais une heure
après qui donc montait à cheval à l'Hôtel-de-Ville à la tête de
colonnes civiques formées d'enthousiasme, qui donc y entrait?
qui donc arrêtait les factieux et rendait la liberté et la dignité
à la représentation outragée ? — Où était le vaincu, où était
le vainqueur ?

Mais les journées de juin ! ajoutez-vous. Eh bien ! ces journées mêmes, semblables à toutes les journées qui tentent la
force ou la faiblesse des gouvernements naissants, qui donc
les avait pressenties? Qui donc les avait armées d'avance?
Qui donc avait fait venir d'Afrique un chef républicain pour
que la défense nécessaire de la République ne fût pas suspecte
au peuple de royalisme? Qui donc lui avait remis le com-

mandement? Qui donc lui avait rassemblé sous la main soixante mille hommes? Qui donc ne lui a fait qu'un reproche, c'est de n'avoir pas déployé assez rapidement et d'une manière assez imposante assez de troupes pour étouffer en une heure la démagogie indécise sous la main de la démocratie armée? Qui donc l'a assisté en tout et partout? Qui donc a marché au feu avec nos héroïques soldats? Qui donc a pleuré les braves morts pour la cause de l'ordre? Qui donc a combattu, et en définitive qui donc a vaincu avec eux? Là encore est la démagogie ou la démocratie.—Où est le vaincu, où est le vainqueur?

Partout où vous marquez une défaite, les faits marquent une victoire! Voilà comment la République a été depuis le 28 Février le jouet constant de la démagogie! Voilà l'histoire à l'usage de la fusion!

Ah! nous ne voudrions pas récriminer en écrivant l'histoire plus triste et plus vraie des défaites de votre cause et de vos hommes d'État; notre devise n'est pas, vous le savez bien, *malheur aux vaincus!* Non, *respect aux vaincus!* C'est la devise de la vraie République, et où seriez-vous si la république vaincue comme vous le prétendez par la démagogie avait adopté une autre devise?

Voltaire raconte dans *Candide* la rencontre fortuite à Venise pendant le carnaval de trois ou quatre rois détrônés réduits à la condition privée, et se consolant de leur *incognito* en soupant ensemble au Rialto. Aujourd'hui ce ne sont plus des souverains dépossédés qui font leur carnaval à Venise, se sont des ministres déchus qui font des fusions dans leur journal à Paris. Il n'y a entre le roman de Voltaire et le roman politique de l'*Assemblée nationale* qu'une petite différence : c'est qu'à Venise on masquait son visage pendant ce carnaval de rois, et qu'à Paris on ne masque que son nom. Quant à nous, nous causons à visage et à nom découverts, et nous signons comme un simple citoyen :

LAMARTINE.

ALMANACH POLITIQUE.

MAI 1851.

La révision de la Constitution a été pendant tout ce mois l'effervescence de l'Assemblée et la préoccupation de l'esprit public. Les partis se préparent en s'agitant à cette lutte solennelle ; les pétitions s'accumulent sur la tribune ; les réunions parlementaires devancent le jour des débats et émettent des vœux favorables ou hostiles à la révision constitutionnelle. La réunion légitimiste de la rue de Rivoli, en se prononçant pour la révision totale, a posé la question entre la république et la monarchie. Celle de la rue des Pyramides, que composent plusieurs fractions de la majorité, s'est bornée à émettre le vœu de révision : « dans le but de remettre à la nation « le plein exercice de sa souveraineté. » De son côté l'extrême gauche s'est réunie pour discuter et rejeter par un vote unanime toute révision, même partielle de la Constitution.

Cette question vitale du pays va bientôt se produire à la tribune, où se sont déjà présentées deux propositions relatives à sa procédure. Dans une séance — 22 mai — qui a été pour ainsi dire l'es carmouche des passions et des dissentiments engagés dans ce grand débat, l'Assemblée a pris en considération deux propositions de MM. Moulin et Morin, demandant, l'une que les demandes de révision soient transmises à l'examen d'une commission d'initiative spéciale, nommée dans les bureaux ; l'autre que l'Assemblée soit saisie périodiquement de la question de révision du pacte fondamental.

La deuxième délibération de la loi organique de la garde nationale, loi dont la tendance générale est de substituer le pouvoir exécutif à la municipalité dans la formation des cadres de l'armée civique, a été marquée à chacune de ses séances par un scandale oratoire, ou un orage parlementaire. Soutenue avec passion par son rapporteur, M. de Riancey, attaquée avec véhémence par MM. Napoléon Bonaparte, P. Duprat, Jules Favre, Hennequin, la loi a été votée, après avoir subi dans le cours de la discussion quelques modifications secondaires.

La veille de ces débats, troublés par tant de récriminations et de violences, la nouvelle élection du département des Landes ramenait incidemment devant l'Assemblée la loi du 31 mai. M. de Girardin avait demandé à interpeller M. Léon Faucher sur une dépêche télégraphique envoyée au préfet du département la veille du scrutin, dans laquelle le ministre lui enjoignait de ne donner son appui qu'à un candidat décidé à défendre et à maintenir la loi électorale du 31 mai. M. Victor Lefranc s'était élevé contre cette exclusion du suffrage décrété par le gouvernement au nom d'une loi contestée et révocable. Sa parole semblait avoir ému et ébranlé l'Assemblée, mais l'effet en a été compromis par un soulèvement parlementaire qui a fait dégénérer la discussion en personnalités irritantes. Le vote de l'Assemblée a absous le ministère et consacré indirectement la loi du 31 mai, arborée en son nom par M. Baroche, « comme le drapeau du cabinet. »

De calmes travaux d'administration et d'affaires ont rempli les intervalles de ces drames parlementaires. L'Assemblée a voté la concession du chemin de fer de l'Ouest, la nouvelle loi sur les sucres, la loi relative au livret des ouvriers et réglementé le droit de pétition.

L'expédition décidée récemment contre la petite Kabylie s'avance, dans les sauvages contrées qu'elle a mission de réduire à notre conquête, à travers le feu et les embuscades multipliées des Kabyles. Son dernier bulletin rapporte une série de brillants combats, soutenus par la division du général Saint-Arnaud, contre les peuplades des montagnes. L'irrésistible élan de nos troupes a emporté toutes les positions périlleuses où s'étaient retranchées les tribus rebelles.

L'anniversaire de la proclamation de la République a été célébré le 4 mai au milieu d'une tranquillité unanime et exemplaire. Le temps a assombri la physionomie extérieure de la fête ; mais le calme et la dignité de l'attitude de la population parisienne l'a élevée à la hauteur d'une manifestation de confiance et de concorde.

Tout l'intérêt des nouvelles extérieures de ce mois est concentré dans les changements à vue et dans les péripéties soudaines du drame politique dont le Portugal est le théâtre. L'insurrection fugitive et dispersée du maréchal Saldanha s'est changée tout d'un coup en révolution victorieuse. Au moment où on le croyait sur les frontières de l'Espagne, une sédition militaire éclatait à Oporto et l'investissait d'une dictature absolue. L'armée tout entière se déclarait pour lui et se ralliait à sa cause; pendant près d'un mois la royauté n'a plus été à Lisbonne, elle était à Oporto, où le maréchal entouré des troupes révoltées expédiait par ses aides-de-camp ses volontés à sa souveraine, avec l'orgueilleux despotisme d'un chef de prétoriens. Ce n'est que le 15 mai qu'il s'est décidé à rentrer à Lisbonne au milieu d'une ovation triomphale. Le parti révolutionnaire, qui s'est dissimulé jusqu'à présent dans le tumulte confus de l'insurrection, commence à se montrer et à réclamer sa part de la victoire. Elle lui reviendra peut-être tout entière.

De sanglants conflits ont éclaté à Rome entre nos soldats et ceux de l'armée pontificale. Dans la nuit du 4 au 5 mai une patrouille française, attirée dans un guet-apens, était lâchement attaquée par une patrouille romaine. Le lendemain un caporal du 53ᵉ de ligne n'échappait que par la fuite aux agressions d'un poste romain qui se ruait sur lui sans provocation à coups de crosse et de baïonnette. Des mesures énergiques ont été prises par le général commandant la division d'occupation pour réprimer cette conspiration de l'assassinat. Une partie de l'armée romaine a évacué la ville. Les postes importants ont été livrés exclusivement à nos troupes, et les ports d'armes ont été défendus sous des peines rigoureuses.

L'exposition de Londres s'est ouverte le 1ᵉʳ mai. La reine d'Angleterre elle-même a inauguré ce monument élevé dans la pensée du prince qui l'a fondé à l'unité de la race humaine. La foule de toutes les langues, de toutes les races et de tous les costumes qui remplissait les avenues et l'intérieur du Palais de cristal lui a fait un accueil unanime de respects et de sympathies. Un peuple de visiteurs remplit chaque jour ce champ de bataille pacifique du travail, où la France n'a eu qu'à apparaître pour remporter, de l'aveu de tous ses concurrents, la victoire suprême de l'industrie, celle de l'art, du goût, de l'élégance, du sentiment, de la perfection et de la beauté imprimée aux œuvres de la matière, — P. de S-Victor.

L'un des Propriétaires, J. MIRÈS.

LE
CONSEILLER DU PEUPLE.

Première Partie.

SUR LA LIBERTÉ DES CULTES

à propos de la loi sur l'observation forcée du dimanche.

(Deuxième partie.)

XI.

Deux forces opposées régissent le monde moral : la tradition et l'innovation, autrement dites l'autorité et la liberté. Elles sont au monde intellectuel ce que l'attraction et la projection sont au monde physique. Elles les maintiennent à la fois en équilibre et en mouvement. La religion est la plus importante des traditions, et son caractère divin lui fait même contracter l'immuabilité qui n'appartient à aucune chose humaine. La raison, l'examen, la discussion, la liberté sont les forces d'innovation ; leur puissance, au lieu d'être dans l'immuabilité, est au contraire dans leur perpétuelle recherche et dans leur transformation continue. Elles sont les ailes du monde moral, dont la tradition est la règle et le poids. Ces deux forces, aux yeux de l'homme d'état religieux, méritent un égal respect; car l'une et l'autre sont de Dieu. Et si, dans ses législations imprudentes, l'homme d'état fait perdre l'équilibre à l'une ou à l'autre de ces forces, il dérange le monde intellectuel et il viole une des lois de la Providence. Avec la religion se rencontrent, le plus ordinairement, l'esprit de discipline, d'obéissance, de conservation, la règle des esprits, le frein des âmes, les bonnes mœurs, les œuvres de charité, la vertu désintéressée, le dévouement aux hommes jusqu'au sacrifice, le dévouement à Dieu jusqu'au martyre; mais aussi les ignorances, les superstitions, les faiblesses d'esprit, les routines de la pensée, les crédulités pieuses, les nuages, les fantômes de l'enfance, du temps, vieux vêtements du passé, dont les cultes n'aiment pas à se dépouiller, parcequ'ils font partie, comme dit Bossuet, de leur *antiquité*, et par conséquent de leur respect et de leur crédit sur l'imagination des peuples. Avec l'innovation se trouve en général le plus de science, d'intelligence, de raison, de lumières, de perfectibilité des facultés de l'homme; mais aussi le plus d'incertitude, d'esprit de système, de témérités hasardeuses, de hardiesses passionnées et d'ambitions fiévreuses prêtes à tout renverser pour faire place aux idées neuves et aux hommes nouveaux, même sur des ruines. Et ces deux forces sont cependant nécessaires, de la même nécessité. Avec l'idée immobilisée dans une institution immuable, la pensée humaine tarit faute de renouvellement; l'humanité s'engourdit, la société ou la nation tombe en assoupissement ou en servitude. Avec l'innovation seule, la société se précipite et tombe en poussière par l'accélération désordonnée et sans contrepoids de la pensée. Voilà la tradition et l'innovation, l'autorité et la liberté, la religion et la raison. Il faut que ces deux forces soient représentées et servies dans leur juste mesure; mais qui est-ce qui se chargera de les représenter et de les servir à la fois dans la proportion réelle de leur droit et de leur force? Ces deux puissances sont antipathiques entre elles, et inconciliables par nature. Comment pourraient-elles avoir le même représentant ? - L'Etat, ou le Gouvernement, prétend pouvoir les représenter, lui. Il le prétend ; mais il ne le peut pas, ou il ne le pourrait qu'en les trahissant l'une et l'autre, en sacrifiant tour-à-tour la raison à la religion ou la religion à la raison, suivant ses tendances momentanées et arbitraires ; faisant la loi du sacrilége, par exemple, en 1822, et brisant la croix en 1830. C'est là cependant notre situation actuelle quant à la religion et quant à l'enseignement. Cela peut-il durer longtemps sans compromettre l'une et l'autre, et sans avilir l'État ? Et, d'abord, comment l'État en est-il venu à ce point d'audace et de déraison d'oser dire à la fois, au nom de quelques citoyens sans titre divin, rassemblés dans une chambre : « Je vais faire leur « part juste à la religion et à la raison humaine, à Dieu, à « la conscience, à l'esprit humain, en sorte que personne « n'ait à se plaindre. A celle-ci tant d'enseignement catholi- « que ! A celle-là tant d'enseignement philosophique ! à Dieu « tant de culte, au siècle tant d'impiété. Cela s'écrira en « chiffres ronds dans mon budget. Cela se divisera en francs « et en centimes, et tout le monde sera content ! » Dérision des choses trois fois saintes de la religion et de la raison !.... La part de Dieu ? ô hommes risibles ! mais c'est lui qui se la fait dans nos âmes. Toute la place que vous prenez au nom de l'État, c'est sur lui que vous l'usurpez ! retirez-vous de nos pensées, elles n'appartiennent pas à la loi. Otez-vous du soleil de nos âmes, vous nous le salissez avec votre or, vous nous l'obscurcissez avec vos mains.

Voilà cependant le raisonnement bien simple et bien excusable de l'Etat. Il a mis la main sur sa conscience, et il s'est dit : « Je n'ai pas de foi ; cependant il me faut une foi à tout prix, « du moins une foi politique, car j'ai lu dans l'histoire que tous « les gouvernements anciens avaient une foi nationale ; j'ai lu « dans les publicistes qu'il fallait absolument une religion sen- « sible au peuple, et de plus j'ai lu dans les sophistes qu'il n'y

« avait point de religion sans cérémonies et sans culte officiel! ».
—Comme si l'âme n'avait pas un sanctuaire où pût s'accomplir
entre l'homme et Dieu, entre le prêtre et le fidèle, le saint mystère de la foi, de l'adoration et de la communication avec Dieu !—
« Enfin, bien ou mal, j'ai lu tout cela, et je veux une foi légale.
« et un ministère des cultes, comme j'ai un ministère de l'a-
« griculture et des travaux publics. Le peuple que je gouverne
« n'a pas non plus de foi unanime : les uns croient à ceci, les
« autres à cela; ceux-ci à quelque chose, ceux-là à rien du
« tout. Je ne puis pas avoir autant de religions que ce peuple,
« cela serait mal séant : l'uniformité administrative de mon
« ministère des cultes en serait trop bigarrée. Je vais d'abord
« en choisir deux ou trois des plus anciens, des plus visibles,
« Ceux-là, je les reconnaîtrai, je les salarierai même, je les ré-
« glementerai. Les autres, je dirai qu'ils n'existent pas. Reli-
« gions nouvelles? portes fermées! — Ce sera comme en bota-
« nique, *genre inconnu!* »

En partant de ces trois beaux principes dont chacun est un
mensonge, l'Etat a cru devoir et pouvoir, en bonne conscience
politique, dire aux catholiques : « Je vais faire du catholicisme
« pour vous. » Aux dissidents : « Je vais faire du protestan-
« tisme pour vous. » Au siècle rationnaliste : « Je vais faire de
« l'enseignement philosophique pour vous. » et à toutes les
autres pensées religieuses nées ou à naître : « Je vais faire de
« l'oppression contre vous. » Il aurait dû se borner à dire :
« Je vais faire de la liberté pour tout le monde. Je ne suis pas
« Dieu, je suis l'Etat; je ne suis pas du ciel, je suis de la terre;
« je ne suis pas de l'éternité, je suis du siècle. Mon devoir n'est
« pas de faire des cultes, mais de protéger l'inviolabilité et l'in-
« dépendance de tous ceux qui croient honorer Dieu, votre juge
« et le mien. »

Et c'est en partant de ce principe aussi que l'Etat a créé le
conflit inextricable entre l'Université et l'Eglise, entre l'enseignement traditionnel et l'enseignement rationnel. Faire la part

exacte d'enseignement légal entre la tradition et la philosophie qui se contredisent en apparence souvent, c'est aussi impossible que de faire la part exacte entre la foi et l'incrédulité. C'est le sacrilége de l'administration contre la religion, contre la raison, contre le père de famille et contre l'enfant à la fois. Etonnez-vous donc de l'agitation qui s'élève, des justes réclamations des évêques, des justes indignations de la philosophie, des justes appréhensions des pères!... L'enseignement, c'est la foi du chrétien! l'enseignement, c'est la foi du protestant! l'enseignement, c'est la foi de la philosophie! l'enseignement, c'est la foi de la famille! Avez-vous mesuré chacune de ces fois, pour ne rien donner à l'une aux dépens de l'autre? Non, vous n'en savez rien; vous servez dans les ténèbres, vous agissez au hasard, et vous blessez tout ce que vous touchez. De la suprématie de l'Eglise avant la révolution, il est sorti un siècle impie; de la suprématie de l'Etat, il sortirait un siècle sceptique.

Qu'en résulte-t-il en matière d'enseignement?

Qu'en résulte-t-il en matière de religion?

Qu'en résulte-t-il enfin pour l'Etat?

Voyons d'abord pour l'enseignement :

Si l'Etat avait une foi réelle, sincère et presque unanime, il n'y aurait aucun inconvénient, et il y aurait un immense avantage à ce que tout l'enseignement fût dans ses mains. Ses mains étant religieuses, et ses maîtres étant avoués par la religion, il y aurait accord, ensemble, unité de doctrines. Le corps enseignant laïque ne serait que l'auxiliaire du corps enseignant ecclésiastique ; la chaire des professeurs ne serait que l'écho de la chaire de la cathédrale. Tout le monde comprend l'éducation d'une jeunesse ainsi élevée. Elle sort de la maison paternelle où elle a sucé la foi avec le lait. Elle passe dans les colléges de l'Etat, où elle apprend la foi avec la science. Enfin elle entre dans une société, où elle retrouve la foi dans un culte obligatoire et national. A un pareil régime, l'enfant, l'adolescent et l'homme, c'est un seul être. La famille, l'homme et la société sont un avec la religion. C'est l'ordre idéal de ceux qui rêvent la sublime théocratie, ou le gouvernement de Dieu! Mais dans un ordre de choses comme notre ordre imparfait et misérable, où l'Etat n'a pas de foi, où l'Etat ne se subordonne pas à l'Eglise, et où cependant il veut administrer l'enseignement tantôt d'accord, tantôt concurremment avec l'Eglise, où les deux enseignements s'enchevêtrent, se froissent, se succèdent et se détruisent, que se passe-t-il? D'abord, de deux choses l'une : ou l'Etat asservit son enseignement à l'Eglise, ou bien il lui résiste. S'il asservit son enseignement à l'Eglise, il disparaît, il s'anéantit, il lui livre entièrement le siècle et les générations, il trahit à la fois sa dignité et sa mission, qui est de servir, de défendre et de propager non pas seulement les traditions immuables, mais le mouvement novateur et ascendant de l'esprit humain. S'il lui résiste, au contraire, il opprime, il restreint, il contredit, il violente l'enseignement religieux de l'Eglise, il altère sa foi, et par là même il nuit à sa puissance sur les consciences et à son efficacité sur les mœurs. Dans l'une ou dans l'autre hypothèse, mal pour l'Etat ou mal pour l'Eglise; mais surtout mal pour l'enfant, et mal pire encore pour la société. Que voulez-vous, en effet, que devienne l'homme moral et intellectuel dans un état d'enseignement et de société où l'enfant, comme ces fils de barbare qu'on trempait tour à tour, en naissant, dans l'eau bouillante et dans l'eau glacée, pour rendre leur peau insensible aux impressions des climats, est jeté tour à tour, ou tout à la fois, dans l'esprit du siècle et dans l'esprit du sanctuaire, dans l'incrédulité et dans la foi? Il sort de la maison d'un père peut-être croyant, peut-être sceptique; il a vu sa mère affirmer et son père nier; il entre dans un collége divisé d'esprit et de tendances. L'enseignement du professeur n'y concorde en rien avec l'enseignement du sacerdoce. En supposant même que ces deux enseignements se tolèrent et ne se heurtent pas dans le collége, ils se séparent entièrement à la fin de l'enseignement élémentaire, et au sortir du collége, dont les murs garantissent sa foi de l'air du siècle, I trouve à la porte et dans les cours transcendants la philosophie, l'histoire, la science, la liberté, le scepticisme, qui le saisissent pour lui enseigner une autre foi. Il lui faudrait deux âmes, et il n'en a qu'une ! On la tiraille et on la déchire en sens contraire. Les deux enseignements se la disputent ; le trouble et le désordre se mettent dans ses idées. Il en reste quelques lambeaux à la foi, quelques lambeaux à la raison. Il s'étonne de cette contradiction entre ce qu'on lui disait dans sa famille, ce qu'on lui enseignait dans son collége, ce qu'on lui démontre dans ses cours. Il commence à se douter qu'on lui joue une grande comédie, que la société ne croit pas un mot de ce qu'elle enseigne, qu'elle a deux fois et deux morales, deux Dieux dans le ciel, une foi et un Dieu pour les enfants, une foi et un Dieu pour les adolescents, peut-être une autre foi et un autre Dieu pour les hommes faits. Il pense en secret qu'il faut que tout cela ne soit pas bien important pour que la société et l'Etat s'en jouent avec cette légèreté et avec ce mépris. Sa foi s'éteint, son ardeur se refroidit ; son âme se sèche, son enthousiasme se change en indifférence et en découragement. Il ne lui reste d'une pareille éducation que juste assez des deux principes opposés dans l'âme pour que cette âme soit une guerre intestine de pensées contraires, et pour qu'il ne puisse pas même vivre en paix avec lui-même dans une vie qui a commencé par l'inconséquence et qui se prolonge dans la contradiction. Voilà une partie des mauvais effets de l'enseignement complexe où l'Eglise et l'Etat veulent pactiser sans sincérité, et s'associer en se haïssant. Ils démembrent l'enfant, ils énervent l'homme, car l'homme est foi. Le dernier mot de cet enseignement mixte, c'est perdition des âmes !... Perdition à la fois pour la religion et pour la raison, pour la religion et pour la civilisation, pour Dieu et pour le siècle !

Mais, en matière de foi et de mœurs, quel est pour l'Église

elle-même, et pour le sentiment religieux en général, l'effet de
cette union légale de l'Eglise et de l'Etat, de ce qui est de la
conscience et de ce qui est de la loi, de ce qui passe et de ce
qui demeure, de ce qui est de l'Eternité et de ce qui est du
temps? Nous l'avons dit, l'équilibre ne peut exister, et s'il
existait, il ne serait encore que la cession à parts égales des
devoirs de l'Etat et des droits de la conscience. Il ne serait
que la main des hommes dans les choses de Dieu : profanation! ou la main du prêtre, au nom de Dieu, dans les choses
saintes, asservissement! Mais cela même ne peut exister. Dans
le contrat il y a toujours l'un des deux qui l'emporte. Si c'est
l'Etat, il subordonne et contraint l'Eglise. Si c'est l'Eglise,
elle possède l'Etat, et par l'Etat la société. La civilisation, qui
s'est confiée, pour se développer et marcher, à un pouvoir
tout humain et mobile comme elle, se réveille enchaînée à l'autel immobile du prêtre. Ou elle cesse de marcher, ou elle
marche en arrière. La religion, justement jalouse et tyrannique, car sa foi lui ordonne la conquête et la garde des âmes,
emploie la main du pouvoir politique à extirper ou à étouffer
tous les germes de nouveautés qui peuvent éclore dans l'esprit
humain. Toute philosophie est une menace pour elle, tout
examen est un danger, tout symbole est un attentat, toute tentative de culte libre est une sédition de la pensée. Livres,
temples, enseignement, chaires, tribunes, associations, tout se
ferme par la loi, où par l'interprétation de la loi de l'Etat, à
l'innovation religieuse. Il faut croire ce que croit l'Eglise nationale, ou ne rien croire. De la foi légale à l'absence totale
de foi et de culte il n'y a pas d'intermédiaire. Dieu ferait éclater sur la terre et dans le ciel une nouvelle révélation, que
cette révélation trouverait la puissance de l'Etat entre l'homme
et Dieu; et si la révélation nouvelle ne commençait pas sur
une croix comme celle du Golgotha, elle commencerait au
moins dans une prison de police correctionnelle! Ceux-là donc
qui, à tort ou à raison, se sentent inspirés d'une autre pensée

religieuse que la pensée religieuse légalisée, sont forcés de la nourrir en silence et dans l'isolement de la foi, sans propagation, sans association, sans parole et sans acte, et par conséquent sans efficacité sur la vie morale. Car toute étincelle qui ne se réunit pas à d'autres et qui ne forme pas un foyer, ne peut communiquer ni vie, ni lumière, ni chaleur, et finit par s'éteindre avec le cœur où elle est tombée. De là la stérilisation complète du champ de Dieu, qui est la pensée humaine. L'Etat s'en est emparé, et dit à l'homme qui voudrait le faire fructifier à son tour : « Tu n'y sèmeras rien. Je l'ai vendu et je « l'ai garanti à deux ou trois cultes qui sont venus avant toi.

« Il n'y a plus de place pour l'avenir dans le temps : ce grand « champ de Dieu, je l'ai borné par la loi. Va prier ailleurs, ou « ne prie pas du tout; cela m'est égal. Tans pis pour ta vérité « si je la froisse, tans pis pour ton Dieu si je le gêne. Je n'ai « point de concordat avec ta vérité, je n'ai point de concordat « avec ton Dieu. J'en ai un avec l'Eglise, et je l'exécute. » Quel meurtre d'idées ! Quel interdit de conscience ! Quel blasphème contre Dieu ! Voilà pour les églises qui voudraient se former et faire fructifier leur foi sur la terre.

Mais l'Eglise antique et légale elle-même, que devient-elle sous la main de l'Etat qui la contraint en l'honorant ? Il n'y a que deux situations acceptables pour un pouvoir divin et absolu comme l'Eglise : la domination souveraine, ou la simple liberté. Elle n'est à sa vraie place que là où elle règne; et quand elle ne règne plus par la souveraineté temporelle, là où elle est libre elle règne encore par la conscience. Mais le jour où elle fait descendre la foi jusqu'à la loi, au lieu de faire monter la loi jusqu'à la foi, le jour où elle met Dieu sous la protection des hommes, le jour où, du régime absolu, qui est le sien, elle passe au régime mixte des transactions et où elle fait sa charte avec le pouvoir civil, ce jour-là elle accepte le joug du temps en échange de la liberté des enfants de Dieu, elle accepte la dépendance en acceptant la force légale, elle accepte les conditions en acceptant le salaire. En un mot elle abdique une partie de sa puissance, de sa dignité, de son inviolabilité. Je sais bien qu'elle prétend réserver entière la souveraineté du dogme et ne transiger que sur la discipline. Mais qui marquera le point précis où la discipline ne tient plus au dogme, et les conséquences au principe? Que de concessions forcées ne lui faut-il pas consentir dans le fait, qu'elle ne consent pas dans l'esprit! Voyez Bossuet, Louis XIV, Napoléon, le Concordat de 1815, celui de 1817 : que sont les libertés gallicanes, si ce n'est une une véritable Eglise nationale et un schisme non déclaré? Que sont des usages revendiqués comme des droits, et défendus par la force contre un centre d'autorité qui les nie en les subissant? Qu'est-ce que cette unité qui se divise, ce respect qui proteste et qui brave, cette obéissance qui désobéit; qu'est-ce que ces arrêts du parlement en matière spirituelle, et ces appels comme d'abus au conseil d'Etat, et ces menaces de privation du temporel, si ce ne sont des violences morales faites par le pouvoir civil à l'autorité souveraine de l'Eglise? Elle baisse la tête, mais elle souffre dans son autorité religieuse. Et si elle souffre dans son autorité, souffre-t-elle moins dans sa dignité et dans son crédit sur les peuples? Gagne-t-elle à parler aux hommes au nom de l'Etat au lieu de leur parler au nom de Dieu seul? Gagne-t-elle à s'associer, pour vivre et souvent pour périr avec eux, à tous ces pouvoirs qui passent? Gagne-t-elle à se placer, pour être honorée, avec les rois, sur les marches des trônes qui s'écroulent, en adoptant telle ou telle race de princes, telle ou telle forme de gouvernement, aujourd'hui royaliste, demain républicaine, impériale après, pour redevenir bourbonnienne, et puis autre chose, à la suite de toutes les fortunes, de toutes les instabilités du pouvoir humain auquel elle s'attache, et qui l'entraîne successivement dans toutes ses chutes, dans toutes ses impopularités, dans tout l'odieux des pouvoirs politiques? Elle s'en relève, sans doute; mais s'en relève-t-elle aussi majestueuse et aussi

pure aux yeux des hommes que si elle n'eût attaché sa fortune
qu'à celui qui ne passe pas et qu'on ne maudit jamais? Non;
elle y laisse toujours quelque chose de sa dignité et de son
empire. Elle y laisse même de sa foi! Soutenue par les uns,
elle est livrée par les autres! Croit-on que si l'Eglise n'eût pas
été nationale à l'époque des schismes, de la réforme et de la
Révolution française, des empires entiers eussent été détachés
de son centre et précipités dans la division? Qu'est-ce qui a
jeté la moitié de l'empire d'Allemagne hors de son sein, détaché la Hollande et la Suisse, séparé l'Eglise grecque et la
Russie, sécularisé l'Angleterre et l'Ecosse? répudié, enfin,
persécuté, proscrit et martyrisé le catholicisme en France, de
1789 à 1794? si ce n'est cette déplorable solidarité du pouvoir civil et de l'Eglise, qui a fait participer l'une à toutes les
révolutions de l'autre!... Sans doute, à ce pacte, l'Eglise à
gagné quelques pompes de culte, quelques établissements
temporels; mais elle y a perdu ses âmes par millions! Or l'empire de la foi ne se compose pas, à ses yeux, d'établissements
temporels, de cérémonies publiques, de cathédrales, de trai-
tements et de pompes officielles; il se compose d'âmes! Y en
a-t il plus pour elle, et sont-elles plus à elle dans la liberté que
dans la dépendance du pouvoir civil? Ou, en d'autres termes,
Dieu seul est-il plus fort sur la conscience libre que les pouvoirs civils ne sont forts sur la conscience asservie? Voilà toute
la question pour l'Eglise. Elle trouvera sa réponse dans sa foi
même. Si elle croit à l'intervention divine dans l'œuvre du
catholicisme, elle doit croire que sa foi sera d'autant plus forte
et d'autant plus active qu'elle empruntera moins l'intervention des dominations civiles. Son Dieu s'est appelé *verbe* et
jamais loi, trône ou *épée*. Qu'elle n'enchaîne donc pas son *verbe
libre*, car c'est son Dieu lui-même qu'elle enchaînerait! Plus il
sera libre, plus il sera Dieu!...

Ecoutez ce que disaient hier les évêques d'Irlande à qui l'on
parlait d'union avec l'État et de salaire pour leur Église :

« Reprenez vos offres; nous les regarderions comme des chaî-
« nés pour nos âmes, et comme la pire des calamités pour no-
« tré foi et pour l'Église ! »

Passons à l'État : Il n'y a pas moins de compromission et de
tiraillement pour lui à se lier indissolublement à une Église,
et à se charger du service et d'une administration d'une foi
libre dans l'empire. Que fait-il, en effet, et comment raisonne-
t-il, en se chargeant de servir et de salarier directement lafoi
et les consciences? Il se fait à lui-même une statistique idéale,
arbitraire du nombre des catholiques réels et des besoins du
personnel de l'enseignement et du culte; il compte ensuite
combien cela fait en chiffres, en bourses gratuites; il porte ce
chiffre sur son budget, à la charge de tous les catholiques ou
non, et il dit : « Tout est bien ! mon chiffre représente exac-
« tément, à une âme près, les besoins réels de la conscience,
« de la foi, de la religion dans mon empire. Dieu est servi se-
« lon sa mesure, et les hommes n'ont rien à dire.» Dieu est
servi? Les besoins vrais de la conscience, de la foi, de la religion sont satisfaits?.... Mais qu'en savez-vous? Qui vous a
donné le droit et l'infaillibilité d'arbitrer ainsi le grand inconnu? Et sans parler de cette absurde et révoltante iniquité
de faire payer au non-croyant et au non pratiquant, le salaire
et le service d'une religion qu'il répudie et qu'il blasphème
peut-être ; iniquité que vous reprochez à l'Angleterre en Irlande, sans voir que vous la commettez chez vous ; comment
connaissez-vous les besoins réels du service religieux de telle
ou telle foi? Avez-vous été frapper sur chaque conscience, une
à une, et lui demander individuellement et confidentiellement :
que crois-tu? et dans quelle mesure crois-tu? Avez-vous fait
voter la France *au scrutin secret* sur le mystère de ses croyances intimes? Avez-vous compté et pesé les voix? Osez-vous
dire que vous savez ce qu'il y a de foi, ce qu'il y a de doute,
ce qu'il y a de philosophie, ce qu'il y a de religion, ce qu'il y
a de besoin de catholicisme, ce qu'il y a de soif d'innovation

dans cette grande âme de trente-quatre millions d'hommes
ballottés depuis un siècle par les vents les plus contraires de
doctrines? Oseriez-vous affirmer devant Dieu que vous ne
vous trompez pas, et que votre chiffre marque juste la statistique des consciences? Non, vous ne l'oseriez pas, ou vous
mentiriez; vous vous trompez nécessairement, et vous vous
trompez peut-être de dix ou douze millions de consciences,
plus ou moins, Dieu seul le sait! Peut-être donnez-vous trop,
peut-être donnez-vous trop peu! Peut-être ces vingt-cinq ou
trente mille enfants des séminaires et petits séminaires, nécessaires selon vous au recrutement annuel des ministres de la
foi catholique, sont-ils en quantité trois fois supérieurs aux vo-
cations réelles et aux besoins sérieux des fidèles! Peut-être ce
nombre est-il insuffisant! Peut-être l'enseignement catholique
dépasse-t-il immensément la mesure des croyances dans les familles! Peut-être ne les satisfait-il pas du tout! Peut-être avez-
vous trop d'autels, peut-être pas assez, et peut-être le fidèle, dans
vos campagnes, est-il trop éloigné des sources de sa foi et des
conseils de ses guides religieux. Tout est problème pour vous
en pareille matière; vous n'en connaissez pas les termes et
vous les résolvez! Et quelle est la conséquence de l'erreur en
pareille matière? C'est que si vous vous trompez en moins,
vous faites souffrir et dépérir une foi religieuse qui vivrait et
multiplierait sans vous; et que si vous vous trompez en plus,
vous faites vivre d'une vie fausse, artificielle et toute politique,
une foi qui, sans vous, ne porterait plus de fruits réels pour
l'esprit humain, et qui laisserait germer et fructifier à sa place
les croyances nouvelles que Dieu est libre de destiner à tous
les temps! Meurtre de la religion ou meurtre de la raison. Des
deux côtés vous tuez quelque chose; vous tuez dans les ténèbres et sans savoir quoi. Cet état n'est pas tolérable pour une
société qui croit en Dieu; et toute conscience murmure en secret et se révolte, soit que sa religion s'appelle *Christ*, soit
que sa religion s'appelle Philosophie. Une telle société est

coupable et ne peut répondre avec innocence devant le ciel de la première de ses charges, les âmes de son peuple!

Quand l'État n'a plus de foi unanime, comme dans les siècles où nous sommes entrés il y a cinquante ans, que peut-il donc faire? nous dira-t-on. Un pareil arbitrage appelé religion de la majorité? Vous voyez ce que c'est : un mensonge convenu, qui réglemente et qui paie sans savoir dans quelle mesure il a à payer. Une constitution civile du clergé, comme l'Assemblée constituante? Mais la constitution du clergé est divine, toute autre constitution crée un schisme national, une guerre civile ou une persécution. Un concordat perpétuel, ou le souverain pontife vous dicte à jamais les conditions immuables et la quotité fixe de l'établissement religieux dans l'empire? Mais les conditions de cet établissement, le chiffre de ce personnel, la quotité de ce subside doivent être en rapport avec le chiffre et la quotité de la foi, et la foi est mobile comme la pensée humaine. Elle est aujourd'hui, demain elle n'est pas. Vous la servirez donc trop ou trop peu; vous priverez des millions d'âmes de leur aliment divin, ou vous soutiendrez des milliers d'autels qui n'auront plus d'adorateurs. Disette des âmes ou surabondance d'un culte à l'entreprise! Voilà le dilemme d'où vous ne sortirez pas dans le système d'une religion fondée et maintenue sur un pied fixe en vertu d'un concordat politique.

Partagerez-vous entre le catholicisme et l'État? Mais la foi ne reconnaît pas et ne peut pas reconnaître de limites : conquérante par nature et par devoir, elle ne peut s'arrêter que là où Dieu l'arrête; tout ce que les hommes lui disputent, elle doit l'arracher; tout ce qu'ils lui refusent, elle doit le conquérir : elle est par essence la monarchie universelle, puisqu'elle doit se croire la monarchie divine. Vous aurez beau lui faire une part immense; elle trouvera toujours que c'est peu parcequ'il lui faut tout. Vous verrez éternellement renaître, sous forme de séduction pieuse ou de violence morale, selon le temps, les prétentions, les envahissements, les dominations, les usurpations d'enseignement, de consciences, de corporations, de propriétés sacrées. Vous lui aurez donné toute la place qu'elle vous refuserait l'air, et il ne faut pas l'en accuser, c'est son droit. La foi est la foi, c'est du feu! Il faut qu'elle brûle. Ne lui disputez pas ses aliments si vous voulez la paix. La paix n'est que dans la liberté, la dignité et l'indépendance de l'État ne sont que dans la liberté, la foi efficace n'est que dans la liberté, la civilisation agissante n'est que dans la liberté; Dieu, enfin, pour les peuples, n'est que dans la liberté. Les consciences sincères commencent à vous le crier des deux côtés du monde moral. Encore quelques conflits de cette nature, encore quelques guerres civiles d'enseignement, encore quelques froissements de la foi, encore quelques accroissements de la pensée, et tout le monde vous le criera enfin : « La situation présente ne peut pas durer un demi-siècle impunément. »

. . . .

Cette union de l'Eglise et du gouvernement produit-elle, comme le croient les auteurs de la proposition sur l'observation forcée du dimanche, un accroissement de vie dans le sentiment religieux des populations? Non, elle nuit aux deux à la fois. Si l'Etat s'allie, comme dans notre dernière loi d'enseignement de 1849, il s'asservit; si l'Eglise s'allie, elle domine l'Etat ou elle se subordonne honteusement elle-même.

Quel meurtre des consciences et quel avilissement de la foi!

XII.

Et à quoi vous mène immédiatement cet odieux principe de l'Etat professant une religion spéciale et nationale au nom des citoyens? Il vous mène à ce qu'un homme que vous n'accuserez pas d'impiété définissait ainsi dans un de ses plus profonds discours qui sont restés des oracles de la tribune, M. Royer-Collard?

« Ainsi la loi a une croyance religieuse, et, comme elle est souveraine, sa croyance doit être obéie. La vérité, en matière de foi, est de son domaine ; la souveraineté en décide, elle la règle avec un pouvoir aussi absolu que les autres intérêts de la société : elle la sanctionne, s'il en est besoin, par des supplices.

« Voilà le principe que la loi évoque des ténèbres du moyen âge, et des monuments barbares de la persécution religieuse ! Principe absurde et impie, qui fait descendre la religion au rang des institutions humaines ! Principe sanguinaire qui arme l'ignorance et les passions du glaive terrible de l'autorité divine ! Je ne puis croire qu'il soit entré avec toutes ses conséquences dans l'esprit des auteurs de la loi ; mais qu'ils l'aient ou non voulu, il est entré dans la loi elle-même, il respire dans toutes les dispositions du titre Ier. C'est sur la vérité légale du dogme que sont construits les échafauds du sacrilége. . . .

« Il s'agit de savoir si, en matière de religion, les intelligences et les consciences relèvent de Dieu ou des hommes ; en d'autres termes, si la loi divine fait partie de la loi humaine, il ne tiendrait qu'à moi de dire aussi que c'est là une question, et cependant c'est la vraie question.

« Les sociétés humaines naissent, vivent et meurent sur la terre : là s'accomplissent leurs destinées, là se termine leur justice imparfaite et fautive, qui n'est fondée que sur le besoin et le droit qu'elles ont de se conserver, mais elles ne contiennent pas l'homme tout entier. Après qu'il s'est engagé à la société, il lui reste la plus noble partie de lui-même, ces hautes facultés par lesquelles il s'élève à Dieu, à une vie future, à des biens inconnus dans un monde invisible. Ce sont les croyances religieuses, grandeur de l'homme, charme de la faiblesse et du malheur, recours inviolable contre les tyrannies d'ici-bas. Reléguée à jamais aux choses de la terre, la loi humaine ne participe point aux croyances religieuses : dans sa capacité temporelle, elle ne les connaît ni ne les comprend ; au-delà des intérêts de cette vie, elle est frappée d'ignorance et d'impuissance. Comme la religion n'est pas de ce monde, la loi humaine n'est pas du monde invisible; ces deux mondes qui se touchent ne sauraient jamais se confondre; le tombeau est leur limite.

. . . .

« Est-ce qu'on croit par hasard que les Etats ont une religion comme les personnes, qu'ils ont une âme et une autre vie où ils seront jugés selon leur foi et leurs œuvres? Ce serait une absurdité; toute l'immortalité de Rome et d'Athènes est dans l'histoire. Est-ce qu'on oserait prétendre que les Etats ont le droit, entre les diverses religions qui se professent sur la terre, de décider laquelle est la vraie? Ce serait un blasphème. Où est leur autorité divine? Ce qu'ils sont, ils l'ont toujours été; ce qu'ils n'étaient pas avant Jésus-Christ, ils ne le sont pas devenus. Si donc aujourd'hui les religions d'Etat sont nécessairement la vérité, il en a toujours été ainsi, et Claude mis au rang des Dieux par le sénat romain a été vraiment Dieu. Entre Dioclétien et les chrétiens, nul doute que l'erreur était du côté de ceux-ci, la vérité du côté de Dioclétien. . . . .

« Deux sortes de défenseurs ne manqueront jamais au principe de la légalité de la religion; les uns, politiques sans probité, qui, ne concevant la religion que comme un instrument de gouvernement, pensent que ce sont les lois qui donnent à cet instrument toute son énergie, il ne leur est pas dû de réponse; les autres, amis convaincus de la religion, mais dont le zèle sans science se persuade qu'elle a réellement besoin de l'appui de la force, et que, si on la désarme des peines temporelles, elle est en péril. A ceux-ci, il faut répondre hardiment qu'ils ne connaissent pas la religion; que ces pensées basses sont indignes d'elles, qu'elle méprise la force, et qu'elle a surtout horreur de la protection abominable des cruautés et des supplices. »

« Il faut gémir de la misère et de l'erreur de notre temps où « l'on croit que Dieu a besoin de la protection des hommes, et « où l'on recherche la puissance du siècle pour défendre l'Eglise

« de Jésus-Christ..... Je ne dispute point contre ces politiques
« profanes, qui regardent la religion comme une invention pour
« contenir le vulgaire dans son devoir, et craignent tout ce qui
« pourrait en diminuer le respect dans l'esprit du peuple : Il
« faudrait commencer par les instruire et les convertir. » (*Histoire ecclésiastique de Fleury.*)

« ...... Le principe théocratique est d'autant plus odieux
que ce ne sont pas, comme aux jours de la barbarie et de l'ignorance, les fureurs sincères d'un zèle trop ardent qui rallument cette torche. Il n'y a plus de Dominique, et nous ne sommes pas non plus des Albigeois. La théocratie de notre temps
est moins religieuse que politique ; elle fait partie de ce système de réaction universelle qui nous emporte. »

Ainsi parlait Royer-Collard, le plus religieux des politiques
et le plus politique des hommes religieux pendant la restauration. On voit que sa pensée était la nôtre parceque c'est la pensée de la conscience.

Nous avons cru utile de la reproduire en la fortifiant de nouvelles considérations à une époque où l'esprit religieux est le
premier besoin de la République, mais où l'esprit religieux en
se confondant avec l'esprit démocratique doit prendre de plus
en plus sa force dans la liberté.

LAMARTINE,
Représentant du Peuple.

« La pensée publique a été entièrement absorbée ce mois-ci par la question de la révision. L'Assemblée n'a voté qu'une loi véritablement importante, c'est la loi des *clubs*. Nous donnons à nos lecteurs les considérations
que M. de Lamartine a fait valoir contre cette fausse institution qui n'est à
ses yeux que la *parodie* dangereuse du droit de réunion. Ces considérations, qui ont impressionné l'esprit public et qui ont reçu l'assentiment des
républicains pacifiques, auront de l'intérêt pour les lecteurs du *Conseiller.*»

P. de Saint-Victor.

LES CLUBS.

L'Assemblée a délibéré aujourd'hui sur les *clubs* et sur les
réunions électorales avec une vive et naturelle émotion. Disons
notre pensée sur les clubs, et ne les confondons pas avec le
droit de réunion électorale garanti, défini, réglementé par les
lois dans un pays libre. Le droit de réunion électorale, c'est le
droit de se voir, de se parler, de s'entendre, de se concerter
pour un intérêt commun d'affaires, de religion, d'opinion, de
candidature, dans les formes, dans les lieux, et dans les proportions de nombre déterminées par les lois. Le droit de tenir
des *clubs*, c'est le droit de tumulte, d'attroupement à domicile,
d'oppression ou de pression sur les autres citoyens. Entre ces
deux droits, il y a toute la différence qui existe entre l'état civilisé et l'état sauvage. Voilà, quant au fond, notre pensée per-
manente sur les *clubs*. Cette pensée, nous l'avons manifestée
en 1847 dans un langage auquel nous n'avons eu ni une syllabe
à ajouter ni une syllabe à retrancher depuis : « Nous voulons,
« disions-nous au nom du parti libéral et non démagogique en
« 1847, nous voulons le droit sagement réglementé de réunion.
« *Nous ne voulons pas rouvrir le club des Jacobins !* »

Les républicains exaltés, radicaux et irrités par l'injustice
auraient bien tort, selon nous, de prendre aujourd'hui parti
pour les *clubs*. Les clubs ont contre eux les ressentiments, les
justices, ou, si vous voulez, les préjugés de 1793. Ils sont antipathiques à la France. Ils lui font du bruit, ils lui font mal
aux nerfs, ils lui font le frisson, ils lui font peur, ils la désaffec-
tionneraient des meilleures institutions. Si je voulais dépopu-
lariser l'Evangile, je le ferais prêcher dans un club.

Voilà pourquoi nous avons dit aux membres de l'Assemblée
constituante en 1848, et nous disons aux républicains sérieux :
« Il faut choisir entre la République et les *clubs*, car, si vous

« pensez que les clubs sont inhérents à la République, la nation
« agitée, effrayée, tourmentée, impatientée de ce tumulte qui
« ne la laissera ni travailler, ni se reposer, ni dormir, renver-
« sera la République pour fermer les clubs. » Cela est à nos
yeux plus évident que jamais. Or, à moins d'être un fou, il
faut compter avec les opinions, les souvenirs, les terreurs et les
préventions d'un pays qu'on veut habituer et élever à la démocratie en ordre.

Mais les clubs n'ont-ils pas rendu de véritables services en
1848 pendant l'interrègne de constitution? Oui sans doute, il
serait inique de le nier. Disons pourquoi : il y a certaines périodes extrêmes de la vie d'un peuple où les clubs peuvent
rendre des services même à l'ordre, même à la patrie ; il y a
d'autres périodes où les clubs sont la ruine de l'ordre et le dé-
chirement de la patrie. Il en est des clubs comme de la garde
nationale : c'est une force surgissant d'elle-même et utile chez
un peuple en état de révolution. Distinguons donc !

Votre gouvernement vient-il de s'écrouler subitement? Vos
corps représentatifs sont-ils dissous? Votre administration et
votre police sont-elles anéanties? Vos lois sont-elles en problème? Votre garde nationale décomposée? Votre armée dispersée, muette, immobile, prudemment réservée pour les dangers
extrêmes de vos frontières et momentanément éloignée du peuple, de peur d'un choc sanglant ou d'une propagande mortelle
à la discipline? Ayez des clubs, laissez-les surgir, aidez-les à se
constituer, à se multiplier surtout, pour qu'ils se contrebalan-
cent les uns les autres et que leur opposition réciproque pré-
vienne en eux cette unité terrible qui ferait d'un *club* unitaire
et ramifié sur toute la surface du sol, comme du club des Jacobins, la tyrannie à cent mille têtes de la nation. C'est ce qui a
eu lieu en 1848, et c'est ce qui a aidé le gouvernement provisoire à faire traverser à la France et à la société cet interrègne
absolu, désarmé, imminent, terrible, dont on n'ose encore mesurer la largeur et la profondeur, se retournant même après
l'avoir franchi!... Oui, les clubs nombreux, divers, patriotiques, modérés, violents, humains, terroristes, populaires,
bourgeois, socialistes, prolétaires, communistes, les clubs de
toute forme, de toute doctrine, de toute couleur, de toute honnêteté ou de tout scandale, ont été très utiles alors, malgré leur

bruit importun ; c'étaient les cent mille bouches du volcan, ouvertes sur tous les flancs du sol, évaporant les idées, les sentiments, les passions contradictoires, les utopies, les chimères, et empêchant les tremblements de terre et les explosions. Il n'y avait point de représentation légale du peuple, point de Constitution ; les clubs ainsi disséminés, ainsi opposés les uns aux autres par leur liberté même, étaient la confuse représentation de l'opinion, la discussion à un million de voix, le dialogue perpétuel du pays avec le pays ; et pendant que cette discussion sans danger, parcequ'il n'y avait ni unanimité, ni vote, ni pouvoir exécutif des clubs, se parlait et se répondait dans les clubs, le gouvernement révolutionnaire naviguait avec oscillation sans doute, et cependant avec sécurité, sur ces vagues mêmes qui le menaçaient, mais dont aucune n'était assez forte pour l'engloutir. Il maintenait l'ordre sans armes, il préservait les têtes et les foyers, il convoquait la véritable souveraineté légale de la nation par le suffrage régulier et unanime du peuple. Il déposait la dictature malgré les clubs qui voulaient le contraindre à la garder ; il remettait la France à la France ; et la révolution devenait République et gouvernement. Voilà les clubs en révolution, et nous déclarons que si (Dieu nous en préserve !) la France retombait en révolution et en interrègne, et que nous fussions encore appelés à intervenir sans autorité légale dans cet interrègne, nous ouvririons les clubs au lieu de les fermer, nous les multiplierions même ! Oui, nous donnerions la parole à tous les éléments, pour les empêcher de se combiner, de fermenter et d'éclater dans la tempête !...

Mais aussitôt qu'un pays a traversé une période illégale et révolutionnaire, aussitôt que la révolution se change en gouvernement, les clubs changent de nature et deviennent l'assaut perpétuel contre tout gouvernement établi. Ils se coalisent par une opposition commune contre ce qui leur fait obstacle, ils s'insurgent contre toute souveraineté, fût-ce la souveraineté du peuple, fût-ce même la souveraineté démagogique ; ils s'affilient, ils correspondent, ils proclament, ils s'attroupent, ils ameutent, ils courent aux outils comme au 15 mai, ou aux armes comme au 23 juin ; ils outragent, ils oppriment ou ils renversent le gouvernement. Entre les gouvernements et eux plus de paix ! Voilà les clubs dans un pays en état de gouvernement, et voilà pourquoi nous avons dit aux républicains nos amis : « Choisissez entre la République et les clubs. »

On dit : « Mais le droit de réunion? » Nous répondons d'abord : « Le premier et le seul droit de réunion absolument nécessaire appartient au peuple tout entier, qui se réunit dans ses comices à des époques et dans des formes déterminées pour émettre sa volonté nationale, supérieure à toutes ces volontés confuses des groupes d'individus arbitrairement réunis dans tel ou tel club ; nous répondons de plus : Le droit de réunion, infiniment semblable au droit d'attroupement, refusé partout où il y a de la liberté et de la sûreté pour les hommes, doit exister, mais avec des conditions très sévères et dans des proportions très étroites ; car l'attroupement n'est pas une pensée, c'est une force, c'est un acte. Si la pensée des citoyens doit être libre, la force et l'acte des citoyens doivent être sujets à toute espèce de surveillance, de mesures et de limites ; sans cela où serait la liberté des autres citoyens non attroupés? Si vous m'obstruez la place publique avec votre club et votre manifestation, où passerai-je, moi, citoyen isolé? et qui me garantira de votre pression sur moi ?

Nous répondons enfin : Est-ce le droit légal et limité de réunion que ces rassemblements diurnes ou nocturnes de trois ou quatre mille citoyens se convoquant dans tel ou tel quartier des villes ou des campagnes, pour agiter, sans autre mandat que celui de leur opinion personnelle, ou de leur passion collective, ou de leur démence fiévreuse, les questions qui font trembler l'imagination dans ma tête ou le sol sous mes pas? Est-ce le droit de réunion civilisée et légale que ces masses se magnétisant ainsi elles-mêmes par le nombre, par le contact, par l'ivresse de la parole, par les vociférations, les applaudissements ou les menaces? semant le frisson à travers les murs dans toute une capitale qui les entend, sortant de là encore échauffées des fanatismes sains ou malsains que la parole, à tout risque, fait naître dans des âmes sans puissance sur leurs émotions, et rencontrant peut-être à la porte ceux qu'on leur a désigné du doigt pour ennemis ou pour victimes? vociférant l'insulte, la délation, la proscription, l'expropriation, l'échafaud, faisant rentrer dans les maisons les citoyens paisibles et fermer les fenêtres des maisons voisines de leur lieu de rassemble-

ment, pour ne pas entendre ce perpétuel roulement du ton-
nerre souterrain du peuple attroupé? Non, ce n'est pas le droit
de réunion, c'est le droit d'intimidation, c'est le droit de per-
turbation quotidienne, c'est le droit de terreur aux bons citoyens, c'est le *droit de hurlement dans les édifices,* droit qui
n'a été accordé aux hommes que dans les forêts, et qui ne peut
être exercé dans aucune civilisation connue!... Raisonnons :

La liberté consiste à faire tout ce qui ne nuit pas aux autres.
Je le demande à la bonne foi des partisans les plus résolus des
clubs : Y a-t-il liberté pour un citoyen isolé qui habite le quartier où se tient un club, ou qui veut dormir ou travailler en
paix dans son foyer? Y a-t-il égalité entre un citoyen isolé qui
veut délibérer son opinion avec lui-même, et une association
de sept ou huit mille citoyens se concertant dans un club pour
imposer leurs opinions et leurs volontés par la puissance du
nombre, du geste et de la voix? Y a-t-il sûreté enfin pour un
citoyen isolé qui passe à la porte d'un club où il a été désigné
pour ennemi public à des hommes fanatisés d'invectives et de
fureur contre lui? Quant à moi, je sais par expérience à quoi
m'en tenir. Je possède plusieurs rapports circonstanciés de police disant : « Si M. de*** avait été rencontré hier sur le bou-
« levart au moment de la sortie du club de***, il y aurait eu
« danger d'outrages ou de violences contre sa personne. »

Est-ce là la liberté? Est-ce là l'égalité? Est-ce là l'inviolabilité que toute société monarchique ou républicaine doit à la paix
publique, à la rue, au foyer, à l'imagination même des citoyens?
Est-ce que les lois au contraire ne doivent pas avant tout protection au plus faible? Est-ce qu'elles n'ont pas pour objet de
faire que chaque citoyen isolé soit égal dans son droit à tous
les autres? Est-ce que l'*unité* sociale est un club et non une famille? Est-ce que les lois protectrices de la liberté, de la propriété, de la renommée, de la vie des hommes, ont été inven-
tées pour faire prévaloir l'oppression du nombre sur l'individu,
et non pour garantir l'individu et sa famille de l'oppression
brutale du nombre attroupé?

Mais si les clubs dans ces proportions sont destructifs de
toute indépendance et de toute égalité, de toute sûreté du citoyen libre et isolé, que sont-ils en face du gouvernement lui-
même?

D'abord ils détruisent la première des conditions d'un gouvernement, *l'unité :* qu'est-ce que l'unité de gouvernement? C'est la suppression de toute autorité rivale. Or les clubs sont partout et toujours l'antagonisme en action et la rivalité constituée du gouvernement quel qu'il soit. On a beau le nier en théorie, il faut aller au fond et voir la réalité. Il faut nous poser la question franchement en hommes qui ne se paient pas de mots.

Voulons-nous être révolution en permanence?

Voulons-nous être République régulière et acceptée?

Si nous voulons être révolution en permanence, et par suite toujours en armes les uns contre les autres, la moitié de la nation occupée à surveiller l'autre, et tous ainsi dans le chômage et dans les transes qui font enfuir le capital et qui affament le peuple, disons-le: ayons des clubs dans tous nos quartiers, dans toutes nos villes, dans tous nos faubourgs, dans tous nos hameaux, dans tous ces centres industriels surtout où la fabrique et la misère agglomèrent par masses innombrables ces éléments de population sains en eux-mêmes, si vous les assainissez par l'ordre, le travail, l'instruction, l'assistance; putrides, si vous les laissez fermenter et corrompre par les miasmes de l'indigence et du vice, et enfiévrer par le souffle d'agitateurs sans responsabilité et sans repos! Ayez-en dans les régiments, dans les casernes, sur vos vaisseaux, dans vos écoles, et soyez sûrs que bientôt chaque magistrat de la loi aura au-dessus de lui un tribun de la sédition, chaque officier un sergent, chaque capitaine de vaisseau un matelot, chaque chef d'atelier un contre-maître, chaque caserne un insurrecteur en titre, chaque secte son armée, chaque soir son tumulte, chaque journée son insurrection !

Si vous voulez tout cela, je le répète, demandez des clubs. Rien de plus logique en effet; c'est le *mont Aventin* perpétuel du peuple; c'est le *tocsin* continu sur la société; c'est l'attroupement à domicile suivi immédiatement de l'attroupement dans la rue; c'est le gouvernement du premier venu, et bientôt, comme le disait *Danton* lui-même, le gouvernement des plus scélérats ! Voulons-nous au contraire que la République se fonde, travaille, sème, bâtisse, commerce, prospère, élève le peuple par la moralité, le salaire, l'économie, la sécurité, la fusion des intérêts et des cœurs, à des conditions de dignité et de bien-être qui légitiment la démocratie dans le monde, sacrifions les clubs, car avec eux aucun gouvernement n'est possible, pas même le gouvernement de la Convention, de cette Convention qui faisait trembler tout le monde, qui délibérait entre un camp et un échafaud, et qui cependant trembla elle-même devant les clubs, fut envahie, insultée, outragée, ensanglantée par les clubs jusqu'à ce que *Legendre* apportât sur la tribune les clefs des clubs teintes de tant de sang !

Un volume ne suffirait pas pour raconter leurs crimes et leurs dangers à l'intérieur; mais que n'aurions-nous pas à dire de leurs dangers plus grands encore pour l'extérieur?.... A-t-on réfléchi à l'action des étrangers dans les clubs d'un pays continental comme la France ? Quelle diplomatie nationale tiendrait jamais devant eux ? Ils seraient les maîtres de la guerre et de la paix. Qu'est-ce qui a forcé la main au roi, à l'Assemblée législative, à Robespierre lui-même, en précipitant la France désarmée de 1792 dans les témérités et dans les désastres de nos premiers revers, où la révolution et la France devaient périr, sans l'heureuse imbécillité de la Prusse? Quels étaient les meneurs de clubs qui jouaient la patrie française au jeu d'une campagne impolitique où elle devait être cent fois perdue ? Des étrangers, Clootz, Pereyra, Paoli, Buonarotti, Marat et cent autres, et parmi eux des agents occultes des cabinets ennemis ! Et en 1848, par qui ont été soufflées les tentatives pour allumer l'Europe malgré la France, qui voulait la paix? Vous le saurez plus tard, mais sachez dès aujourd'hui que les clubs étrangers furent les vrais moteurs de ces tentatives qui auraient ajoutés aux troubles inséparables d'une révolution les *terreurs* et les calamités d'une guerre universelle. Oui, la tentative de *Risquons-Tout* sur la Belgique ne fut pas un crime français ! Le passage du Rhin par les réfugiés allemands contre Bade ne fut pas un crime français ! L'invasion de Chambéry par la colonne insurrectionnelle de Lyon ne fut pas un crime français! Le 15 mai enfin, cette invasion de l'Assemblée constituante aux cris de *Vive la Pologne !* ne fut pas un crime français! Les clubs étrangers, malgré l'énergie avec laquelle on combattait leurs menées, furent les auteurs de ces démences et de ces attentats dont le succès aurait engagé, perdu ou déshonoré la France! Ces clubs, où ces étrangers se mêleraient toujours, feraient incessamment de la France un foyer de toutes les conjurations, le brandon de l'Europe. Si vous ouvrez les clubs polonais quelle paix avec la Russie? Si vous ouvrez les clubs irlandais, quelle paix avec l'Angleterre? Si vous ouvrez les clubs belges, quelle paix avec la Belgique? Si vous ouvrez les clubs allemands, quelle paix avec l'Allemagne? Si vous ouvrez les clubs savoisiens, quelle paix avec le Piémont, votre allié nécessaire en Italie? Non, votez l'Océan autour de vous, comme l'Angleterre, ou fermez les clubs, il n'y a pas de milieu.

Et si vous dites : On les réglera, l'histoire vous répond : On réglerait plutôt la flamme et le vent. Leur nature est d'être ingouvernables. Les clubs? c'est la passion! On ne fait pas la législation de la passion, on fait des lois contre les vertiges et les excès de la passion. Lisez plutôt les annales des clubs.

En 1790 on leur interdit la correspondance avec l'armée: ils insurgent les régiments.

En 1791 on leur interdit les pétitions collectives: ils font apporter les pétitions par des émeutes.

Au mois d'août de la même année on leur interdit de délibérer et de voter: ils votent insolemment l'abolition du décret de l'Assemblée nationale.

En 1792 douze cents clubs affiliés oppriment la Convention. La Convention veut revendiquer sa puissance : ils lui arrachent des mentions honorables.

En 1792 encore le ministre de la guerre tente de les réprimer dans les corps armés: ils insurgent la flotte.

Le 27 juillet de la même année ils contraignent l'Assemblée à voter la déportation des municipalités qui entreprendraient de les fermer.

Le 26 brumaire ils s'arrogent le droit de présenter tous les candidats à toutes les fonctions publiques.

Enfin la Convention essaie le système de l'abjection devant eux; elle leur affecte tous les édifices publics : ils règnent alors à sa place. Vous savez quel règne! Tacite n'en a pas écrit de plus occulte et de plus sanguinaire.

Legendre les ferme le 10 thermidor.

En 1795 ils se rouvrent.

Les sections les désarment trois fois.

Ils envahissent la salle de la Convention, et ils y promènent la tête de Féraud.

Le 22 brumaire ils soulèvent les ateliers nationaux de la plaine de Grenelle.

Ils sont enfin fermés, mais par les armes ; jamais autrement. Force révolutionnaire et turbulente, la force révolutionnaire est aussi leur seule répression possible. Les lois sont trop faibles contre les hommes réunis et contre la sédition disciplinée. Il faut les baïonnettes contre les piques !

Voulez-vous suivre plus loin leur histoire ? Vous les retrouvez en 1848 et en 1849 de la même nature qu'en 1790 et qu'en Amérique, quand *Washington* et *Jefferson* faillirent succomber sous leur turbulence.

Aux premiers jours qui suivirent février, sages, modérés, irréprochables en grande majorité.

Mais aussitôt que l'ombre d'un gouvernement leur apparaît et menace de les déposséder par la représentation nationale, ils soulèvent le peuple le 19 mars, et somment le gouvernement provisoire d'ajourner les élections.

Ils soulèvent le peuple le 16 avril, et somment le gouvernement provisoire de s'épurer, de créer un comité de salut public, de prendre une longue dictature, de gouverner la France par la souveraineté de Paris, c'est à dire par leur souveraineté à eux !

Ils soulèvent le peuple le 15 mai, et violent un moment la représentation nationale, qui triomphe par sa seule intrépidité de leur oppression.

Si les journées de juin ne sont pas leur ouvrage, la fièvre qu'ils ont propagée accéléra et compliqua ces tristes journées.

La République enfin les ferme avec l'épée.

Jamais deux mois de clubs sans que la guerre civile en sorte ! Jamais de trêve entre les gouvernements et eux. Voilà les clubs ! Aveugles ceux qui ne voient pas, lâches ceux qui voient et qui ne veulent pas prévenir....!

La société ne vit pas en état de guerre, mais en état de paix. Elle demande l'ordre, la sûreté, l'inviolabilité des personnes de la République. Si la République n'a pas le courage de les lui donner, elle ira les demander à la monarchie impossible, au despotisme honteux, à la force brutale, à l'avilissement même des plus exécrables institutions. Républicains, sacrifiez à la nécessité, au bon sens, à l'histoire, aux terreurs de l'imagination, aux besoins de sécurité et de confiance d'un peuple de six millions de travailleurs qui vivent de pain dans les ateliers et non de fièvre dans des clubs ! Sacrifiez les clubs ou renoncez à la République ! C'est le dernier mot de la vérité !

Et si vous dites : C'est un mot sévère, je vous réponds : Ce fut le mot de *Washington*, de *Jefferson*, de *Lafayette* ; ils étaient dignes peut-être, ceux-là, d'avertir et de conseiller les républiques.

LAMARTINE.

LE
CONSEILLER DU PEUPLE.

Première Partie.

LES DISCOURS SUR LA QUESTION DE LA RÉVISION (1).

Le véritable conseil au peuple dans les circonstances où se trouve le pays, c'est celui qui ressort de la discussion de ses représentants sur la question de révision. Nous ne pouvons mieux faire que de lui transmettre les impressions que nous avons reçues nous-même en assistant à cette délibération. Ce que la France a à faire à présent, c'est de réfléchir pendant l'intervalle que le temps prête à ses résolutions. Nous ne doutons pas que le Gouvernement, l'Assemblée et le Pays ne se montrent dans cette crise à la hauteur de leurs devoirs.

Résumons donc de sangfroid et d'ensemble la grande discussion à laquelle la France vient d'assister, et dont ce journal a donné jour à jour les faits, les discours et les impressions séparés à ses lecteurs.

Quels sont les effets de cette discussion qui devait faire trembler le sol et emporter la République?

Premièrement la France a grandi à ses propres yeux et aux yeux de l'Europe attentive. L'Assemblée nationale, quelquefois engourdie dans l'indifférence et dans la lassitude qui résultent de la permanence des corps délibérants, a retrouvé sa supério-

---

(1) Un grand nombre de nos abonnés nous ayant demandé de recueillir dans un format de bibliothèque les remarquables articles publiés par M. de Lamartine sur la discussion parlementaire de la révision constitutionnelle, nous nous sommes empressés de les insérer dans le *Conseiller du Peuple.*

rité d'éloquence sur tout ce qui parle et sur tout ce qui pense dans le monde. La France a entendu des discours qui s'impriment d'eux-mêmes dans la mémoire et dans l'orgueil des peuples. L'éloquence politique a peu de dates plus mémorables. Cela satisfait, cela flatte, cela élève l'esprit général d'une nation. Quand on s'est élevé si haut, on rougit de s'abaisser après aux vulgarités triviales des tribunes de hasard. Le génie est républicain de sa nature, car il est une force individuelle ; il vit de lui-même, il se sacre lui-même, il est à lui-même sa dynastie. Un peuple qui sait parler ainsi n'aura jamais pour souverain que son opinion et pour gouvernement que sa parole.

Première, grande et noble impression qui sort de ce débat ! Il y a peu de jours, M. Thiers avait déployé dans une question d'affaires tout ce que l'étude, l'universalité de vues, l'esprit, la grâce, l'élocution, peuvent réunir de qualités diverses et exquises dans un discours ; la semaine qui vient de s'écouler nous a montré M. Michel (de Bourges), M. Berryer, M. Dufaure, M. Grévy, M. Odilon Barrot, M. Victor Hugo, s'élevant tour à tour, les uns avec la raison, les autres avec le sophisme, mais tous avec éclat, aux sommets divers du talent oratoire ; quelques-uns même l'ont dépassé. A moins d'être envieux, qui ne se sent plus fier aujourd'hui de faire partie d'une nation qui grandit ainsi dans les tempêtes ? Pauvres gens, qui croyez que la liberté rapetisse les peuples, lisez cette discussion, et humiliez-vous ! Et quand on pense que cette Assemblée et cette nation possèdent encore des talents de tout ordre qui n'ont pas paru dans cette rencontre, que M. Guizot n'y était pas, que M. Thiers s'est tu, que M. Jules Favre, la parole elle-même, n'a pas parlé ; que M. Mauguin s'est résigné à l'inaction, que M. Passy est resté sur son banc, que M. de Broglie a vainement attendu un tour de tribune, que vingt orateurs éminents, vétérans ou naissants de la droite et autant de la gauche ont vainement demandé audience à leur pays, on s'étonne, on se confond de la masse prodigieuse de lumières, de patriotisme, de talent, d'éloquence diverse, d'aptitudes universelles que contient cette assemblée envoyée ici par ce *stupide* et *hébété* suffrage universel. On se dit : Non ! la France n'a pas baissé d'un homme, elle a grandi de plusieurs ; elle est au niveau de 89 ! Elle peut lutter avec la tribune anglaise, avec celle de Rome, avec celle d'Athènes, avec celle de sa première Assemblée constituante ! Et l'on s'afflige qu'un vote de clôture, impatient, inintelligent, brutal, ait fermé trop tôt une discussion qui ne pouvait qu'honorer et grandir davantage notre cher pays. Nous reviendrons sur chacun de ces orateurs en particulier.

Le second résultat heureux de cette discussion, c'est la dignité, quelquefois perdue, toujours retrouvée de cette Assemblée. A l'exception de cette séance malheureuse où M. Victor Hugo, en oubliant que l'éloquence est l'art de convaincre et non d'irriter, a fini par soulever la colère, jamais les deux côtés de l'opinion, jamais le parti républicain surtout de toutes nuances, ne s'élevèrent à une plus haute impassibilité! Tolérance, silence, attention, admiration mutuelle, résignation à tout entendre, propension à tout comprendre, facilité même à applaudir, tout ce qui pouvait être applaudi sans trahir les opinions, voilà le spectacle que se sont donné les deux parties adverses ou les partis intermédiaires de l'Assemblée! Voilà le spectacle qu'elles devaient au pays. Que le parti républicain conserve cette attitude, qu'il ne permette à aucun scandale, même à un scandale d'éloquence, de sortir de ses rangs, et il acquerra en confiance du pays ce qu'il a en force populaire. Du jour où il ne ressemblera plus à une faction, il rassurera la France et l'Europe, et on sentira en lui l'avenir d'un gouvernement.

Le troisième résultat et le plus important à enregistrer peut-être pour l'histoire, c'est le calme parfait du pays lui-même pendant qu'on discutait dans son Assemblée souveraine ce qu'il était aujourd'hui, ce qu'il serait demain. Si un étranger à tous ces débats, si un homme qui n'aurait pas lu un mot de l'histoire de nos quatre dernières années s'était trouvé transporté tout à coup dans une de ces tribunes d'où le public assistait à la discussion, en vérité il aurait pu croire, à la libre explosion des sentiments monarchiques des amis des dynasties, que la France était une monarchie, que c'était la royauté qui jugeait et la République qui se justifiait ; et le peuple très républicain ne se scandalisait point de cette interversion volontaire des rôles. En peuple vraiment libre, il voulait laisser tout dire aux esprits et aux cœurs. C'est la République qui le veut ainsi. Il la voulue, il la pratique, c'est bien ; sans doute, si la République de 1848 avait été ce qu'ont dit si injustement M. Dufaure et M. de Falloux, si elle avait pesé par des menaces sur le suffrage universel, si elle avait fait des catégories d'électeurs et de non-électeurs, d'éligibles et de non-éligibles, si elle avait exclu ses ennemis présumés de la représentation nationale comme on la conjurait de le faire, si elle avait toléré des proconsuls, des tribunaux d'opinion, des émigrations, des conventions, des *acerbités* révolutionnaires, les rôles auraient été changés pendant la semaine dernière, et ceux qui montaient à la tribune pour citer à leur barre, avec des insinuations fausses ou avec des calomnies, les républicains modérés de 1848 auraient comparu eux-mêmes en accusés à la barre de la République ! Mais alors ce n'eût pas été notre République, ce n'eût pas été la liberté pour tous ! ce n'eût pas été la libre pondération des partis qui composent la France et qui ont le droit de la composer : c'eût été le triomphe inique et oppressif du seul parti républicain sur tous les autres partis ! la tyrannie odieuse et courte d'une opinion ! Mauvaise et petite politique qu'on nous conseillait en vain ; politique qui, en satisfaisant les passions démocratiques, tue les démocraties ! Politique qui ne permet pas qu'on la discute, parcequ'elle ne peut apparemment se justifier par la seule autorité de la raison ! Ce n'est pas cela ! ce n'est pas cela que la République de 1848 a voulu. Elle a voulu, elle veut, elle voudra être la liberté ou rien ! Elle veut qu'on puisse l'examiner, la discuter, l'accuser, la condamner même en toute sûreté de parole : c'est pour cela qu'elle a refusé la dictature que les factions voulaient aveuglément lui imposer en 1848 ; c'est pour cela qu'elle a convoqué à l'instant la représentation nationale pour abdiquer vite et complétement entre ses mains ; c'est pour cela qu'elle a relevé la tribune, tribunal où elle savait qu'elle allait être accusée, calomniée, insultée, outragée par ceux-là même à qui elle rendait la parole ! Elle l'a fait, elle a bien fait, et fût-elle condamnée à ce tribunal, elle trouverait, soyez-en sûrs, dans cette condamnation volontaire et magnanime le gage de sa prochaine réhabilitation. Eh bien ! le peuple a enfin cette fois senti cela ; il s'est entendu discuter, lui, son suffrage universel, sa démocratie, sa République, son présent, son avenir, sans émotion et sans colère, sans donner un coup de pioche de moins à son sillon, un tour de roue de moins à sa charrue, un coup de marteau de

moins à son usine : pourquoi? Ce n'est pas insouciance de lui-
même, comme le dit M. Dufauré; non, le peuple français n'est
pas un troupeau ruminant content de tout pourvu qu'il broute,
mais c'est qu'il a acquis deux choses, deux choses morales qu'il
n'avait pas au même degré il y a quelques années : le sentiment de confiance dans sa force et le sentiment d'ordre dans
sa liberté. Il a chargé ses hommes de pensée et de parole de
penser et de parler pour lui, il s'en rapporte à eux et à son
gouvernement tant qu'on ne touche pas à sa Constitution qu'il
les a chargés d'accomplir et de perfectionner. Les factions l'appellent en vain, il ne répond pas, il est occupé, il travaille ou
il se repose, mais si les lois l'appelaient, il serait debout pour
les défendre.

Ce repos dans la force, cette religion instinctive dans la légalité, cette imperturbabilité dans le droit, ne sont-ils pas des
témoignages acquis par cette discussion? Ne prouvent-ils pas
aux plus incrédules que cette nation était plus mûre que ne le
dit M. Barrot pour ses institutions?

Voilà les trois résultats principaux de la délibération sur la
révision. Ces trois résultats sont trois bonheurs de situation :
l'Assemblée grandie en talents, la République grandie en sagesse, la nation grandie en mœurs républicaines.

Il y en a un autre : la révision de la Constitution a été rejetée à cette première épreuve par 278 voix.

Est-ce heureux? Est-ce malheureux? Nous allons le dire.

Si c'était le dernier mot de la représentation nationale, oui,
selon nous, ce serait malheureux. Il faut qu'une Constitution
soit élastique.

Si ce n'est pas son dernier mot (et nous le croyons), non,
cela n'est pas un malheur.

Savez-vous ce que c'est? c'est un avertissement et un temps
donné à la réflexion du pays et à la résipiscence du gouvernement. Cela veut dire : «Le suffrage universel ayant été non
« sagement épuré et régularisé, mais amputé et changé en
« suffrage partiel par la loi exclusive du 31 mai, nous ne pou-
« vons, sans risquer de trahir la République, livrer la Consti-
« tution à réviser à une fraction de la nation contre la nation
« tout entière. Notre Constitution ainsi révisée n'aurait plus
« son autorité suffisante et unanime. Notre loi constitutive ne

« serait plus la volonté de tous, mais la contrainte de quelques-
« uns. Rectifiez la loi du 31 mai, ne réglez que les indignités
« et le domicile pour constater d'une manière plus conforme
« au droit naturel le droit de citoyen, comme vous en avez le
« droit par la Constitution. Rendez les juges éliminés au grand
« jury national, et nous acceptons le procès. Nous voterons
« avec confiance et avec bonheur la révision partielle le jour
« où vous aurez restitué le suffrage national à la volonté, à la
« sagesse et à l'unanimité du pays. »

Sur les deux cent soixante-dix-huit voix, il y en a plus de
cent qui veulent dire exactement ce que nous disons là au
gouvernement et à l'Assemblée. Nous ne connaissons que deux
partis bien décidés dans l'Assemblée à refuser la révision à
tout prix : le parti des *timides*, soutenu par M. Dufaure et le
général Cavaignac,—braves pour eux-mêmes, ils ont peur pour
leur cause d'un *ballottement* de quelques semaines dans la
main du peuple;—et le parti des *implacables*, représenté par les
amis personnels de la royauté d'Orléans. Ceux-là savent que la
Constitution non révisée laissera fermenter un sourd mécontentement dans la nation, que la Constitution révisée pourrait
donner une seconde candidature au président actuel : l'une
de ces éventualités ne leur déplaît pas, l'autre les ajourne.
Voilà le secret. Mais ces deux partis ne composent pas à eux
deux soixante voix. Quant au parti républicain modéré, il ne
répugne nullement à la révision par confiance dans la sagesse
de la nation, et quant au parti républicain exalté, il n'y répugne pas non plus par audace. Il veut d'abord sauver la République, et il comprend que le refus obstiné de révision pourrait désaffectionner le pays d'une Constitution incorrigible.
Ces deux grandes fractions du parti républicain dans l'Assemblée donneront donc beaucoup de voix à la révision aussitôt
que la révision ne sera plus à leurs yeux un piége où la loi
du 31 mai prendrait la République. Car ils veulent bien servir
à tout prix la République, mais à aucun prix ils ne veulent
la trahir.

Que les républicains soient donc désintéressés de la loi du
31 mai, et de plus que les représentants aillent se retremper
deux mois dans l'esprit du peuple de leur département, qu'ils
aillent respirer l'air vrai, l'air libre, l'air impartial du pays

lui-même, au lieu de l'air enfermé, étroit et fiévreux des partis
dans la chambre, et la révision partielle aura les plus grandes
chances d'être votée au mois de novembre, et la question sera
dénouée par la sagesse au lieu d'être tranchée par les révolutions. Voilà nos impressions et nos vœux. Nous croyons que
ce sont là les vœux et les impressions du pays.

Résultat net, la République a grandi à se laisser discuter.
Maintenant passons aux discours.

II.

Nous dirons peu de chose du discours de M. de Falloux. Ce
jeune orateur avait donné à l'assemblée constituante des
preuves d'un talent à la fois souple et viril. Il n'a pas été cette
fois égal à lui-même, encore moins à la haute question qu'il
avait à traiter. Il a prétendu que la révolution avait rapetissé
la France. Sophisme indigne de son jugement. Cela équivaut
à dire que le christianisme avait rapetissé le genre humain,
parcequ'il l'avait agité pour le transformer. La révolution
de 1789 a été et continue d'être la plus grande explosion d'i-
dées et de forces nationales qui ait jamais signalé un peuple à
l'attention, à l'admiration, quelquefois à la terreur du monde
moderne. C'est la grande date de la patrie. La République
dont nous détestons les crimes a soutenu, en se contractant
sur elle-même, le poids du continent et de l'Angleterre coalisés; elle a déversé ensuite ses armées au-delà de nos frontières; a annexé des territoires à la France, elle a labouré
l'Allemagne, rongé la Prusse, conquis la Hollande, la Belgique, la Suisse, la Savoie, fait de l'Italie son cirque pour ses
champs de bataille, forcé l'Espagne à une paix contre nature,
envahi l'Égypte. La croisade de la liberté a été aussi prodigieuse et plus féconde que les croisades de la monarchie. Les
excursions militaires de Napoléon lui-même n'ont été que la
surabondance de force et l'excès d'impulsion imprimés par la
République et exploités par l'ambitieux génie d'un soldat. Où
est dans tout cela l'affaissement et la décadence à laquelle la
démocratie condamne les nations à l'extérieur? En 1848,
même au milieu de l'ébranlement convulsif et soudain de la
France par suite de son troisième accès de révolution de 89,

où donc M. de Falloux a-t-il vu l'affaissement et la décadence extérieure de notre patrie? Les trônes s'ébranlaient d'eux-mêmes, les peuples s'agitaient, les constitutions se formaient de toutes parts. En cinq mois la République était devenue l'arbitre armée ou pacifique à son gré de la liberté mesurée. Dans le Midi, bientôt dans le Nord, on lui proposait de traiter avec elle sur les bases les plus larges de l'émancipation de l'Italie; elle pouvait dire à la tribune française et à la face du monde, sans être démentie par M. de Falloux, qui l'écoutait le 10 mai : *Ces quatre mois ont rendu à la France plus d'influence au dehors que dix batailles.* Qui a abdiqué tout cela pour la République? Il faut le demander à ceux qui ont répudié, après le 23 juin, la politique républicaine à la fois nationale et modérée de 1848, pour dissoudre l'armée des Alpes sous le gouvernement cher à M. Dufaure, et pour intervenir à Rome sous le gouvernement cher à M. de Falloux. Il lui sied bien de nous montrer aujourd'hui la coalition et d'accuser la révolution des petitesses et des contre-sens de notre attitude de 1851! Portez chacun votre fardeau comme nous portons le nôtre; mais ne faites pas po. ter à la République celui de la contre-révolution.

Après le discours de M. de Falloux, un grand orateur s'est révélé à la tribune. C'est M. Michel (de Bourges.) Nous ne l'attendions pas, nous l'avouons. Nous savions qu'il y avait quelque part assis et perdu sur les hauteurs extrêmes de la gauche un homme d'une éloquence sauvage, d'un caractère fruste nommé *Michel* (de Bourges), et dont quelques accents entendus de temps en temps sous le dernier règne nous avaient laissé dans la poitrine quelque chose de l'énergie, de la vibration et du rugissement du lion. Nous ne le connaissions pas ; nous avions défiance et alarme de son nom ; on nous avait dit que ce républicain farouche et irrité s'était relégué comme *Siéyès* sous la Convention dans les nuages des hauts lieux, couvant de la colère, méditant un radicalisme hors du temps, ruminant ce vieux anachronisme de l'énergie révolutionnaire, et prêtant de désespoir son esprit à ces théories exaspérées d'un socialisme subversif et impraticable. Nous l'avons vu monter avec inquiétude et avec prévention à cette place où l'on dit une fois ce que l'on pense à son pays. L'extérieur et la physionomie de l'orateur ajoutaient encore à notre impression préconçue. Nous avons vu apparaître un homme de granit, d'une stature forte, carrée, d'aplomb sur elle-même, dont les lignes coupées à angles droits comme celles des statues gauloises ont quelque chose de rustique et de primitif qui transporte l'œil dans une autre race. Bien que la vigueur de l'esprit et la jeunesse éternelle du sentiment répandissent sur ses yeux perçants et sur ses lèvres fines je ne sais quoi de lumineux et de souriant qui n'annonçait pas de mauvaises pensées dans le cœur, le front proéminent sur les yeux, la bouche largement fendue et serrée, la vue usée par l'étude, aidée par le cristal, les joues pâles et creuses comme celles d'un cénobite, les cheveux rares et incultes, le poing lourd posé sur la tribune comme le marteau sur l'enclume, la tête affaisée sur les hautes épaules, tout semblait attester dans cet homme la fatigue prématurée de l'âge ou le poids des idées. Sa voix profonde, grave, caverneuse, un peu cassée aux premiers mots, comme venant de loin ou tombant de haut, grondait plus qu'elle ne sonnait dans l'oreille. Ses doigts maigres et distraits, étalaient, tournaient et retournaient, épluchaient, brouillaient et débrouillaient sur la tribune le volumineux cahier d'un manuscrit dont un gros fil de ménage reliait mal les feuilles de papier commun pour les disputer au vent, entrepôt de ses pensées encore confuses. Nous ne savions ce qui allait sortir de là ; nous étions tout regard et toute oreille pour cet oracle si bien drapé en costume inculte de la démocratie suprême. Nous tremblions qu'il n'en sortît des mystères, des terreurs, des tempêtes, et que la société effrayée ne reculât d'effroi dans le despotisme pour échapper au problème de ce sphinx de la République !

Que nous avons été heureusement et magnifiquement trompés ! Le discours de M. Michel (de Bourges), organe *choisi et avoué* par son parti pour porter devant l'Europe le programme réfléchi de la démocratie française, se divise en deux parties : l'une politique, l'autre sociale.

En politique il dit : *Nous sommes les enfants du doute,* les croyants au libre examen, les rationalistes de gouvernement ; nous croyons ces gouvernements graduellement et modérément perfectibles : nous aimons la forme républicaine parcequ'elle est celle qui comporte le plus de cette perfectibilité progressive dans les institutions ; nous nous accommodions tou tefois de la transition des royautés constitutionnelles, si elles avaient voulu s'élargir à proportion de la démocratie croissante autour d'elles. Nos pensées ne conspiraient pas dans nos cœurs ; nous n'appelions pas les révolutions ; la révolution est venue d'un hasard ou d'une Providence : nous en avons fait sortir d'une voix presque unanime, d'une nécessité sentie par tous, la République. Vous avez peur de nous ? Détrompez-vous ; nous voulons vous réconcilier avec la République. *Nous re-nions* 1793, nous n'avouons de la Convention que ses efforts patriotiques pour sauver la nationalité. Nous louons ceux qui ont aboli la peine de mort, les supplices, les proscriptions, à la renaissance de la République en 1848. La démocratie ne tue pas, ne proscrit pas, ne dépouille pas, car elle est le peuple lui-même. Ses crimes seraient des suicides !

En *socialisme*, voici notre acte de foi. Le capital et le salaire émanent l'un de l'autre ; ils ne sont qu'une forme diverse de la propriété ; le salaire émane du capital, le capital émane du salaire accumulé, le travail les réunit et les concilie. Le capital commande le travail et le rétribue ; le salaire est le fruit du travail. Sous les gouvernements de petit nombre, le gouvernement est dans les mains du capital seul ou de la richesse, qui fait les lois et qui oublie quelquefois l'ouvrier et le pauvre. Sous les gouvernements de suffrage universel, le capital, le salaire, le travail, également représentés dans l'élection, font les lois ensemble et se pondèrent avec équité et profit pour tous, dans la fusion des intérêts généraux, qui sont à la fois capital, salaire, travail, richesse, aisance, médiocrité, labeur, biens acquis, biens à acquérir, mais toujours et pour tous propriété ; propriété d'autant plus sacrée et d'autant plus inviolable dans les mains du riche et dans les mains du pauvre, qu'elle est pour tous la base de la famille, la juste rétribution du passé, la juste aspiration de l'avenir.

Cette équité sociale dans les conditions du capital et du travail, de la richesse et du salaire, s'exprime pour nous par un seul fait : *suffrage universel, concours de tous à la loi de tous !* Le suffrage universel, c'est toute la République ! Voilà notre socialisme !

Tout cela, creusé dans les profondeurs de la plus saine philosophie, illuminé des plus vives clartés de l'évidence, resplendissant des éclairs de la plus simple et de la plus pittoresque élocution, accentué des plus foudroyantes apostrophes de l'improvisation réfléchie, ému, tempéré, attendri, vulgarisé des plus naïves et des plus douces conciliations de sentiments et de paroles, un parti désarmé de ses colères et de ses chimères, tendant fraternellement la main à un parti désarmé de ses préventions et de ses ressentiments, voilà ce discours : le catéchisme de la vraie démocratie ; la séparation des bons et des mauvais éléments par une parole de lumière, de justice et de paix ! voilà l'œuvre du second jour de M. Michel (de Bourges).

Ce discours n'est pas un discours, c'est un monument. C'est un fait immense pour la République. Nous disions en l'écoutant : il n'y en a plus deux. A quelques mots près sur la Convention, nous signerions celle-là comme la nôtre !

Après lui est monté M. Berryer. M. Berryer ne 'pouvait faire dans cette circonstance qu'un chef-d'œuvre de sentiment. Il l'a fait, et tout est dit. Il fut attaché à la monarchie de principe comme les derniers adorateurs du polythéisme s'attachaient aux autels détruits de leur ancien culte et défiaient du haut des ruines, au nom des dieux de leurs pères, la divinité nouvelle, née du peuple aussi. On écoutait, on admirait, on plaignait, on pleurait à leur voix, et on allait après adorer ailleurs. L'intérêt, la pitié, le génie, étaient toujours là ; la vérité n'y était plus. Oui, M. Berryer a raison, du moins dans l'intimité de ses pensées, il n'y a plus que *deux grandes choses vraies* dans la politique de ce temps-ci : le sentiment ou le raisonnement. Le sentiment avec la grande et sainte royauté légitime, religion dont on hérite et qu'on ne discute pas. Le raisonnement avec la jeune et forte démocratie, religion aussi, mais religion qui adore l'avenir pendant que l'autre adore le passé ! M. Berryer, par son âme, son intelligence et son talent, était digne de les réunir, et il les aurait réunies si 1830 n'avait pas sonné le tocsin des trônes en France 'par la main des rois. Mais le temps et la postérité ne lui reprocheront pas une fausse situation qui n'est pas la faute de son esprit et qui est la gloire de son cœur. Il défend les absents et les morts, il est le deuil majestueux des siècles. On l'aime, on l'admire, on se glorifie de lui, on voudrait l'entraîner avec soi, mais il reste où est son cœur, et où serait le nôtre si la République n'était pas chez nous plus qu'un sentiment, c'est à dire un devoir envers la vérité et la nation.

Un seul sophisme nous a fait peine en écoutant ce sublime orateur ; il n'en avait pas besoin. *La royauté, s'écriait-il, est le principe de stabilité ! Revenez à elle.* Hélas ! nous énuméions en nous-même pendant qu'il parlait les chutes successives de la royauté depuis que nous sommes nés seulement ! Le 14 juillet, la prise de la Bastille, l'invasion du palais du roi par le peuple de Paris à Versailles, l'insurrection des États-Généraux qui se transformaient d'autorité en souverainetés nationales ; Mirabeau qui chasse le principe monarchique d'un mot devant le principe populaire, le 20 juin ; le 10 août, le 21 janvier ! Vingt ans d'exil errant sur la terre étrangère ! Un retour sur les cendres de l'invasion en 1814 ! Un second exil en 1815 ; un second retour sur la terre de France envahie, un règne agité, un assassinat de prince ! Une révolution et un dernier exil en 1830 ; une royauté combattue et précaire dont la voix de M. Berryer lui-même précipite et salue la chute ! un quatrième exil en 1848 ! quelle stabilité ! En vérité, si nous voulions caractériser le *génie des ruines*, comment le nommerons-nous autrement que du nom de nos dernières royautés ?

Mais n'importe, les ruines sont sacrées et les larmes sont éloquentes. Passons aux discours de M. Hugo, de M. Dufaure et de M. Barrot....

Mais non, ne passons pas encore. Voici à la tribune un royaliste conséquent et national qui ne fait pas de sophismes pour sa cause, mais qui fait comme ses pères morts sur les champs de bataille de la Bretagne, c'est à dire qui élève son drapeau en face de l'ennemi, et qui tombe en le tenant debout. C'est M. de La Rochejaquelein. M. de La Rochejaquelein a l'éloquence qu'on pourrait appeler l'éloquence vendéenne. Cela vient de l'âme, et cela y va. Il a du cœur jusque dans la voix, Il a les lumières et les convictions de son temps dans l'esprit. Il aime le peuple, il adore la liberté ; s'il n'était pas ce qu'il est. il serait le plus loyal et le plus intrépide républicain. Nous l'avons vu au feu de l'Hôtel-de-Ville. Mais il a son nom à porter et son honneur à maintenir. Il grandit l'un, il sauve l'autre : ne le discutons pas et serrons-lui la main.

M. Pascal Duprat a parlé après. Il a eu le tort de ne pas répudier assez sévèrement ce que nous avons séparé à tout prix dès la première heure ; 1793 et 1848 ! Non, la République actuelle n'a été faite que pour répudier les fautes, les excès, les crimes de l'autre. Les générations n'héritent pas plus des bourreaux que des victimes. Elles rejettent tout cela au jugement de Dieu et aux catacombes de l'histoire. L'imprudente générosité de ce jeune orateur doit éviter de rattacher le fil de notre époque à la Convention. Datons de nous-mêmes, et ne flattons personne, pas même les morts. C'est bien assez de répondre d'une révolution devant la morale et devant l'avenir. Ne répondons pas de deux !

III.

M. Hugo est monté à la tribune. C'est toujours un événement. Le génie est génie partout. On doutait que le grand poète pût se transformer en grand orateur : on se trompait, il n'a eu qu'à replier ses ailes. Nous qui connaissions et qui aimions ce jeune émule de nos meilleures années, nous ne doutions pas. Disons-le franchement néanmoins, cette fois son discours nous a causé autant de peine que d'admiration. Ce n'étaient pas des foudres que nous voulions dans cette discussion où le parti républicain devait mettre tout, jusqu'au silence de son côté : c'était de la sérénité, de la lumière et de la modération. M. Hugo a parlé en grand artiste, non en homme d'Etat, selon nous. Il a fait une ardente invective à la manière de Rome ou d'Athènes, il n'a pas fait un bon discours de circonstance. L'éloquence n'est-elle pas avant tout l'art de dire des choses convenables au pays, à l'auditoire, à la cause, au temps ? A quoi bon la colère qu'à provoquer la colère ? Quand on combat, bien ; quand on raisonne, non. Et puis à quoi bon, au moment où la République se légitime par la sécurité qu'elle doit au pays, à quoi bon lui dérouler des programmes de gouvernements innommés qui la font douter, trembler, rentrer dans les cœurs ? Que ferait dans un pays comme la France ce gouvernement sans forme, sans tête, sans main, comme ce *gouvernement direct* du peuple que

l'orateur a fait entrevoir à l'imagination déroutée de la France ?
Ce gouvernement anonyme et irresponsable, où une assemblée
souveraine transformée en *commission des rapports,* parlerait
devant ce que l'orateur appelle le peuple, qui voterait par *oui*
et par *non* sur les matières de gouvernement ? Et qui est ce
peuple ? Et où serait ce peuple ? Est-ce celui de Paris ? Est-ce
celui des quarante mille communes de la France ? Et quelle
place publique le contiendrait ? Et quelle voix parviendrait à
ses oreilles ? Et quel autre peuple compterait les votes ? Et quel
autre peuple le retiendrait le lendemain dans les lois qu'il aurait faites hier ? Le *Dante* a inventé le règne du feu dans son
Enfer, pour punir les hommes coupables ; les auteurs de ce
gouvernement direct du peuple, de ce *pandæmonium* de la
place publique ont inventé le règne du vent sur la terre pour
épouvanter les esprits républicains. Nous l'avons dit, ce serait
le gouvernement du *Club universel* qui aurait pour législation
les vociférations confuses de quarante mille multitudes et pour
pouvoir exécutif l'anarchie de quarante mille volontés ! Soufflez
sur ce monde inconnu qui n'est sur la carte d'aucune terre ha-
bitable. Si nous possédions, comme M. Hugo, la coupe des
illusions, nous nous garderions de la verser en un pareil moment à ce peuple. Ce n'est pas l'heure des songes, c'est l'heure
des réalités. La réalité, c'est l'ordre à créer *un et fort* sous la
République, par des institutions que tout le monde comprenne
parcequ'elles sortent du sens vulgaire et des traditions de l'humanité. Nul ne leur donnera plus de splendeur que M. Hugo.

M. Coquerel a fait ensuite un excellent discours de conciliation. Homme de Dieu, il lui convenait de parler le langage de
paix. Sa République n'est que le règne de la liberté et de la
charité sur la terre. Il veut la révision pour éviter le choc entre
les pouvoirs.

Après lui M. Grévy, un des hommes les plus accrédités de
la gauche modérée, a posé avec une admirable précision d'i-
dées et une logique éloquente la véritable question, celle qui
entrave l'autre, la question de la loi du 31 mai ; une indispo-
sition l'a saisi au milieu d'un des meilleurs discours que nous
ayons entendus. Nous n'avons pas eu les conclusions, mais
nous avons l'idée ; c'est la nôtre, nous le croyons du moins.
Rendez d'abord le suffrage universel épuré, mais non restreint,

à la nation, nous délibérerons ensuite, et, si nous sommes bien informés, nous rendrons à notre tour au peuple le droit sans limites de nommer et de renommer les candidats de son choix.

Enfin est venu M. Dufaure, ancien ministre de l'intérieur sous le général Cavaignac, puis sous le président actuel. On connaît son honorable caractère et son remarquable talent. Talent *pédestre*, comme disait Horace, qui ne s'élève pas au dessus du regard, mais qui marche avec élégance et vigueur de déduction en déduction à la vérité. Seulement quand la vérité est un peu loin ou un peu haut, il risque ainsi de la manquer. Rendons-lui grâces, il a dès le premier jour compris et senti la nécessité de la République; il lui a prêté sa parole et sa main aussitôt qu'elle a fait appel à son patriotisme et à son éloquence, et hier il lui a prêté, en la défendant contre de téméraires réactions, une évidence et une force qui font de son discours une bonne journée pour la République.

Nous regrettons seulement qu'il ait été injuste dans deux parties de son discours. La justice ne fait-elle pas partie du bon sens?

« M. de Lamartine, a-t-il dit, a, sans le vouloir, dans un livre populaire, les *Girondins,* contribué à diminuer l'horreur que les crimes de la première république sont de nature à inspirer au peuple. » Nous sommes saturé de calomnie et nous buvons l'iniquité comme l'eau ; mais quand une voix aussi accréditée que celle de M. Dufaure se fait l'écho d'une prévention odieuse, nous y faisons attention. Nous ne répondons à M. Dufaure que par deux citations de ce livre, l'une sur la première terreur de 1792, l'autre sur la seconde terreur de 1793, que nous plaçons en note après cet article, pour ne pas distraire le lecteur de ce récit. On verra quel terroriste nous sommes !

La seconde injustice de M. Dufaure est celle qui fait porter sur le gouvernement révolutionnaire de 1848 l'accusation d'avoir pesé sur les élections par l'intimidation. Oui, une circulaire parut un jour à l'insu de ce gouvernement, circulaire parlant, en effet, la langue des proconsuls et tendant à intimider la France. Le lendemain, c'est à dire aussitôt qu'elle fut connue du gouvernement, elle fut démentie, désavouée, rétractée, déchirée avec éclat à l'Hôtel-de-Ville par l'unanimité du gouvernement. L'instruction du gouvernement partit : « Ne pesez pas

« d'un mot sur les élections : n'imitez pas les gouvernements
« qui vous ont précédés. La pire des corruptions électorales,
« ce serait la peur. Appelez toutes les opinions aux comices ;
« n'en écartez pas un seul de vos ennemis politiques. Laissez
« voter les vieux partis ; ils sont de la France comme vous !
« Donnez-leur ce qui appartient à tous, sûreté, liberté, invio-
« labilité d'opinions ou de sentiments, et soyez sûrs qu'ils vo-
« teront pour la République, parcequ'elle est le salut de leur
« patrie. »

Quand on a sous les yeux de pareils actes *promulgués*, *affi-
chés*, *exécutés* sur toute l'étendue de la France, est-il possible
de parler de la tyrannie de ce gouvernement ? Et à qui aurait-
il fait peur avec vingt ou trente commissaires désavoués par
lui-même ? A douze millions d'hommes ! ! ! Quelle pitié !

Quant à l'anarchie réprimée et à l'ordre rétabli après la révolution, dont M. Dufaure attribue et attire tout le mérite exclusif et toute la reconnaissance au gouvernement de son ami
le général Cavaignac, comme M. Baroche l'attribue et l'attire
au président actuel de la République et à la majorité, nous
ne protestons pas, cela est trop juste pour ne pas devenir his-
torique !... nous ne le savions pas, mais nous l'apprenons avec
bonheur. Oui, sans aucun doute, c'est M. Dufaure et son gouvernement qui ont reconquis le pouvoir sur l'anarchie en armes
le 24 février sur la place publique ! C'est M. Dufaure et son
gouvernement qui ont abattu le signe de la terreur arboré le
26 et le 27 sur la moitié de Paris ! C'est M. Dufaure et son
gouvernement qui ont refusé au socialisme à la bouche de ses
canons de signer ses programmes subversifs le 28 février !
C'est M. Dufaure et son gouvernement qui ont enrôlé et animé
de leur âme l'invincible garde mobile ! C'est M. Dufaure et son
gouvernement qui ont conservé la discipline de l'armée et qui
l'ont portée en trois mois à cinq cent mille hommes dévoués à
l'ordre !

C'est M. Dufaure et son gouvernement qui ont déconcerté
par leur intrépide attitude la tyrannie des clubs entraînant
cent cinquante mille hommes derrière eux le 17 mars ! C'est
M. Dufaure et ses amis qui ont fait lever la patrie en armes le
16 avril au secours d'elle-même, et ressuscité ce jour-là la
société ! C'est M. Dufaure et son gouvernement qui ont con-

servé la paix avec l'Europe au milieu des entraînements convulsifs vers la guerre de propagande! C'est M. Dufaure et son gouvernement qui ont convoqué l'Assemblée nationale constituante, et qui l'ont assise à sa place au milieu de Paris ombrageux et résistant, pour abdiquer vite entre ses mains! C'est M. Dufaure et son gouvernement qui ont marché le 15 mai sur l'Hôtel-de-Ville, surpris par les factieux, et qui les ont arrêtés et envoyés à Vincennes! C'est M. Dufaure et son gouvernement qui ont appelé à Paris soixante-cinq mille hommes de troupes, et qui les ont remis à un général républicain pour dissoudre une sédition inévitable, prévue, nécessaire à combattre, facile à vaincre avec de pareilles forces promptement déployées! C'est M. Dufaure et son gouvernement qui ont combattu et triomphé de cette sédition et qui se sont retirés après la victoire!... Encore une fois, nous ne savions pas tout cela, nous l'apprenons. M. Dufaure assure que c'est son gouvernement; M. Baroche assure que c'est le gouvernement du président, nous ne savons pas lequel a raison, mais, à coup sûr, ce n'est pas cet abominable gouvernement provisoire! *Risum teneatis!*

N'importe qui; M. Dufaure a fait un bon et honnête discours pour son candidat contre les candidats présumés de l'élection future. Quand on préconise un seul homme, il faut bien un peu dénigrer les autres. Pourquoi le mot dénigrement serait-il dans le dictionnaire, s'il ne devait pas dans l'occasion faire, comme disent les grammairiens, partie du discours? Quant à nous, nous ne l'avons jamais employé contre M. Dufaure ni contre aucun autre. Hélas! la destinée ne se charge-t-elle pas assez de nous dénigrer tous? Pourquoi l'aider?

Enfin est venu M. Odilon Barrot. Il n'a dénigré personne, lui; il n'a pas besoin de la petitesse d'autrui pour paraître éminent. Il l'est par l'honnêteté, par le talent, par l'estime, par le renom, par le courage dans l'occasion. Nous l'avons admiré le 24 février 1848 montant aux barricades, montant à la tribune, courant au ministère de l'intérieur pour devancer et retenir une révolution qui courait plus vite que lui, mais qui le respectait tout en l'écartant. Nous l'avons admiré davantage quand, après la République assise, il s'est dévoué à la gouverner sans rancune, parcequ'elle était une forme de son pays. M. Barrot était un homme bien préparé par les événements pour être le premier ministre d'une République indécise encore. Presque républicain sous la monarchie, presque monarchiste sous la République, il reliait les deux époques confondues dans un homme de bien qui donnait des gages aux deux partis. Nous avons blâmé sa politique étrangère en Italie, mais une faute grave qui n'était pas la sienne seule ne détruit pas tout un homme. Il est resté de lui un vrai patriotisme, une haute raison, un noble talent. Ce sont les qualités qu'il a montrées dans ce discours de trois heures. Il y a fait une analyse franche et forte des principales imperfections de la Constitution. Qui peut les nier? Il a dit de bonne foi à la République : Vous êtes le seul gouvernement possible, rendez-vous de plus en plus acceptable en vous pliant aux conditions de tout bon gouvernement. Enlevez les prétextes contre vous en corrigeant les défectuosités d'une première ébauche.

Vous gagnerez le pays en vous assimilant davantage à ses mœurs, à ses traditions, même à ses faiblesses. Voilà ce discours. Nous regrettons seulement que le vieil homme, comme disait Louis XIV, ait un peu trop percé sous l'homme nouveau, et que les critiques contre la Constitution aient quelquefois porté jusque sur la République. Mais quand on a remâché vingt ans du constitutionalisme des trois pouvoirs à la tribune, peut-on s'étonner qu'il reste quelque amertume sur les lèvres en parlant d'une forme plus simple de gouvernement?

En résumé, le discours de M. Odilon Barrot est une bonne action de sa vie publique. Les républicains ombrageux peuvent s'en plaindre; la République nationale doit l'en remercier.

Nous n'avons plus qu'un mot à dire : c'est sur l'attitude du gouvernement dans ce grand début. Nous ne saurions assez le blâmer. Nous dirons pourquoi.

IV.

Le gouvernement, dans la question de révision, n'avait qu'un rôle : le désintéressement scrupuleux de lui-même et l'impartialité muette entre les pétitionnaires et les juges de la révision. Il pouvait seulement, s'il était interrogé et mis en cause, dire de son point de vue quels articles de la Constituion lui paraissaient susceptibles de rectification utile à l'action du pouvoir central. Avouons aussi que, si le président de la République était attaqué dans sa dignité de magistrat ou dans sa dignité d'homme comme il l'a été par un orateur, ses ministres pouvaient le défendre ; car l'honneur, en France, est une loi aussi, et des ministres qui ne réclameraient pas le respect pour le chef absent de leur gouvernement paraîtraient manquer de courage ou d'honneur.

C'est ce qu'a senti et ce qu'a fait avec force et talent le ministre des affaires étrangères, M. Baroche, en prenant la parole contre M. V. Hugo. Nous sommes loin de le blâmer sur ce point. Mais nous ne pouvons l'approuver sur deux autres. Il a renvoyé personnalités contre personnalités : mauvaises armes qu'un gouvernement ne doit jamais relever, même quand on s'en est servi contre lui (dignité oblige). Le ministre, de plus, a attaqué l'autorité de la Constitution jusque dans son origine : les élections de 1848 et l'autorité de l'Assemblée constituante! Attaquer les élections de 1848, c'est attaquer le *soleil*, aurait dit Napoléon. Une nation entière se levant d'elle-même en ordre à la voix de son propre salut, sans armée pour l'intimider, sans administration pour la corrompre, sans prétendant pour peser sur elle, et marchant à la suite de ses magistrats volontaires, de ses prêtres, de ses chefs de famille, aux comices pour y déposer douze millions cinq cent mille votes indépendants de tout, excepté de Dieu, c'est-là un fait qui éclate d'une telle évidence que, comme le soleil en effet, il éblouit.

Et c'est de là qu'est sortie, sans exclusion d'un seul citoyen électeur ou éligible, l'Assemblée constituante qui est venue recevoir la France des mains de la France, la sauver et la constituer! Trouvez une origine plus nationale, plus complète, plus libre et plus pure de gouvernement, si vous la savez!... Est-ce l'antique monarchie sortant d'un mystère et couronnée par un miracle populaire dans une basilique? Est-ce la Constitution de 1791 sortant de l'insurrection de la Bastille et de la promenade du peuple des Halles à Versailles? Est-ce la Constitution de 1793 sortant du 10 août et de l'assaut des Tuileries par la commune de Paris? Est-ce la Constitution de 1793 sortant du sang de Louis XVI et confisquée le jour même

de sa promulgation par la terreur, pour être remplacée par l'é-
chafaud? Est-ce la Constitution du 18 brumaire sortant d'un
conciliabule de soldats conspirant dans la rue de la Victoire,
et de l'embauchement d'un régiment de dragons commandé
par Sébastiani? Est-ce la Constitution de 1814 sortant du cabinet de M. de Talleyrand et d'un roi exilé, sous les pieds d'un
million d'étrangers foulant le sol de la patrie? Est-ce la Constitution de 1830 sortant du Palais-Royal et de deux cents députés, fraction sans mandat d'une chambre dissoute au bruit
du tocsin et du feu des trois journées de Juillet? Qui oserait
le dire? Et où était la nation dans tout cela?

Dans toutes ces origines, le droit manquait. Ici une faction,
ici une sédition, ici une commune de Paris, ici une intrigue,
ici une violence étrangère, ici une usurpation domestique, ici
un subterfuge parlementaire, prenaient la place, le droit, le
rôle, la voix de la nation pour lui imposer une Constitution.
En 1848, le jour de Pâques, tout s'efface devant la nation
elle-même; ni épée, ni intrigue, ni étranger, ni prince, ni
parlement, rien que le peuple lui-même, le peuple en présence de Dieu! Il nomme ses représentants, ses représentants
délibèrent sa Constitution, ils la proclament, elle règne!!! Et
vous osez infirmer une telle origine trois ans après, dans l'intérêt de qui? d'un homme qui n'est quelque chose que par la
vertu de cette Constitution qui lui a dit : *Sois !* Et par la voix
de qui? Par la voix d'un des ministres de cette Constitution
qui lui a dit : *Parle !* Parle pour me défendre toutes les fois
qu'une faction osera me contester!

Cela fait un de ces contre-sens presque inconnus dans l'histoire. Ce discours du gouvernement est le coup d'État de l'inconséquence.

Mais que seriez-vous, vous qui parlez, sans la Constitution
de 1848?

Mais que serait la loi?

Que serait la majorité?

Que serait l'Assemblée?

Que serait le Président de la République lui-même, et où
serait-il?

Que serait la France?

Problème! néant! confusion! chaos! illégalité! loi du ha-

sard, loi du plus audacieux ! loi du plus criminel ! chose sans
nom !

Et c'est là ce que vous avez l'imprudence de dire à ce peuple, à ces soldats, à ces factions, à ces clubs, à ces sectes, à
ces foules, que nous ne pouvons intimider, dominer, enchaîner
par le respect à la loi souveraine de tous que par l'autorité
foudroyante de la Constitution, volonté, œuvre et garantie de
tous !

Si la Constitution n'a point d'autorité morale à vos yeux,
nommez-vous franchement alors de votre vrai nom, vous qui
parlez au nom du gouvernement contre le gouvernement lui-
même ! Vous n'êtes rien de légal ; vous vous nommez usurpation ou anarchie ! dites-le franchement, cela vaudra mieux ! La
France, qui ne veut être ni anarchie ni usurpation, avisera !

Voilà les réflexions qui nous montaient au cœur pendant la
première partie du discours de M. Baroche. Soyons juste, il
s'est hâté de désavouer le mauvais-sens involontairement donné
à ses paroles, mais l'écho même en sonne encore mal. Il faut
l'étouffer.

Que ce langage aventuré, avoué ou rétracté du gouvernement, est loin de celui que nous attendions dans cette discussion, langage que nous implorons depuis longtemps, qui pa-
cifierait à l'instant la France, et qui rendrait sans prétexte et
sans excuse le refus des améliorations désirées dans la Constitution !

Si les ministres étaient montés à la tribune et s'ils avaient
dit ceci :

« Nous vous apportons avec respect et avec confiance la
« pensée réfléchie du président de la République. Il croit que
« la Constitution est susceptible de deux ou trois améliora-
« tions ; l'épreuve du gouvernement pendant ces trois années
« les a démontrées utiles et possibles. Il croit que la Républi-
« que gagnerait en force et en stabilité à ces deux ou trois
« amendements à ses institutions. Il croit qu'une assemblée
« de révision dont la tâche serait limitée à la correction de ces
« deux ou trois points n'offre aucun danger réel, vu l'excellent
« esprit qui anime l'immense majorité du peuple. Une révision
« totale en offrirait, non parceque la République pourrait y
« être désavouée, mais parceque le peuple prendrait ombrage

« de cette possibilité seulement, et que l'inquiétude et l'agita-
« tion seraient un mal.

« Parmi les modifications à la Constitution, on parle de la
« rééligibilité des présidents : il n'est pas permis au président
« actuel d'émettre un avis dans sa propre cause. A vous seuls
« de délibérer sur ce problème constitutionnel. On fait peser
« sur vous et sur la République la menace d'une réélection in-
« constitutionnelle par le peuple, en 1852 : cette menace est
« une insulte à la conscience du président autant qu'à votre
« indépendance. Bonaparte annule d'avance tous les votes qui
« porteraient son nom, dans le cas où vous n'auriez pas voté
« la révision, et où la révision n'aurait pas déclaré la rééligi-
« bilité. Ne pensez pas à lui, pensez à la République, à la
« France, à la société. Le nom du président est une gloire
« pour la patrie, il ne sera jamais une pression sur la liberté,
« un déshonneur pour notre histoire. »

Ces paroles, suivies d'une proposition de loi pour restituer
la plénitude du suffrage universel trop profondément altéré
par la loi du 31 mai, auraient rétabli à l'instant la sécurité
dans le pays, l'avenir dans les imaginations, la bonne volonté
dans la Chambre. C'était la paix, la réconciliation, la confiance
réciproque, le coup d'Etat de la probité politique, la cordialité
des pouvoirs rétablie, le sangfroid rendu aux esprits, l'activité
rendue aux affaires, la lumière émanant du cœur et tombant
sur les ténèbres de la situation !

Oh oui ! le gouvernement commence à être coupable ! coupable de silence ! coupable de retard dans le bien ! coupable de
mystère ! Et quel est son crime ? Il se tait !

Mais ce qui ne fut pas hier peut être demain. Nous ne nous
lasserons jamais de bien espérer des hommes, surtout quand
ils sont en face de l'histoire, en face de leur conscience et en
face de leur nom.

LAMARTINE,

Représentant du Peuple.

NOTES.

JUGEMENT DE LA PREMIÈRE TERREUR (DANTON).

« Les théories qui révoltent la conscience ne sont que les paradoxes de
» l'esprit mis au service des aberrations du cœur. On veut se grandir en
« s'élevant dans de soi-disant calculs d'homme d'Etat au dessus des scrupules
« de la morale et des attendrissements de l'âme. On se croit ainsi au dessus
« de l'homme : on se trompe, on est moins qu'un homme... Les systèmes
« trompent, le sentiment seul est infaillible. Contester la criminalité des im-
« molations de Septembre, c'est s'inscrire en faux contre le sentiment du
« genre humain, c'est nier la nature qui est la morale dans l'instinct. Il n'y
« a rien dans l'homme de plus grand que l'humanité. Il n'est pas plus per-
« mis à un gouvernement qu'à un individu d'assassiner. La masse des victi-
« mes ne change pas le caractère du meurtre. Si une goutte de sang souille
« la main d'un assassin, des flots de sang n'innocentent pas les Dantons. La
« grandeur du forfait ne le transforme pas en vertu. Des pyramides de cada-
« vres élèvent plus haut, il est vrai, mais c'est plus haut dans l'exécration des
« hommes. »

(Girondins, p. 305, 3e vol.)

Voilà comment les *Girondins* diminuent l'horreur des crimes révolutionnaires !

LAMARTINE.

JUGEMENT SUR LA SECONDE TERREUR (ROBESPIERRE).

. . . .

« Le moyen de Robespierre, et ce moyen est tour à tour légitime et exé-
« crable, c'est la popularité. Il caresse le peuple par ses parties ignobles. Il
« exagère le soupçon, il suscite l'envie; il envenime la vengeance, il agace
« la colère, il ouvre les veines du corps social pour guérir le mal, mais il en
« laisse couler la vie pure ou impure avec indifférence, sans se jeter entre
« les victimes et les bourreaux. Il ne veut pas le mal et il l'accepte ; il livre
« à ce qu'il croit le besoin de sa situation les têtes du roi, de la reine, de
« leur innocente sœur. Il cède à la prétendue nécessité la tête de Vergniaud ;
« à la peur, à la domination, la tête de Danton. Il espère racheter plus tard
« ce qui ne se rachète jamais, le crime présent par la sainteté des institutions
« futures. Il s'enivre d'une perspective de félicité publique pendant que la
« France palpite sur l'échafaud ! Il veut être le génie créateur et extermina-
« teur de la révolution ! Il oublie que si chaque homme se divinisait ainsi
« lui même, il ne resterait à la fin sur le globe qu'un seul homme, et que
« ce dernier des hommes serait l'assassin de tous les autres !
« .... « La République périt : ce fut la punition de l'homme, la punition du
« peuple, celle du temps, celle aussi de l'avenir. La cause de la démocratie
« ne devait pas être condamnée à voiler ou à justifier le nom de son fonda-

« teur... Le crime a tout perdu en se mêlant dans les rangs de la République.
« Ne cherchez pas à justifier l'échafaud par la patrie et les proscriptions par
« la liberté ! »

(Girondins, 8e vol., p. 307, etc.)

Voilà comment les Girondins atténuent l'effroi des terreurs révolutionnaires !

LAMARTINE.

ALMANACH POLITIQUE.

Les pages éloquentes dans lesquelles M. de Lamartine a résumé les luttes parlementaires de la question de la révision constitution-nelle nous dispensent de toute analyse. Il ne nous reste qu'à en-registrer le scrutin qui a fermé provisoirement cette grande dis-cussion. Le nombre des votans était de 724 ; la majorité constitu-tionnelle exigeait 543 voix ; 446 ont voté pour la révision, 278 contre ; la révision n'ayant pas obtenu la majorité constitutionnelle a donc été rejetée.

Le lendemain de ce vote, l'ordre du jour appelait la discussion du rapport sur les pétitions révisionnistes. La séance commencée dans le calme s'est terminée par un orage qui a failli emporter le ministère. M. Baze, dans un discours agressif et détaillé comme un réquisitoire, accusait l'administration d'avoir excité et provo-qué par la main de ses agents le mouvement révisionniste. Le ministre de l'intérieur est venu défendre à la tribune sa respon-sabilité attaquée. Le débat engagé dans des contestations mutuelles de faits et de personnalités s'est irrité en se resserrant. L'émotion a gagné l'assemblée ; elle a frappé le cabinet d'un vote de blâme ; en adoptant la proposition suivante de M. Baze :

« L'assemblée nationale, tout en regrettant que dans un grand
« nombre de localités, l'administration, contrairement à son devoir,
« ait usé de son influence pour exciter les citoyens au pétitionne-

« ment, ordonne le dépôt des pétitions légales au bureau des ren-
« seignements. »

A la suite de ce vote les ministres ont offert leur démission collective au Président de la République, qui a refusé de l'accepter, et
dont l'intervention a décidé le cabinet à rester au pouvoir.

Le reste du mois parlementaire a été rempli par des travaux
d'administration et d'affaires. Un vote important a assuré l'avenir de
notre influence et de notre commerce en Orient, en affermant le
service postal de la Méditerranée à la Compagnie des messageries,
association puissante organisée sur de larges bases, dont les paque-
bots doivent jeter de Marseille à Constantinople une ligne active et
rapide de relations et de transports.

La réhabilitation de Lesurques, cette question qui depuis cinquante
ans se réveille d'intervalle en intervalle comme un remords de la
loi dans les assemblées délibérantes, a suscité une proposition de
MM. de Riancey et Favreau, tendant à ajouter au Code d'instruction
criminelle des dispositions spéciales pour la révision des procès
criminels. L'assemblée a admis le principe d'équité et de réparation qu'elle revendique, en décidant qu'elle passerait à une
deuxième délibération.

Le projet d'organisation communale a été soumis à l'Assemblée
dans les derniers jours de ce mois; mais ce premier débat n'a fait
qu'effleurer, sans la creuser, cette grave et profonde question, qui
contient en elle l'ordre, la vie et l'unité du système politique de la
France. L'Assemblée, en ne consacrant que deux séances à son étude,
a ajourné de fait sa discussion sérieuse à la seconde délibération.
Cet ajournement lui était du reste imposé par la clôture de la session parlementaire; car quelques jours après, elle votait presque
unanimement sa prorogation du 10 août au 4 novembre.

Les seuls événements qui en dehors de l'Assemblée aient occupé
sans la troubler l'opinion publique, sont les voyages de M. le Président de la République à Poitiers, pour présider à l'ouverture de la
section du chemin de fer de cette ville, et à Beauvais, pour assister
à l'inauguration de la statue de Jeanne Hachette. A Poitiers, le
Président a prononcé un discours dont nous citerons les passages
les plus significatifs :

« ... Comme vous, j'envisage l'avenir du pays sans crainte, car
« son salut viendra toujours de la volonté du peuple librement ex-
« primée, religieusement acceptée. Aussi, j'appelle de tous mes
« vœux le moment solennel où la voix puissante de la nation domi-
« nera toutes les oppositions et mettra d'accord toutes les rivalités,
« car il est bien triste de voir les révolutions ébranler la société,

« amonceler les ruines, et cependant laisser toujours debout les
« mêmes exigences, les mêmes éléments de troubles. . . . .
    « . . . . . Serait-il donc vrai, comme l'empereur l'a dit, que le
« vieux monde soit à bout et que le nouveau ne soit pas assis? Sans
« savoir quel il sera, faisons notre devoir aujourd'hui en lui prépa-
« rant des fondations solides. »

II.

Le bill contre les titres ecclésiastiques conférés par la cour de
Rome vient d'entrer décidément dans la législation anglaise. La
chambre des communes l'a voté à sa troisième délibération. Le
ministère qui l'a proposé a été dépassé par le parti anglican dans
la voie d'intolérance où il est entré. Des amendements adoptés par
la chambre ont exagéré, malgré lui, les répressions et les pénalités
qu'il avait proposées contre l'épiscopat catholique.

La question religieuse s'est représentée encore sous une autre
forme à la Chambre des communes. L'alderman Salomons, élu représentant de Grenwich, est venu pour prendre place à son siége,
malgré le rejet par la chambre des lords du bill qui eût ouvert aux
Israélites les portes du Parlement. Invité à prêter serment « sur la
vraie foi d'un chrétien », et ayant refusé de prononcer cette formule, comme contraire à sa croyance, M. Salomons reçoit du président l'ordre de se retirer de l'enceinte. Deux jours après il revient
à la chambre; franchit la barre et va s'asseoir sur les bancs parlementaires. Un tumulte de cris et de motions diverses accueille cette
prise de possession du siége et du mandat contestés. Le président
lui enjoint de quitter la salle; l'alderman prend la parole et revendique son droit. La chambre consultée prononce son exclusion; il
reste en place malgré ce vote, et ce n'est que lorsqu'un sergent
d'armes vient lui toucher le bras, qu'il se retire en déclarant ne cé-
der qu'à la force.

A cette décision du Parlement, la cité de Londres a répondu par
un meeting imposant de nombre et d'agitation, qui a voté une pétition énergique à lord John Russel pour lui demander un bill abro-
geant l'exclusion des Juifs de la représentation nationale.

Les derniers bulletins de Rome nous ont apporté la nouvelle du
départ subit et inattendu du pape pour Castel-Gandolfo; le roi de
Naples y est arrivé dès le lendemain, avec sa famille, comme à un
rendez-vous concerté d'avance. L'opinion s'est épuisée en conjectures sur le but réel de cette mystérieuse entrevue.

En Portugal, le duc de Saldanha expie par les difficultés et les oscillations de son gouvernement sans cesse ébranlé par des menaces d'insurrections prétoriennes la faute de son avènement, et l'exemple d'insubordination militaire qu'il a donné à l'armée.

Tout le mouvement politique de l'Allemagne est en ce moment concentré dans les travaux de la Diète. Elle vient de repousser, à l'unanimité, les réclamations diplomatiques de la France et de l'Angleterre sur l'entrée de la Prusse et de l'Autriche dans la Confédération avec le cortége de leurs états étrangers à l'Allemagne; mais l'antagonisme de ces deux puissances, compliqué par les inextricables subtilités des chancelleries germaniques, ajourne encore indéfiniment l'urgence de cette grande question.—P. de Saint-Victor.

L'un des propriétaires, J. MIRÈS.

LE
CONSEILLER DU PEUPLE.

INIQUITÉ DES PARTIS.

I.

Le *Journal des Débats*, cette feuille qui a depuis soixante ans en France tous les mérites et tous les vices des différentes époques qu'elle a traversées, philosophique avec la révolution, despotique avec l'Empire, aristocratique avec la Restauration, insurgée avec les Journées de Juillet, bourgeoise et complaisante au fait accompli avec l'illégitimité, rogue et pleine de défi aux réformes avec le dernier cabinet de Louis-Philippe, convenable, raisonnable, sagement conservatrice dans les premiers temps de la République, violemment réactionnaire une fois le moment du danger social passé, injuriant aujourd'hui et envenimée de rancunes et de calomnies contre les hommes et les choses de la démocratie, ne cesse d'incriminer dans ses articles et jusque dans ses feuilletons, terrain jadis neutre, réservé aux lettres, les événements de ces quatre dernières années et de les travestir pour les faire mieux détester. Selon cette feuille, comme selon son auxiliaire en démolition,

"

le Constitutionnel, c'est la République qui a fait la révolution, et on ne saurait se jeter assez vite dans une révolution pour en sortir. Seulement le *Journal des Débats* tend aux orléanistes la main d'un enfant pour les tirer de cette exécrable République; *le Constitutionnel* tend à la bourgeoisie une urne électorale, inconstitutionnelle et révolutionnaire, et lui dit : « Étouffez pacifiquement la République dans cette urne sous un vote déloyal et insensé. »

La contre-révolution des *Débats* est une contre-révolution de vengeance, la contre-révolution du *Constitutionnel* est une contre-révolution d'ambition. Vengeance et ambition, deux vices dont un seul en se donnant satisfaction suffit pour perdre une société ! Quels principes pour fonder la France ?

Or remarquez que ces deux journaux sont précisément les deux organes des deux partis qui ont fait à la main la révolution de 1848, *le Journal des Débats* en caressant les confiances folles du dernier roi dans la puissance d'une intrigue pour fonder et soutenir une fausse monarchie, et en encourageant avec la plus aveugle insolence le ministère de M. Guizot à lutter avec la démocratie grandissante qui demandait qu'on élargît ses institutions à sa taille; *le Constitutionnel* en enrégimentant toutes les oppositions bourgeoises, toutes les passions, toutes les ambitions parlementaires, dans une ligue à mort contre le *règne* du roi, ligue commençant par la coalition de 1840, et finissant par les banquets de 1848. Si la révolution tout entière n'est pas dans ces deux faits, l'un appartenant aux *Débats*, l'autre revenant de droit au *Constitutionnel*, je ne sais où l'histoire la signalera.

Si ces deux feuilles avaient donc l'ombre de mémoire et de conscience de discussion, elles feraient ce que le repentir commande à tous les partis qui ont des fautes, des excès, des imprudences à se reprocher dans les affaires de leur temps; elles diraient : nous avons été téméraires, nous dans la résistance, nous dans l'impulsion : une grande part, la part principale dans les ébranlements de la révolution de 1848 nous revient, nous le reconnaissons; nous ne rejetons pas nos iniquités sur d'autres, mais nous portons avec tous le fardeau commun. La République conservatrice, progressive et modérée nous reste comme base d'ordre, d'intérêts de société, ne la flétrissons pas de nos invectives, ne poussons pas tous les matins à son renversement, car quand nous l'aurons détruite dans l'esprit des masses, qu'aurons-nous en face de nous ? une autre révolution ! Révolution que nous aurons faite encore comme celle de 1830, comme celle de 1848, que nous rejetterons sans doute encore sur je ne sais qui, mais qui se souciera peu de nos récriminations, qui nous fermera la bouche avec le bâillon sanglant d'une Convention, et qui emportera encore par notre faute ce que la République en 1848 a respecté et sauvé!

II.

Il faut pourtant répondre par des faits à ces imprécations incessantes de ces deux feuilles rejetant sur la République, pour populariser chacune leur coterie, les malheurs et les dangers inséparables d'une révolution qu'elles ont faite.

Raisonnons les faits à la main :

Les faits les voici :

Une révolution, amenée par les causes que nous venons de dire, éclate inopinément pour tous en 1848.

Le *Journal des Débats* est confondu.

Le Constitutionnel est dépassé.

Les ministres, si assurés d'eux-mêmes, aujourd'hui sont insuffisants.

La monarchie, si inébranlable, si bien avertie, si bien armée, est évanouie.

Tout est balayé en quelques heures par un vent qui vient de plus loin et de plus haut que l'intelligence des hommes d'état et du peuple lui-même.

La République est proclamée : à moins de proclamer le néant, nous défions M. de Bonald, M. de Maistre, les *Débats* ou *le Constitutionnel* eux-mêmes d'avoir pu proclamer autre chose sur les ruines de trois monarchies tentées et pulvérisées.

A dater de cette heure que fait donc cette République ?

Démolit-elle la société ?

Renverse-t-elle les temples ?

Proscrit-elle les citoyens ?

Etablit-elle des catégories dans le droit de souveraineté de tous ?

Se fait-elle dictateur ?

Se fait-elle Convention ?

Déclare-t-elle la guerre à tous les trônes ?

Institue-t-elle des tribunaux révolutionnaires ?

S'arme-t-elle de la hache ?

Fait-elle banqueroute ?

Déchire-t-elle le grand-livre de la dette publique ?

Pousse-t-elle la bourgeoisie émigrée hors du territoire et vend-elle ses biens ?

Fait-elle les emprunts forcés ?

Dépouille-t-elle un seul citoyen, même la famille du roi en fuite, de ses propriétés ?

Abandonne-t-elle la justice aux opinions ?

Livre-t-elle l'armée à l'indiscipline ? la famille au socialisme ? le capital aux systèmes ? les foyers aux chimères spoliatrices ou démagogiques ?

Le gouvernement au hasard ?

Le pays à une faction ?

La souveraineté à un autre souverain que la représentation nationale ?

De tous ces crimes d'une démocratie révolutionnaire, débordée, spoliatrice, sanguinaire, usurpatrice, violente, tyrannique, nous vous défions d'en imputer un seul à la République de 1848.

Nous ne savons pas ce qui arrivera, mais quel que
soit le sort que la Providence réserve à cette grande révolution, à ce second enfant de la démocratie en France,
ce sera l'éternel honneur de la République d'avoir intré-
pidement combattu les factions qui voulaient la dénaturer,
s'en emparer, la pousser aux violences, et de s'être livrée dès
le premier jour, et toujours, et tout entière, à la merci, au jugement, aux outrages même de la représentation légitime du
pays évoquée par elle ! Si elle était ce que vous dites, une surprise, une violence, un larcin fait au pays, un vol avec effrac-
tion de trône fait à la nation dépouillée de son libre arbitre, le
crime de quelques scélérats obscurs conjurés contre la liberté
publique, elle ne serait pas aujourd'hui en butte à vos odieuses
imputations, en question, volontairement en question, discutée,
invectivée, flétrie par ces deux organes de la royauté qu'elle a
non pas renversée, mais remplacée, elle ne serait pas proscrite
seule de ces égards dont elle n'a voulu proscrire personne!...
Non, elle serait ce que les hommes qui ne comprenaient pas
la vraie grandeur morale lui conseillaient d'être, elle se serait,
comme la première République, épurée de ses ennemis par des
lois exclusives, appuyée sur une convention implacable, en-
tourée de tribunaux d'opinion, défendue par des proscriptions,
des confiscations et des proconsuls, imposant l'ostracisme aux
suspects, le silence aux ennemis, la mort aux conspirateurs!
et ces journaux qui la jugent et dont elle accepte le jugement
seraient eux-mêmes à sa barre, à ses pieds et jugés par elle !
Mais alors la République n'eût été que la victoire et l'oppression d'une opinion sur une autre, d'une classe sur toutes les
autres classes ! elle ne serait pas la liberté, elle ne serait pas la
justice, elle ne serait pas le droit commun de toutes les opinions et de toutes les classes se pondérant les unes les autres
dans une équitable balance de volontés. C'est la liberté, c'est
la justice, c'est la majorité sincère qu'elle a voulu être, c'est
pour cela qu'elle a consenti à être tous les jours en accusation

devant ces opinions hostiles, devant ces vaincus implacables, devant ces feuilles envenimées qui lui pardonnent bien ses crimes, mais qui ne peuvent lui pardonner sa modération.

III.

Les dangers étaient extrêmes le lendemain de la révolution, qui le nie? La République, toute faible, tout inattendue, tout improvisée qu'elle fût, a-t-elle donc été inégale à ces dangers? Enumérons-les encore :

Qui pourra dire que cette République, dans sa première explosion, a profané un temple, insulté une foi, violé une conscience, enfoncé la porte, spolié un meuble, usurpé un sillon d'un seul citoyen parmi quarante millions d'hommes! La preuve en est dans le fait : où sont les émigrés de 1848? Quelle est la monarchie qui pourrait en dire autant en s'établissant sur les ruines d'une autre? Il n'y en a pas une qui n'eût été obligée de proscrire et de combattre pour son trône contre un autre trône, pour sa caste contre une autre caste; demandez-le aux plus douces et aux plus récentes! Demandez-le à 1815 et à ses listes de proscription, et à ses tribunaux militaires, et aux crimes du Midi commis non par elle, mais en son nom! Demandez-le à 1830 et à ses guerres civiles dans la Vendée, et à ses cours des pairs, et à ses cachots de Blaye!

Quelle monarchie pouvait extraire à l'instant du sein du peuple à l'Hôtel-de-Ville, la nuit même qui suivit la révolution, la force armée, et soudainement disciplinée, destinée à contenir par sa propre main la révolution elle-même? la garde mobile, ces vingt-cinq mille enfants du peuple pris dans les éléments les plus turbulents de la population débordée de Paris, évoqués par un seul mot de la République du fond du tumulte pour venir prêter main forte à la répression de tous les tumultes, changeant l'émeute en armée, et sauvant cinq fois la République et la société en cinq mois comme des vétérans de l'ordre? Est-ce que ce peuple levé contre la royauté aurait répondu ainsi à l'appel d'une de vos monarchies contre l'autre avec la même confiance qui lui fit répondre ce jour-là à ma voix, parcequ'elle était la voix de la République? Où étaient donc, dans cette foule qui nous prêta ses vingt-cinq mille enfants, les partisans de la monarchie d'Orléans contre la monarchie d'Henri V, ou les fanatiques de la monarchie d'Henri V contre la monarchie d'Orléans?

Et l'armée? que serait-elle devenue entre les mains d'une de vos monarchies? Il n'y a pas une de ces monarchies, inaugurée par une révolution semblable, qui n'eût été obligée d'épurer l'armée de la monarchie tombée pour s'en faire une armée personnelle? Souvenez-vous donc du licenciement de 1814! des épurations de 1815! des officiers à demi-solde, élément implacable des révolutions; de l'armée de la Loire, élément redouté de guerre civile; de l'expulsion des officiers en 1790 et 1791, de l'indiscipline, de la désorganisation, de l'insurrection dans tous les régiments et dans toutes les escadres! Une monarchie relevée contre une autre renouvelait de nécessité tout cela. Et votre armée, que la République écarta seulement un moment du foyer de la capitale pour la préserver de la contagion de l'indiscipline, mais que nous livrâmes à ses chefs les plus vigilants sans leur demander leur opinion; notre armée, recrutée de cent mille hommes, fortifiée, armée, conservée pure de toute insubordination, fut conservée par la République et reconstituée plus forte et plus incorruptible que nous ne l'avions reçue? Je le répète, quel fut l'officier destitué pour cause d'opinion dans toute l'armée française? Quel fut le soldat qui refusa service à la République? Quel fut le corps qui se leva pour une monarchie contre le peuple? Croyez-vous qu'il en eût été ainsi si, au lieu de la République, vous eussiez proclamé l'une ou l'autre des monarchies rivales? Croyez-vous, par exemple, que si vous aviez proclamé ou la monarchie impériale ou la monarchie légitime, ces jeunes princes de la royauté d'Orléans, qui étaient les uns à la tête de la flotte en mer, les autres à la tête de cent mille hommes en Afrique, se seraient inclinés devant un trône comme ils firent honorablement et sans hésiter devant la patrie, représentée par l'impartialité d'une République?

Non, vous le savez bien, la condition d'une République c'était l'impartialité du gouvernement et l'unanimité de l'autorité nationale! La monarchie quelconque c'était un parti, la nation représentée par la République ne trouvait que des citoyens et des soldats obéissants ou résignés, un parti ne pouvait trouver que des partisans ou des rebelles! La République seule pouvait vous conserver l'armée.

Mais les *Débats* et le *Constitutionnel* ne cessent d'écrire : « la République a été agitée, menacée, attaquée même dans les premiers temps par des agitations, des turbulences du peuple en mouvement, des manifestations des factions de la rue; elle menaçait la société, la propriété, la famille par des doctrines subversives qui s'enrégimentaient deux ou trois fois à la voix de quelques tribuns terroristes ou communistes pour pervertir la République, épurer son gouvernement provisoire, créer les dictateurs de factions, détrôner le suffrage universel, établir la tyrannie de quelques utopistes du bouleversement social, ou la tyrannie de quelques parodistes de la terreur et de *Danton* au dessus de la souveraineté de la nation et du suffrage universel? Et ces feuilles, échos des plus absurdes rumeurs de l'ignorance ou de la calomnie, disent : C'est là la République !»

Oui, en effet, c'est la République, seulement il y a une petite différence à faire entre la vérité et vos incriminations, c'est contre la République que ces conspirations ont été tentées, et c'est par la République qu'elles ont été combattues, dissipées, vaincues! Par quoi? par la seule force morale du mot de République! par la seule magie toute puissante du mot de suffrage universel, par le seul défi adressé à ces factions de violer impunément la souveraineté du peuple dans cette ombre de gouvernement provisoire, qui n'était pas encore le suffrage universel, mais qui imposait en son nom l'immobilité et l'obéissance aux factions.

IV.

Ni les *Débats*, ni le *Constitutionnel*, ni l'*Assemblée nationale* ne connaissent la vérité sur ces journées dont ils accusent la République, et qui seront, quand on les saura, la plus grande preuve de sa pureté et de sa force dès son berceau. S'ils les connaissaient, ils seraient obligés de confesser la fermeté invincible et le bon sens de la République dans ces circonstances les plus extrêmes et les plus désarmées de toutes celles de notre histoire.

Voyez toutes ces crises que vous retournez contre la République : elle fut le jouet de toutes les factions, dites-vous ? elle ne sut résister à rien ni à personne ?

La première de ces crises est le 17 mars. Savez-vous ce que c'est que le 17 mars ? Je vais vous déchirer à demi le voile, et vous verrez si la République fut aussi faible et aussi impunément violentée que vous le supposez !

Une faction qui voulait l'intimidation d'une partie de la nation par l'autre, de la bourgeoisie par les prolétaires, et contraindre le gouvernement à se faire l'instrument de ses excès, profita de l'émotion causée par une démonstration imprudente de l'ancienne garde nationale bourgeoise réclamant contre l'égalité des costumes et rassemblée sur la place de Grève, non en armes, mais en uniforme. Cette faction dit aux masses du peuple : « Voyez, la bourgeoisie veut violenter le gouverne- « ment provisoire et porter atteinte à la République. Levez-vous « avec nous, et venez protéger avec l'armée innombrable du « peuple le gouvernement provisoire menacé. » Pendant ce temps, quelques républicains timorés croient eux-mêmes qu'il est bon que le peuple manifeste ainsi son unanimité de volonté en faveur du Gouvernement; ils prêtent la main aux meneurs de ce mouvement, et favorisent de toute léur autorité officielle l'idée d'un grand déploiement de peuple aux yeux de la bourgeoisie, afin de montrer seulement la revue de leurs forces à leurs ennemis et sans aucune autre idée de violence ou d'épuration. Par ces appels combinés, le peuple se lève en effet au nombre de deux cent mille hommes sans armes; il inonde les avenues et les quais de Paris, il veut se faire passer en revue sous les murs de l'Hôtel-de-Ville. « Nous venons, « disent-ils, protéger le Gouvernement contre ses ennemis et « contre les ennemis de la République! » Mais que se passait-il dans l'asile des conciliabules des factions pendant cette émotion artificielle et téméraire des masses, soulevées, je le répète, à bonne intention par quelques hommes mal inspirés? Il se passait ceci : Quelques communistes, quelques terroristes, quelques meneurs de sectes et de clubs les plus exaltés avaient pris, à l'insu du peuple, la tête, la direction et la parole pour le peuple lui-même; ils précédaient les colonnes; ils montent à l'Hôtel-de-Ville, où le Gouvernement, sans armes et sans soldats, les attendait armé de la seule autorité morale et du nom de la République. Ils entourent le Gouvernement; ils le somment avec menaces de leur obéir ou de se retirer; ils désignent plus spécialement certains membres par leurs noms parmi ceux dont ils se défient; le Gouvernement unanime s'aperçoit que ces hommes veulent profiter des apparences de cette immense manifestation pour imposer à la République des conditions de violence, de communisme, de règne des sectes qu'aucun de ses membres ne veut subir; il résiste avec intrépidité et avec unanimité aux menaces des chefs de sectes; il les harangue par toutes ses voix, sans exception, il les défie d'accomplir leurs menaces. L'indécision s'empare des factieux à la vue de cette résistance qu'ils n'attendaient pas. Pendant ce conflit dans l'intérieur de l'Hôtel-de-Ville, le peuple, qui croit simplement prêter appui à la république honnête, pousse des acclamations unanimes en faveur du Gouvernement et de ses membres les plus modérés. A ces cris les factieux déconcertés se retirent, et le peuple rentre dans ses foyers, croyant seulement avoir obéi au Gouvernement et prêté main forte à l'ordre et à la République des honnêtes gens.

Voilà toute la vérité et l'exacte vérité sur le 17 mars, cette journée qui a tant frappé de stupeur Paris et la France. On a cru y voir et on a dû y voir du dehors une insurrection colossale des prolétaires contre la bourgeoisie; cette revue du peuple n'a été, en réalité, qu'une insurrection pour le gouvernement modéré de la République, d'un peuple trompé par ses bonnes intentions et fermement convaincu qu'il venait défendre contre une faction l'ordre républicain et la société!

Où est le crime? où est la faiblesse de la République?

V.

Le 16 avril fut autre chose sans doute; mais vous allez voir si les masses en furent complices et si, au contraire, ce ne fut pas le soulèvement unanime de ces masses au seul mot de République qui submergea les factions extrêmes.

Les factions communistes et terroristes, désespérées de n'avoir pu faire arborer le drapeau rouge, décréter la dictature révolutionnaire, indéfinie, ajourner les élections, proclamer le gouvernement conventionnel des tribuns d'une seule classe contre toutes les autres; furieuses enfin de voir les élections qui s'approchent et la fin de leurs ambitions exclusives, conspirent; elles se décident à ne pas attendre que les élections aient donné une autorité légale à la France, à renverser dans la République l'obstacle qui les arrête. Aucune force publique n'existe encore pour les contenir, d'un mot le danger la fait surgir; la garde mobile et la garde nationale se confondent à notre voix dans un même élan, la société couverte de cent mille bras fait face avec nous aux factions ; elles rentrent dans l'ombre.

Où est la défaite ?

VI.

Même chose au 15 mai, où les factions extrêmes de l'intérieur, s'associant aux démagogues polonais, violent un moment la représentation nationale. Par quelles mains le gouvernement éphémère de ces factions est-il étouffé ? Qui arrête leurs chefs ? Qui venge leur injure ou leur démence ? Les mains de la République !

Mais les journées de juin, répètent sans cesse les journaux intéressés à fausser la vérité ? Eh bien, non, les journées de juin furent l'inévitable conséquence non de la République, mais de la révolution. Qu'elles retombent donc avec justice sur la révolution, non sur la République ! Est-ce la République, ou la révolution faite sous les ministres et sous les armes de la monarchie, qui avait jeté en vingt-quatre heures sur le pavé deux ou trois cent mille ouvriers et leurs familles et leurs enfants et leurs vieillards hors des ateliers fermés le lendemain, sans travail, sans salaire et sans pain, sur le pavé de la capitale, et qui contraignait la société à les nourrir et à les solder d'un salaire de subside à la misère, sous peine de leur donner la France à dévorer et de créer partout les éléments d'une *Jacquerie* industrielle sur notre sol ? Le moment où, le gouvernement national rétabli, il faudrait licencier ces ateliers nationaux par le travail d'abord, puis par la force, était prévu, la République savait parfaitement qu'il y aurait en ce moment émotion, coalition, sédition, résistance. Qui donc avait formé pour cela les vingt-cinq mille hommes de cette admirable garde mobile, qui, à l'inverse de l'armée de *Santerre,* en 1793, fut l'armée révolutionnaire de l'ordre, au lieu de l'armée révolutionnaire de la terreur ? Qui donc avait recruté, conservé, augmenté, appelé l'armée autour de Paris et de Lyon ? Qui donc la remettait plus forte et plus nombreuse que sous la monarchie aux ordres de l'Assemblée nationale ? Qui donc avait fait venir d'Afrique un général républicain pour la commander dans ces journées trop prévues? Qui donc avait mis dans sa main, vingt jours d'avance, soixante-cinq mille baïonnettes et une garde nationale de cent quatre-vingt mille hommes en réserve? On fait un crime à la République des journées de juin, je ne crains pas de défier à cet égard l'histoire toujours véridique, elle dira qui a prévu, préparé, armé, dirigé, combattu de son esprit deux mois avant, de sa personne, de son désespoir dans le feu de l'événement? Elle dira si ces journées, qui connaissaient bien leur obstacle, n'ont pas commencé partout par les cris de mort contre les républicains modérés ? Elle dira si la République et nous nous avons hésité à les aborder face à face, avec la conscience de la force et du droit de la République contre une criminelle faction. Elle dira enfin si aucune monarchie pouvait se défendre avec autant d'audace et d'énergie, sans regarder derrière soi ! Vous l'avez vu en 92 au 10 août, en 1815, en 1830, en 1848, la monarchie ne peut pas tirer impunément le canon sur une émeute, son canon fut toujours encloué, le canon de la République le fut-il? Non, parceque sous la République c'est le peuple lui-même qui le tire pour sa défense ! C'est le peuple qui le tire contre une faction !

Cessez donc non de déplorer, mais d'accuser la République des journées de juin! C'est la République qui était attaquée comme avant-garde de la société tout entière, et jamais la société ne fut mieux couverte, mieux défendue, mieux vengée que par le canon du Peuple !

VII.

Mais allons plus avant dans la discussion, puisque ces journaux y reviennent sans cesse, et voyons les garanties que le rétablissement téméraire d'une des monarchies quelconques donnerait à la société, à l'ordre, à la paix ou à la trève des partis ! Dévoilons l'abîme, et osons le sonder tel que tout homme de sens l'entrevoit le lendemain de votre imprudent triomphe ! Est-ce Henri V que vous appellerez? Dieu me préserve de blasphémer en vil insulteur de l'innocence et de l'infortune un enfant devenu un homme par des qualités personnelles qu'on dit éminentes, qui n'a connu de la royauté que l'exil et dont personne plus que moi n'a porté le deuil dans son cœur quand une révolution purement dynastique jeta sa mère et son berceau hors d'un palais ! Non, on connaît à cet égard mes sentiments, le droit des peuples seul a été supérieur dans mon esprit aux hérédités de sentiment et de tradition de famille pour le fils légitime des siècles. J'ai déploré l'usurpation de 1830 ; mais le peuple n'usurpe rien, lui, tout est à la nation dans la nation, même son trône. Mais je suppose qu'aujourd'hui, plus justes au moins dans votre versatilité, vous détrôniez le Peuple pour remettre Henri V aux Tuileries. Vous entendez sans doute quelques heures ces acclamations qu'une iniquité de famille réparée fait toujours pousser aux partisans fidèles de cette réparation. Je les comprends, je les honore, c'est l'expiation de trois exils et de je ne sais combien d'échafauds dont la patrie redoit l'indemnité à une famille royale ! mais le lendemain? Entendez-vous le murmure et bientôt le mugissement de ce peuple immense de sept à huit millions d'hommes, peu républicains aujourd'hui si vous voulez, parcequ'ils sentent le poids de la République portée par eux, mais républicains frémissants le jour où ils auront perdu la République parcequ'on leur montrera à chaque mouvement de la royauté légitime les nobles,

l'émigration, le clergé, la féodalité, la contre-révolution en
haut avec le jeune Roi dans son palais et prêts à en ressortir
tous les jours avec les institutions, les inégalités, les aristocraties, les églises exclusives, les jougs, les humiliations, les revendications du passé! Voyez-vous les autres dynasties jalouses
épier de l'œil et montrer du doigt à leurs partisans chaque
geste, chaque sourire, chaque regard bienveillant de la royauté
légitime et l'interpréter à ce peuple en conjuration contre ses
principes et contre ses droits nouveaux? Les voyez-vous refaire
alors avec un succès certain contre Henri V ces mêmes fusions,
ces mêmes coalitions d'antipathie que l'*Assemblée nationale*
tente vainement aujourd'hui contre la République? Républicains, Bonapartistes, Orléanistes surtout, les voyez-vous amas-
ser, remuer, amonceler partout comme en 1847, et bien plus
qu'en 1847, tous les éléments d'opposition jusqu'au communisme et les lancer sans repos contre ce trône jusqu'à ce qu'une
seconde et pire révolution de Juillet remportât ce trône ou l'en-
gloutît dans un second 92! Dieu préserve dans de telles circonstances un prince innocent d'un trône perfide qui ne serait
qu'un tombeau sur un écueil de sa race et de son pays?

Rappellerez-vous la Royauté illégitime avec la femme, l'enfant, la tutelle qui représentent les trois faiblesses des monarchies? Retournez alors les choses, voyez le cri d'indignation
des seuls royalistes qui aient avec eux un sentiment et un principe! voyez la colère des masses républicaines dépossédées, la
colère du Midi et de la Vendée déjoués, la colère de la guerre
civile recommençant avec des éléments mille fois plus incendiaires que sous *Charette* et *Larochejacquelein* dans vos provinces légitimistes! Voyez la triple coalition de deux royautés
évincées et d'une République une seconde fois surprise, non
plus sur le balcon de l'Hôtel-de-Ville, mais dans les entrailles
mêmes du peuple dépossédé sur tous les points du sol? Ce ne
serait pas une Royauté qui dévorerait en trois mois cette misérable tutelle d'un enfant et d'une femme, n'ayant pour eux que

leur sexe, leur âge, mais ni principe, ni tradition, ni droit, ni Midi, ni Vendée, ni noblesse, ni église, pour les soutenir ; ce serait l'incendie à jour fixe de la Patrie et de la société ! Il peut y avoir de grands citoyens utiles un jour à la République dans cette maison, je n'y connais pas de Roi !

Sera-ce l'Empire? Je ne le discute plus. L'Empire n'est qu'une de ces trois choses : un homme, et cet homme est enseveli depuis trente ans sous le catafalque des Invalides. Un despotisme militaire? et France n'est pas un bas Empire pour le supporter.

Une guerre universelle avec l'Europe? et la guerre aujourd'hui est le contre-sens du monde et du Peuple !

Que serait donc un Empire? Vous voyez dans vos rues ceux qui acclament ce fantôme ! Ce serait une insurrection prétorienne de faubourgs, un *grand 15 mai* triomphant d'une représentation nationale avec un chef sans autre titre que son attentat? Cela durerait pour la France juste le temps d'être regardé en face, cela s'évanouirait dans une sédition, comme cela serait né dans une émeute de baïonnettes ! Et la démagogie viendrait recouvrir au second flot cette démence qui serait sortie d'elle !

N'en parlons même pas ! On voit ce qui suivrait, et on frémit. Mais ces journaux disent : nous nous unirons; la fusion ! Eh bien ! la fusion de quoi? La fusion de deux principes qui se neutralisent, qui s'excluent, qui se combattent, qui se détrônent, qui se proscrivent, qui s'immolent, bien plus qui se flétrissent depuis un siècle? La fusion de la maison des Bourbons avec la famille d'Orléans?

Eh bien, j'admets que l'un de ces principes fasse amende honorable à l'autre ; j'admets qu'ils se concertent et se combinent pour régner ! Lequel régnera? Ce ne sera pas la branche cadette, n'est-ce pas? Vous ne supposez pas que l'héritier légitime se subordonne à l'usurpateur et grossisse la cour des spoliateurs de sa famille et des flétrisseurs de sa mère? Ce sera donc la royauté légitime? Eh bien, de ce jour-là, du jour où la branche illégitime se sépare, rompt avec la révolution son principe pour se rattacher par le vil appât d'une ambition au trône, à la légitimité, c'en est fait d'elle ; ce n'est plus que la légitimité avec quelques princes de plus dans sa cour. Elle règne, si elle doit régner, à ce titre de prépossession légitime et divine, qui est l'antagoniste du droit national, l'insulte et la menace au principe populaire ; le charme est détruit, la légitimité s'appelle d'*Orléans* au lieu de s'appeler *Bourbon*, et elle retrouve dans la nation révolutionnaire et révolutionnée les mêmes antipathies, les mêmes ombrages, les mêmes revendications républicaines que la monarchie légitime. Elle marche à un second 92, à un second 10 août, à un second 1815, à un second 1830, à un second 1848, pour avoir trahi à la fois en soixante ans deux principes, le principe héréditaire en 1793, le principe révolutionnaire en 1852 ! Deux apostasies pour un trône ! Ni Peuple, ni révolution, ni légitimité, sur le trône ne la reconnaîtront plus.

D'ailleurs les journaux de la fusion savent-ils ce que font ces antipathies coulant avec le sang dans les veines de deux branches d'un même trône, se disputant depuis un siècle *per fas et nefas* les trônes et les popularités dans un même empire et dans un même palais ? Demandez-le à ces soupçons odieux qui dès le jour du testament de Louis XIV calomniaient odieusement le régent (car on peut calomnier jusqu'au vice), le montrèrent sans cesse la coupe du poison dans la main qui devait empoisonner Louis XV, enfant confié à sa tutelle ? Demandez-le à l'inimitié de la cour de Louis XVI, déshonorant Louis-Philippe *Égalité* par les imputations de tous les vices et même de lâcheté à *Ouessant*, où il s'était montré brave ! Demandez-le aux ressentiments de ce prince, fomentant pendant quinze ans la révolution dans tous les ferments, dans tous les hommes, dans tous les factieux qui pouvaient embarrasser ou ruiner la branche rivale ; ami de Necker dès que Necker est populaire contre la cour, se jetant au tiers état dès que le roi soutient les *ordres* de l'état, faisant de ses jardins le *mont Aventin* du Peuple, de son palais le foyer de toutes les inimitiés contre la cour, et vouant sa propre tête à la révolution pour rester fidèle à ces antipathies des deux races.

Vingt ans d'exil et des vertus personnelles dans les fils de ce prince ne prévalent pas même sur ces dissensions des deux branches. Les princes des deux maisons ne se réconcilient un moment dans l'émigration que pour s'observer bientôt d'un œil envieux ou hostile. Les antipathies de 1789 se retrouvent adoucies et respectueuses, mais toujours subsistantes en 1814 et en 1815; les uns s'entourent des fidélités, les autres des oppositions et des popularités de la France nouvelle ; les uns sont les princes du drapeau blanc, les autres du drapeau tricolore; les uns sont à *Gand,* les autres affectent de rester à Londres. Les nécessités de situation, les intérêts de maison les réconcilient vainement après 1815 ; le sang est plus fort que la politique, la même lutte sourde recommence de 1815 à 1830 : elle finit par l'exil des uns, par le couronnement des autres. Quelle politique fondra jamais en un seul sang deux maisons élevées depuis tant d'années l'une contre l'autre? Et si ce traité se signait par la main des représentants de ces deux maisons, combien de temps et comment serait-il ratifié par leurs partisans? par la révolution, par la contre-révolution? Et comment enfin serait-il exécuté par la nation? ce ne serait que la guerre intestine concentrée dans le même palais, les agitant d'éternelles intrigues, les consternant d'éternelles récriminations, et en ressortant bientôt en factions acharnées pour diviser de nouveau l'Empire. De telles fusions sont les romans des hommes politiques cherchant à reconstruire avec des rêves un passé qui n'a pas pu se tenir debout quand il avait pour lui la puissance des événements et des faits.

Mais lors même qu'une de ces impossibles monarchies pourrait prévaloir par une fusion contre nature ou par une versatilité

momentanée de la France, ou par une conspiration, ou par
une sédition armée, ou par une insurrection de ses provinces,
ou par une fantaisie du peuple ameuté par un nom et portant
aux Tuileries je ne sais quel prétendant sur le pavois d'une
multitude vendue, lors même que cette monarchie de ressou-
-venir ou de hasard parviendrait à se défendre contre les com-
pétitions des autres monarchies rivales, à force de proscriptions et de prétoriens, comment parviendrait-elle à se défendre
contre la grande rivalité de la souveraineté du peuple ? Comment et avec quelle force couvrirait-elle cette société que la
République couvre partout et invinciblement sur le sol par le
pied de chaque citoyen ?

VIII.

Il y avait, nous l'avons dit, en France depuis 1789 deux
nations, l'une possédant la souveraineté politique, l'autre as-
pirant à y faire invasion à son tour ; pour laquelle de ces deux
nations la monarchie se déclarerait-elle ? Si c'est pour le petit
nombre, elle refait la division et la guerre des classes, là où
la démocratie a fait l'unité et la paix. Elle est obligée d'être
non pas monarchie, mais tyrannie ; non pas démocratie, mais
tyrannie ; elle est forcée à enrégimenter autour d'elle le petit
nombre pour combattre éternellement le grand nombre, le
peuple. On sait à quel prix on gouverne ainsi, et on sait combien de temps on gouverne contre une nation avec une classe
et une armée vendues à l'intérêt d'un trône. Ces règnes sont
d'un jour, et la victoire est au nombre parceque ce nombre-là
est avec le droit. C'est la guerre civile couvant dans toutes les
âmes, c'est un camp au milieu de Paris au lieu d'un gouvernement ! Et de tels gouvernements ne peuvent admettre ni liberté
ni représentation, car une page ou un tribun y font faire
explosion à l'âme opprimée du pays. Or comment la France,

même monarchique, habituée depuis soixante ans à penser tout haut, supporterait-elle un an du régime du silence et du mutisme, cet état de siége de la pensée?

Ou bien la monarchie nouvelle se jettera du côté du grand nombre, du côté des masses, du côté du peuple? Et alors le suffrage universel, mode essentiel du gouvernement des masses, absorbera à l'instant le principe soi-disant préexistant de la monarchie; ces deux principes qui se nient l'un l'autre se neutraliseront en se touchant, et ce sera de nouveau la République!

Est-il un esprit réfléchi en France et en Europe, excepté ces esprits qui jouent avec le paradoxe pour parodier le génie en croyant inventer quelque chose de plus sublime que les vérités; est-il un esprit sain et mûr qui en lisant notre histoire et en voyant seulement de ses yeux les événements accélérés de son temps et de son pays, est-il, dis-je, une seule intelligence qui puisse le nier, que la démocratie est le courant du siècle, des siècles même, du monde moderne depuis le christianisme? de la France surtout, ce peuple expérimental de la Providence parmi les peuples?

Non, personne de sensé; je rougirais de le démontrer, le monde s'élargit à mesure qu'il se perfectionne, il s'élargit en proportion de l'humanité tout entière. Tout gouvernement, à l'époque où nous sommes arrivés, qui ne contiendra pas le peuple tout entier ne sera plus une civilisation, ce sera encore une barbarie! Les soldats ont régné, les pontifes ont régné, les aristocraties ont régné, les bourgeoisies ont régné, l'humanité règne; voilà la loi, voilà l'évidence, voilà le fait; pourquoi protester? Dieu a-t-il fait des classes ou des hommes? Et, sans remonter bien haut pour observer le développement rapide de la loi démocratique, rappelons seulement à ces journaux du petit nombre ce qui s'est passé chez nous en un demi-siècle. Les *notables*, au nombre de quelques centaines, viennent à la voix des rois en 1788 conseiller la couronne qui les appelle, les états-généraux viennent un an après, au nom des trois *ordres* de l'état, conseiller d'autorité la couronne. L'Assemblée nationale, quelques mois plus tard, ne reconnaît déjà plus d'ordres de l'Etat, et délibère au nom de la nation, l'Assemblée législative au nom du peuple électoral, la Convention au nom de la multitude unanime ; on essaie de remonter le courant de la démocratie, Napoléon le refoule un moment à force de soldats, la terre les lui dévore ; la Restauration transige avec la souveraineté représentative et règne au nom de cent soixante mille électeurs et d'une chambre aristocratique de pairs ; la royauté de Juillet est obligée d'ouvrir le cadre et de partager la souveraineté avec trois cent mille citoyens ! le peuple entier s'insurge moralement contre cette barrière. La réforme électorale, le suffrage universel deviennent le cri de ralliement même des royalistes, complices quinze ans de cette démocratie qu'ils invectivent aujourd'hui : ils voulaient d'elle pour combattre, ils n'en veulent point pour régner. La révolution éclate, il n'y a qu'un mot pour la pacifier et la régulariser. « Suffrage universel, démocratie conquise et acceptée. » Quelle est la main qui fera refluer cette grande inondation du droit commun ? quelle est la main qui arrachera de terre cette racine du suffrage universel ?

Ce sera la nôtre, disent ces journaux téméraires nés euxmêmes du mouvement de la démocratie. Vous l'arracheriez aujourd'hui avec le sabre qu'elle ressortirait demain de chaque sillon. Les peuples veulent les droits qu'ils se sentent capables d'exercer. Voilà la loi, et il n'y a point de violence durable contre cette loi des choses. Tant que la bourgeoisie a été seule capable de comprendre, de sentir, de penser, de choisir, de vouloir, d'exercer sa part de souveraineté, le peuple a eu lui le sentiment de son insuffisance, et il a dit au petit nombre : Régnez ! Mais chaque développement de l'intelligence, de la moralité, de la propriété, de l'industrie chez le peuple, a apporté un nouveau flot à cette invasion de la puissance publique. Qui

osera dire que le 23 février la puissance publique était légitimement concentrée dans les mains de trois cent mille imposés
de la bourgeoisie? Qui osera soutenir que depuis 1789 un flot
nouveau, non pas un flot, mais un océan de droits et de capa-
cités politiques nouveau ne s'était pas formé et accumulé derrière la bourgeoisie restreinte, et n'avait pas à son tour son
niveau à prendre dans la souveraineté du peuple? Il faudrait
pour cela avoir fermé les yeux aux phénomènes du temps qui
s'accomplissaient devant nous. Quoi! voilà la féodalité qui
tombe, voilà les trois castes qui se confondent, voilà le recrutement qui appelle dans des armées innombrables et sans cesse
renouvelées tous les enfants de toutes les conditions sociales
dans les mêmes cadres, voilà l'instruction qui est donnée dans
la même mesure élémentaire au peuple jusque dans ses chau-
mières et dans ses ateliers, voilà la propriété du sol qui est devenue accessible à tous et qui pulvérise le sol en autant de parcelles qu'il y a de mains pour le cultiver, voilà le sacerdoce qui
appelle dans ses séminaires et dans ses fonctions, livrées désormais au peuple, les vingt ou trente mille enfants des villages
ou des villes élevés par lui dans les mêmes disciplines, voilà
l'enseignement primaire, voilà l'enseignement mutuel, voilà
l'écriture et la lecture, ces deux armes de l'intelligence, distri-
buées à tout enfant gratuitement, voilà les livres et les journaux répandus à vil prix sur toute la surface du sol, voilà plus!
voilà l'industrie qui naît parmi nous il y a trente-cinq ans!
L'industrie qui agglomère trois ou quatre millions d'hommes
dans les manufactures, dans les fabriques, dans les ateliers,
qui élève les salaires, qui exige des apprentissages intellectuels
et des études, qui ouvre des écoles des arts et métiers, qui forme
des capitaux, des épargnes, des fortunes mobilières et petites
ou grandes, et qui les distribue à ces millions de mains laborieuses! Voilà la liberté du commerce qui s'empare de ces produits et qui les distribue avec bénéfice sur toutes les parties de
la France et du monde, voilà les voies de communication, rou-

tes, canaux, chemins de fer qui rapprochent les idées autant
que les choses et les hommes, et qui créent partout ce contact
de l'homme avec l'homme, la plus puissante des électricités ?
En un mot, voilà un peuple tout nouveau qui sort de terre, qui
pense, qui parle, qui s'instruit, qui s'enrichit, qui se moralise,
qui sent sa nature, sa dignité, sa force, son droit derrière vous !
Et vous ne voulez pas que la terre les porte, que la souveraineté s'élargisse, que les lois étroites se brisent pour contenir
ces éléments inconnus jusqu'ici ? Eh bien, voilà la démocratie !
Reconnaissez-la, ou ne la reconnaissez pas, elle n'en existera pas
moins. Combinez-la si vous savez et si vous pouvez plus tard
avec la monarchie, je ne sais pas ce que le temps nous cache;
mais quant à présent, mais à l'heure où cet océan de la démocratie nouvelle rompt ses digues et se précipite en bouillonnant
dans son lit, je ne connais qu'une force qui puisse le pondérer,
c'est sa propre force, sa souveraineté unanime, incontestée,
régularisée, autrement dit la République !

Oui, je ne le crois pas, mais je ne nie rien de l'inconnu,
peut-être au-delà de notre horizon actuel découvrirez-vous un
jour une autre loi, une autre force, un autre moyen de gouvernement de cette démocratie; mais aujourd'hui toute monarchie lui ferait un obstacle, une menace, une inquiétude,
une rivalité, un combat; tout combat serait une révolution
nouvelle et terrible. La République consentie par tous, unanime, sans ombrage, sans soupçon, sans institution qui l'ir-
rite ou qui la divise; la République *seule* est assez puissante
et assez légitime pour sauver la société, la propriété, la civilisation de ces assauts et de ces larmes, de ces démagogies et de
ces communismes qui sont les bouillonnements de la démocratie
au moment où, pour la première fois, elle se précipite dans
le lit de sa toute-puissance. Elle vous a montré ce qu'elle savait oser pour se réprimer elle-même ! Elle a couvert, elle
couvrira les droits, les vies, les propriétés, les familles, les
religions de tous ! mais c'est à la condition qu'elle ne sera pas

agitée par des souffles imprudents dans sa plénitude ; assez d'épreuves récentes vous ont montré l'impuissance de la monarchie ! Ce n'est pas seulement la logique, c'est l'expérience qui vous dit que le principe conservateur des sociétés a changé de nom et qu'il s'appelle pour longtemps, chez nous, République !

Ce n'est donc pas parceque je me suis trouvé un jour jeté par un hasard des révolutions à l'explosion du cri de république, que je défends aujourd'hui de sang-froid ce cri que j'ai poussé moi-même comme si une force supérieure l'avait mis sur mes lèvres, comme le cri de l'évidence qui part sans avoir été médité. Non, ce n'est pas pour cela que je le défends. Si j'étais convaincu, en conscience, que ce cri n'était pas dans la circonstance le cri du salut public, que je me suis trompé comme tout homme se trompe surtout quand il n'a pas le temps de la réflexion, que mon erreur ne serait que l'obstination de mon orgueil, et qu'en y persévérant je sacrifierais mon pays et ma propre justification ; je me sens, malgré vos calomnies, assez de vertu civique dans le cœur pour dire à Dieu et aux hommes :

Je me suis trompé, pardonnez-moi ou punissez-moi, rejetez sur moi seul une forme de gouvernement qui vous perd, et hâtez-vous de reprendre une monarchie qui vous sauve ! Oui, je le déclare à la face du ciel, je me sentirais le courage de le faire ; car, crime pour crime, humiliation pour humiliation, le plus grand des crimes, la pire des hontes ce serait de persévérer dans sa faute, et de perdre son pays pour épargner une confession d'erreur à l'infirmité de notre esprit.

Mais, tout en convenant des prodigieuses difficultés de fonder la démocratie dans un pays qui a des siècles d'habitudes dans un autre sol, il m'est impossible de voir une autre voie que la République, soit vers les progrès d'institution que l'esprit humain invoque à grands cris depuis le dix-huitième siècle, et qu'une nation ne peut accomplir que debout et avec

toutes ses forces, soit vers la préservation de la société et de
la propriété compromises dans toutes ces luttes que chaque
monarchie ferait surgir et qu'aucune n'est assez solide pour
supporter. Dans l'intérêt des idées à naître, comme dans l'intérêt des choses à conserver, dans l'intérêt du peuple comme
dans l'intérêt des classes qui jouissent des droits déjà acquis,
je conjure donc les organes de ces monarchies de sacrifier leurs
antipathies ou leurs préférences, et de conserver à ce malheureux mais glorieux pays la forme de gouvernement qui l'a reçu
tout en feu, tout en sang, tout en problème, tout en ruine,
quand sa monarchie l'a abandonné par sa disparution subite
à tous les hasards! Oui, conservez la République et vengez-
vous seulement sur les républicains de 1848! Qu'ils soient
coupables tant que vous voudrez, qu'ils soient voués comme
ils se sont attendus à l'être à l'injure et à l'ostracisme; ils ne
se plaindront pas; mais ne repoussez pas, à cause d'un gouvernement qu'ils ont tiré des ruines à leurs risques et périls pour
sauver le pays et la société, le seul gouvernement qui vous
reste pour remplacer ceux que vous avez vous-même successivement détruits.

Ou si ces journaux, plus pressés de se venger de quelques
hommes que de sauver leur pays, s'obstinent à vous pousser
vers le plus profond des abîmes, *l'abîme de l'impossible*,
laissez-les à leur rancune, laissez-les à leur colère, et dites-
vous en les lisant : ils ne me donnent pour gage de leur conseil que deux monarchies réduites en poussière par leur complicité ou par leurs haines, n'écoutons pas ces prophètes de
démolition, ou résignons-nous, nous et nos enfants, à n'habiter
que sur des ruines !

LAMARTINE,
Représentant du Peuple.

ALMANACH POLITIQUE.

L'Assemblée nationale s'est séparée le 9 août, jour fixé par le vote de sa prorogation. Elle a nommé avant de se séparer sa commission de permanence Le choix des membres qui la composent ne représente, comme l'année dernière, ni la défiance, ni l'hostilité contre le Pouvoir exécutif, mais le respect de la légalité, voici leurs noms :

MM. Henri Didier, général Changarnier, Dufougerais, Sauvaire-Barthélemy, de Montigny, Berryer, Vitet, Poujoulat, de Melun, H. Passy, Druet-Desyaux, d'Olivier, Gouin, Bernardi, de Montebello, Bocher, de La Tourette, amiral Cécille, général Rulhière, Hubert-Delisle, Boinvilliers, Kermarec, général de Bar, général Grouchy, de Mortemart.

La commission se réunit tous les quinze jours sous la présidence de M. Dupin, et, en son absence, de l'un des vice-présidents de l'Assemblée. De son côté la montagne a nommé une contre-commission de surveillance, qui n'a, du reste, et ne peut avoir que le caractère d'un cercle politique.

Les dernières séances de l'Assemblée n'ont amené à leur ordre du jour que des discussions d'affaires et de détail administratif. Son vote le plus important a été celui qui ouvre un crédit de six millions aux travaux du chemin de fer de Lyon, en réservant à sa rentrée le débat définitif de projet de loi relatif à la concession.

La politique, en ce moment, n'est plus à Paris ; elle est dans les conseils généraux qui viennent de s'ouvrir, et dont les vœux favorables ou contraires à la révision constitutionnelle auront nécessairement leur poids et leur influence dans le scrutin parlementaire. L'opinion publique est d'ailleurs dans un état de calme qui touche au sommeil ; elle agite vaguement, sans se prononcer, les chances et les conjectures de 1852. Une candidature inattendue à la présidence de la République s'est insinuée plutôt que produite dans un journal, c'est celle de M. le prince de Joinville ; mais elle ne montre encore ni son mandat ni son drapeau. L'adhésion du prince est toujours un problème, dont la déclaration suivante, extraite d'une lettre adressée par M. Roger du Nord à M. Chambolle, au retour d'un voyage à Claremont, éclaircit à peine l'incertitude.

« Maintenant veut-on savoir mon opinion sur la question dont on « semble si vivement se préoccuper ? J'ai la conviction profonde et « personnelle que si le pays en appelle au dévouement du prince de « Joinville, jamais le prince ne fera défaut à la France. »

Un grand procès politique s'est ouvert à Lyon le 5 août, devant le deuxième conseil de guerre, sous la présidence de M. Couston, colonel du 3e de ligne. Il comprenait 51 accusés, en tête desquels figurait M. Gent, avocat ; les prévenus étaient renvoyés devant la juridiction militaire pour attentat contre la sûreté de l'Etat et affiliation à des sociétés secrètes. Après vingt-quatre jours d'interrogatoires, le procès a été brusquement interrompu par la retraite des défenseurs, qui se sont retirés, disent-ils dans une lettre adressée au président du conseil, « dans la conviction que la dignité et la liberté « de la défense n'existaient pas. » Il a été repris aux termes de la loi sur la nomination de défenseurs d'office, l'arrêt a été rendu le 28 août. Quatorze accusés ont été acquittés, sept ont été condamnés à la déportation, les autres ont été condamnés pour un temps plus ou moins long à la détention ou à la prison.

Des troubles ont éclaté dans le courant de ce mois à Laurac, dans le département de l'Ardèche. Une bande d'individus réunis dans un cabaret mal famé a attaqué à coups de pierres les gendarmes envoyés pour surveiller la fête votive de la commune. Au premier bruit de l'émeute, la gendarmerie et la garde nationale de l'Argentière ont marché sur Laurac, où leur seule présence a rétabli la tranquillité. La cour d'appel de Nîmes a évoqué l'affaire.

Le chemin de fer de Nantes a été inauguré le 17 août par M. le ministre des travaux publics; la cérémonie a été tout industrielle. Les chemins de fer, activés cette année avec une impulsion remarquable, sont déjà arrivés au cœur de la France, ils couvriront bientôt la surface entière du pays de leur réseau de circulation et de vitalité.

Une grande et imposante solennité a rempli Paris pendant les premiers jours de ce mois d'une agitation pacifique. La municipalité parisienne, dans la pensée de reconnaître et de sceller par une grande fête internationale les solidarités et les sympathies échangées entre la France et l'Angleterre à l'occasion de l'exposition du Palais de cristal, avait invité la municipalité de Londres et la commission royale de l'exposition, à venir passer quelques jours dans la capitale. Le lord-maire, accompagné des aldermen et des shérifs de la cité de Londres, et les membres de la commission sont arrivés le 3 août à Paris, où leurs logements étaient préparés à l'Hôtel-de-Ville. Le lendemain, le préfet de la Seine les conviait à un banquet splendide auquel assistaient les ministres, les grands fonctionnaires et le corps diplomatique tout entier. Au dessert, lord Granville, vice-président de la commission royale a porté un toast à la ville de Paris. Son discours, empreint des plus nobles témoignages de sympathie pour la France, a été comme le manifeste de la réconciliation d'idées, de sentiments et d'intérêts qui s'opère de jour en jour entre les deux nations.

Une visite au palais et au Musée de Versailles, une fête offerte à Saint-Cloud par le président de la République, enfin le spectacle d'une petite guerre au Champ-de-Mars, où les troupes ont déployé dans une série de brillantes manœuvres cette ardeur dans la tenue et cet élan dans l'ensemble qui caractérisent notre armée, ont rempli la semaine que la députation de Londres a passée à Paris. La population a fait aux hôtes de l'Angleterre un accueil unanime de cordialité et de bienvenue. Le cri de vive l'Angleterre qui retentissait partout sur leur passage aura son écho dans la Grande-Bretagne ; elle y répondra par sa presse, par sa tribune, par son esprit public, et cette visite aura, nous n'en doutons pas, la portée et la valeur d'un traité de paix entre les cœurs des deux grands peuples qui s'y sont pour la première fois peut-être rencontrés en hôtes et en amis.

Les nouvelles extérieures de ce mois sont sans intérêt de retentissement ou d'urgence. Le parlement anglais s'est prorogé le 8 août. La reine dans son discours de clôture a reconnu et salué par de nobles paroles la cordiale entente de bienveillance qui n'a cessé de présider au congrès de nations rassemblé à Londres par l'exposition.

Avant sa prorogation, la chambre des lords avait vo vement le bill contre l'épiscopat catholique. Un grand nombre de ses membres, dont quelques-uns comptent parmi l'élite des hommes d'état de l'Angleterre, ont combattu avec énergie cette loi d'intolérance ; et, non contents de cette opposition de parole, ils ont voulu protester contre elle par un document solennel qu'ils ont fait annexer aux procès-verbaux de la séance. Le nom de lord Aberdeen est en tête des signataires de cette protestation, qui après une vigoureuse exposition de principes se termine par ces mots :

« Le bill, outre qu'il est injuste en principe, met en danger la paix et l'harmonie entre des diverses classes des sujets de la reine, dans le royaume-uni, et surtout en Irlande. Si cette mesure recevait son exécution, elle pourrait engendrer les maux politiques et sociaux les plus sérieux ; tandis que si elle ne devait pas être mise en vigueur, son introduction dans le livre des statuts aura contribué à discréditer la dignité du parlement et l'autorité de la loi. »

Cette prévoyance a bientôt reçu l'accomplissement d'une prédiction, un tumulte de meetings catholiques et protestants remuait quelques jours après l'Irlande. L'agitation n'est pas encore descendue des esprits dans l'ordre matériel ; mais ces tressaillements, avant-coureurs dans ce pays de fermentation et d'explosion, dénoncent le péril et l'imprudence de la mesure qui les a provoqués.

L'Espagne vient d'accomplir un grand acte de loyauté, qui est en même temps pour elle un coup d'état de régénération. Les cortès ont voté définitivement la loi concernant le réglement de la dette publique. Elle a sauvé son crédit devant l'Europe en lui prouvant sa bonne foi.

Aucun fait important n'a surgi en Allemagne. La grande question qui s'élabore dans les conseils de la diète est toujours celle de l'entrée de l'Autriche et de la Prusse dans la Confédération germanique avec tous leurs états. L'Angleterre paraît devoir se joindre à la France pour protester contre ce poids de forces étrangères ajoutées à l'équilibre de l'Allemagne ; mais tout est encore incertitude dans les termes et les probabilités de cette énigme diplomatique. — P. de Saint-Victor.

L'un des propriétaires, J. MIRÈS.

LE

CONSEILLER DU PEUPLE.

Première Partie.

LES CONSEILS GÉNÉRAUX.

I.

Les conseils généraux, en émettant par des motifs divers un vœu imprudent, parcequ'il est trop radical contre la Constitution, ont laissé traiter dans leur sein la question de la royauté ou de la monarchie par les hommes des deux principes. Ne vous en effrayez pas. Traitons-la à notre tour, non du point de vue absolu, mais au point de vue du jour; c'est le seul qui nous domine aujourd'hui.

Qu'importe en effet un débat philosophique entre les deux natures d'institution? Ce n'est ni l'heure ni la question; si nous nous combattions les uns les autres avec les crimes des rois ou avec les crimes des démagogues, nous aurions trop aisément raison tour à tour, non pas seulement contre les rois, non pas seulement contre les peuples, mais contre l'humanité. Si j'oppose Washington à Louis XV, j'aurai raison; si vous opposez Louis IX, Henri IV, Louis XVI même, cette victime de son peuple, à Robespierre, à Marat ou à Danton, vous n'aurez assurément pas tort. Qu'en résultera-t-il? qu'il y a des royautés détestables et des démocraties sanguinaires! des potences et des bûchers ici, des échafauds là, des hommes partout, nous savons bien! que les peuples ont été tour à tour corrompus, avilis, égorgés par des rois ou par des démagogues! Qui le nie? Que la dénomination du gouvernement ne change rien aux choses dans les premiers temps? qui en doute? Vous vous appelez République ce soir, appelez-vous Royauté demain matin, croyez-vous qu'il y aura un vice ou une vertu de plus en France? Non, vous le savez bien; vous aurez changé l'inscription sur le frontispice de votre pays, mais ce pays n'aura ni grandi ni baissé d'un homme.

Laissons donc ces débats aux philosophes qui ont du temps à perdre, et examinons en politiques chargés de l'heure présente la seule question, vraiment actuelle, qui touche notre temps et notre avenir, la question de savoir si la révolution de février étant donnée, révolution de force majeure, révolution bonne ou mauvaise, juste ou injuste, de surprise ou d'imprévoyance, comme vous voudrez, mais enfin révolution à laquelle ni vous ni moi nous ne pouvions rien une fois la Royauté en fuite des Tuileries, l'armée immobile, la garde nationale désaffectionnée, les chambres envahies et dispersées par le peuple; examinons, dis-je, si toutes ces choses accomplies et la France étant ce qu'elle était sous ces décombres encore en feu de son établissement de Juillet renversé, et les partis divers étant ce qu'ils étaient à forces égales et prêts à s'entr'égorger sur ces décombres, la sagesse suprême elle-même, c'est à dire l'inspiration de la nécessité, pouvait donner à la France un autre gouvernement que la République. Voilà toute la question pour nous, et ce sera toute la question pour l'histoire, qui nous jugera dans son impartialité les uns et les autres.

Mais avant de la discuter un mot à ceux qui disent : De quel droit? en parlant à moi-même et à des collègues moins respon-

sables ; car c'est moi qui leur ai dit : « Courons à l'Hôtel-de-
« Ville avant que l'anarchie s'y installe, compromettons-nous,
« perdons-nous pour sauver ce peuple sans chef et cette
« société sans Roi ; et c'est moi qui leur ai dit aussi deux heures
« après : Proclamons la République d'interrègne, la Républi-
« que provisoire, la République conditionnelle sous notre seule
« responsabilité, sous l'éventualité hardie et terrible pour nous
« seuls d'être avoués ou désavoués, condamnés peut-être com-
« me des factieux, punis peut-être comme des coupables par la
« souveraineté nationale, que nous allons à l'instant évoquer
« pour se donner à elle-même le gouvernement qu'elle voudra,
« pour nous juger, nous absoudre ou nous condamner. »

Oui, à ceux qui nous disent « de quel droit ? » je commence
par répondre ce que je disais à la tribune au moment même,
le 24 février : « D'aucun droit ! ou plutôt du droit du sang
« qui coule, de la société qui s'écroule, du feu qui retentit dans
« vos rues, de l'incendie qui dévore vos édifices ! du droit de
« tout citoyen dévoué, du droit du premier venu qui, passant
« devant une maison en flammes, enfonce les portes et se pré-
« cipite dans le foyer du désastre pour sauver les femmes, les
« enfants, les meubles, les vies des citoyens ! »

Pas d'autre droit à invoquer par moi et par mes collègues
alors ! pas d'autre droit de justifier cet acte aujourd'hui !
Jugez-le comme vous voudrez, je ne me défendrai pas, je ne
protesterai pas, je n'aurai pas même un murmure intérieur
contre ceux qui disent : « Il fallait, il faut, il faudra les frapper
pour l'exemple ! » Je me soumettrai à la justice de mes ennemis. Je dirai en moi-même : « Ils croient que j'ai commis un
« crime, et ils se vengent ; peut-être ont-ils raison dans leurs
« pensées, mais moi j'ai eu raison dans les miennes. »

Voilà pour l'homme.

Mais pour la politique, je ne répondrai pas avec la même
résignation et la même incertitude à ceux qui disent : Vous
avez été des lâches qui avez proclamé la république provisoire

le poignard sur la gorge et pour échapper au supplice immé-
diat dont le peuple vous menaçait si vous aviez dit non! Des
lâches! Y pensez-vous? Des lâches se jettent sans hésiter dans
le foyer de fer et de feu où ils arrachent le gouvernement
d'une tempête d'hommes à vingt partis anarchiques qui se le
disputent en le déchirant, au milieu des coups de fusil et les
armes nues dans les mains! Des lâches (il y a en France et à
Paris cent mille témoins de la nuit du 24 au 25); des lâches
qui sont, comme je l'ai été cette nuit-là, portés et repoussés
par des bras noircis de poudre et par des gerbes de sabres et
de baïonnettes ensanglantées, d'une salle à l'autre, d'une tribune à l'autre, pour recevoir tour à tour les imprécations des
uns, les menaces des autres, les applaudissements de ceux-ci,
les frénésies de ceux-là, afin d'étouffer les gouvernements de
tous les quarts d'heure qui se formaient en opposition à celui
que nous voulions faire accepter au peuple, à ce peuple qui ne
nous connaissait pas et à qui nous voulions à tout prix imposer
une intelligence et une volonté *une!* Des lâches! Que les témoins parlent; ils vous diront que, bien loin d'être menacés ou
frappés, si nous avions voulu, si j'avais voulu moi-même laisser
la place à l'anarchie, rendre les armes et me retirer de cette
compétition tumultueuse (comme un lâche alors en effet), j'aurais fait éclater les salles, les places, les cours de satisfaction
et d'applaudissements, et que les démagogues qui voulaient
s'emparer du peuple auraient été les premiers à m'ouvrir les
portes et à me reconduire en sûreté et avec honneurs dans ma
maison! Que demandaient-ils donc, sinon d'être débarrassés
de nous, qui leur disputions le peuple, et de proclamer la con·
vention et le comité de salut public au lieu de la république
nationale et de la souveraineté du peuple? En vérité, les orateurs des conseils généraux se font une histoire à l'image de
leur haine et au bénéfice de leurs injures. Elle ressemble à la
vérité comme la colère ressemble à la justice.

Non, nous n'eûmes pas cette triste excuse de la lâcheté;

nous proclamâmes la république parceque cet interrègne, sous peine d'être une perpétuelle convulsion des partis en armes et de se combler de ruines et de sang, ne pouvait pas s'appeler d'un autre nom que République!

Qu'auriez-vous donc fait, vous qui parlez, si le hasard ou le dévouement vous eût mis pendant ces trois mois, qui pouvaient être trois siècles, à notre place? Quel gouvernement auriez-vous présenté à ce peuple qui ne comprend pas les abstractions, et qui veut qu'on lui nomme et qu'on lui personnifie dans un mot ou dans un homme le régime auquel il doit obéir? Où était-il ce régime, ailleurs que dans la souveraineté du peuple, dans la république, ce gouvernement assez populaire, assez unanimement accepté, assez en majorité dans les esprits, assez évident de sa propre évidence pour être proclamé, consenti, salué, obéi en ce moment par la France?

C'est ici une question de bonne foi, si la bonne foi peut être invoquée dans la vengeance!

J'interpelle le plus éloquent des amis de la royauté légitime, et je lui dis hardiment: Voyons, qu'auriez-vous fait, vous homme dont le cœur est resté là où la raison de beaucoup d'autres qui vous honorent vous et votre cause n'a pas pu rester avec vous?

Auriez-vous proclamé Henri V, cette religion de la tradition monarchique personnifiée dans un jeune prince dont le berceau emporté par une tempête a été ballotté depuis ce temps entre les regrets de nos cœurs et les impossibilités évidentes de notre esprit? mais je lui dis et je le répète: si la révolution de 1848 avait eu pour signification et pour solution possible la proclamation de la légitimité, ce n'est pas M. Dupont (de l'Eure), M. Ledru-Rollin, M. Arago, M. Marie, M. Crémieux, moi-même qui auraient été portés ou acceptés pour dictateurs momentanés le 24 février à l'Hôtel-de-Ville, c'était M. Berryer, et ses amis! Une révolution dit son nom, dès la première heure, par les noms de ceux qu'elle place à sa tête. Il n'y avait pas un de ces noms qui voulût dire légitimité, tous voulaient dire avénement de la souveraineté du peuple ou démocratie. Où étaient les ministres naturels de la légitimité? où était en France le peuple pour tresser une couronne à la royauté des traditions quand il venait de mettre en pièces la couronne même illégitime de la royauté de révolution? Qu'eût été pour la France le lendemain de cette proclamation insensée d'Henri V? Une seconde insurrection du peuple de la capitale et des provinces compliquée de la compétition des princes de la maison d'Orléans, encore à la tête de cent mille hommes en Afrique, de la compétition des bonapartistes, ce schisme de la monarchie et de la liberté, du soulèvement des masses démocratiques des villes et des campagnes, de la guerre civile dans la Vendée et dans le Midi? Jeter le nom de la légitimité au peuple dans un tel moment, c'eût été jeter l'étincelle dans le volcan; la France éclatait, cela ne se discute pas!

Et vous? auriez-vous proclamé une autre royauté d'Orléans? une seconde illégitimité dans l'illégitimité même? une régence inconstitutionnelle dans la personne d'une femme, que vous m'accusez à tort d'avoir écartée du trône, que je n'ai écartée que du précipice!

Oui, du précipice, j'affirme le mot; car la loi constitutive avait donné la régence au duc de Nemours; une chambre des députés envahie et seule des trois pouvoirs debout ne pouvait donner légalement la régence à la duchesse d'Orléans sans faire une révolution dans une révolution : et cette régence révolutionnaire, ce gouvernement d'une femme et d'un enfant, cette tutelle en face d'une nation soulevée et d'un trône abattu, en face de la question du suffrage universel impossible à refuser, impossible à accepter, impossible à limiter par une royauté révolutionnaire, où étaient ses ministres? Je les interpelle ici à leur tour. Je ne les accuse pas de lâcheté, comme on l'a fait injustement, je les accuse d'impuissance! Où étaient-ils? ils

venaient de tomber en essayant vainement cette transaction de
l'abdication! Si la régence ou le couronnement d'un prince
quelconque de la maison d'Orléans avaient été la signification
et le cri de 1848, c'étaient M. Thiers et M. Odilon Barrot qui
auraient marché à l'Hôtel-de-Ville, ce n'était pas moi !

Non, ce n'était pas moi! car l'homme est l'homme ! je n'étais
pas celui de la royauté illégitime, de l'usurpation de famille
de 1830, on le sait ; je n'avais jamais consenti à servir cette
dynastie, cette hérésie dans la royauté, dans le droit, dans le
sentiment, dans la parenté, dans le sang des trônes, je n'avais
ni désiré ni conspiré sa chute ; au contraire, j'avais couvert par
pur patriotisme la constitution contre les attaques inconstitu-
tionnelles des propres ministres de cette royauté, mais une
fois la révolution arrivée indépendamment de moi, une fois
l'heure de cette dynastie illégitime sonnée, ce n'était pas à
moi de ramasser dans le sang du peuple une couronne qui par
droit du sentiment appartenait à un autre, qui par droit des
peuples n'appartenait à personne, et de la remettre sur la
tête d'une dynastie que mes souvenirs avaient toujours ré-
pudiée!

Et si nous l'avions fait, ces légitimistes qui se joignent aujourd'hui aux orléanistes pour nous accuser avec une si criante
inconséquence, qu'eussent-ils dit? qu'eussent-ils fait? Coalisés à l'instant avec les républicains, les bonapartistes, les
masses des campagnes, le midi, la Vendée, le Nord, où ils dominent, armés d'une révolution déjà accomplie, et d'un suffrage
universel déjà demandé par tous les partis et *surtout par eux-
mêmes*, ils auraient assiégé cette tutelle, cette régence fémi-
nine, ces ministres dépopularisés de la maison d'Orléans,
d'un assaut universel, irrésistible, incessant. La démagogie
aurait bientôt débordé ces partis impuissants, et les 20 juin
1792, les 10 août et les journées de septembre étaient le sort
certain que notre funeste condescendance aurait préparé à
une femme, à un enfant, aux ministres de cette race se re-

tenant au débris d'un trône de circonstance et d'une régence de convulsions !

Pensez-en ce que vous voudrez ! Je défie un esprit logique et impartial de sonder les catastrophes sanglantes que le couronnement d'un enfant de la dynastie illégitime ouvrait sous les pas de cette dynastie et de la nation, en face des partis opposés et des monarchies de principe traditionnel et héréditaire.

Enfin auriez-vous proclamé l'empire? cet empire dont on nous parle tant aujourd'hui? mais la proclamation de l'empire n'eût été qu'un éclat de rire universel! Nous n'avions ni le droit ni la volonté de ressusciter les morts. L'empire, c'est l'empereur ! il est couché tout entier dans le cénotaphe des Invalides. Autant voudrait dire à l'Angleterre de ressusciter Cromwell, ou à Rome de ressusciter César?...

Et comment les légitimistes, les orléanistes, les républicains auraient-ils accueilli cette ombre venant leur disputer le temps, le trône, la liberté? Je vous laisse à le penser.

Non, il n'y avait que la République ! c'était le cri de la réflexion comme c'était le cri des pavés et des sillons !

Mais, dites-vous, il ne fallait pas la proclamer provisoirement d'avance. Il fallait attendre que le suffrage universel consulté la proclamât ! A cela je vous réponds : il ne fallait pas, vous, faire ou laisser faire une révolution ! ce n'est pas moi qui ai fait la coalition, qui ai ébranlé par mes intrigues votre trône de 1830, ce n'est pas moi qui ai fait la campagne d'agitation par les banquets, ce n'est pas moi qui ai signé l'accusation des ministres ! J'ai refusé de prêter ma main à ces ébranlements et à ces assauts contre votre monarchie. Mais une fois la révolution faite et la proclamation de vos monarchies impossibles comme je viens de vous le démontrer, ne pas donner un nom au régime provisoire sous lequel le peuple allait se rallier et sous lequel la révolution allait se calmer pendant les trois ou quatre mois nécessaires à la reconstitution de l'ordre, à la formation de la garde nationale, à la confection des listes électorales, à la pré-

paration de Paris pour recevoir la représentation souveraine,
c'était ouvrir un interrègne aux partis dans lequel la France se
serait inévitablement déchirée et ensanglantée ! Chacun de ces
partis aurait voulu donner son nom à cet interrègne, celui-ci la
régence, celui-ci la légitimité, celui-ci Bonaparte, celui-là le comité de *salut public*, celui-ci la *convention !* celui-ci la terreur,
celui-là le *communisme !* Savez-vous dans quel nom se seraient
résumés tous ces noms? dans le nom de la plus sanglante anarchie à laquelle la France eût jamais été en proie ! La candidature d'un homme contre un homme est une agitation, n'est-ce
pas? Vous les redoutez ces candidatures, mais les candidatures
de sept ou huit partis se comptant par six millions d'hommes et
se disputant tous les jours, les armes à la main, le nom du gouvernement futur et prenant leurs arrhes de sédition et de sang
pour se l'assurer? Y avez-vous pensé? non. Il fallait que le
gouvernement provisoire eût un nom sous peine de ne pouvoir
imposer ni ordre, ni calme, ni obéissance, ni patience aux masses
des partis en compétition ; ce nom, c'était celui de République !
Il était réservé à la nation ensuite dans sa force, dans sa toute-
puissance de le ratifier ou de le répudier dans sa Constitution !
Si c'est un crime d'avoir donné pendant trois mois le nom de
République à un interrègne de la nation, nous l'acceptons, car
ce crime nominal ne compromettait que nous et sauvait la
France d'une anarchie dont nul ne peut mesurer la profondeur !

II.

Et maintenant que j'ai rétabli, après l'avoir fait tant de
fois en réponse aux attaques renouvelées des partis, le vrai sens
de la République, et que je crois avoir prouvé à tout esprit politique que la France, le lendemain de février, ne pouvait s'a-
briter ni dans la légitimité, ni dans l'orléanisme écroulé, ni

dans l'empire, ni dans un interrègne sans nom, interrègne qui n'eût été que le vide de tout gouvernement comblé par toutes les factions en expectative, examinons avec la même bonne foi si ce qui était nécessaire a été si fatal, et demandons aux faits si la République, quoique si neuve, si jeune, si contrariée, si imprévue, mérite toutes les invectives dont les conseils généraux de 1851 ont retenti contre elle; voyons si, malgré ses agitations et peut-être à cause de ses agitations mêmes et de l'élasticité de ses institutions, elle n'a pas aussi bien mérité de la France et de l'Europe que la monarchie quelconque chargée de reconstituer la société après une aussi complète révolution?

III.

Et, pour le prouver, laissez-moi remonter de quelques années : y avait-il ou non germe de révolution en France couvant dans les profondeurs de la société au moment où la République a éclaté?

La révolution elle-même vous répond. Un tel fait ne croît pas sans germe, ne se produit pas sans cause, n'est-ce pas? Une telle agitation, une telle fièvre, un tel frisson, un tel murmure ne parcourent pas pendant tant d'années un pays sans qu'il y ait des vents et de l'électricité accumulés dans les masses. Vous appelez un hasard la révolution de 1848? bien ; mais est-ce un hasard que celle de 89? celle de 93? celle de 1814? celle de 1815? celle de 1830? Est-ce un hasard que les trente tentatives de révolutions ourdies, grondantes, commencées, échouées pendant vos deux derniers règnes? Vous ne le prétendrez pas. Cette agitation continue des masses atteste assez qu'il y avait de l'élément révolutionnaire en fermentation sous le sol. Comptez sur vos doigts, monarchie réformée de 89, monarchie abaissée de 1790, monarchie nivelée en 1791, monarchie jacobine et guerroyante à contre-cœur de 1792? monarchie militaire en 1800, monarchie légitime étayée et garantie par l'Europe entière en 1814, monarchie représentative traditionnelle de 1815 à 1830, monarchie de circonstance, de classe moyenne, d'élection parlementaire, d'usurpation et de complicité avec la révolution de 1830 à 1847. Rien n'a pu tenir, malgré les constitutions, les armées, les choses, les principes impopulaires ou populaires ; les ministres, les parlements habiles ou dévoués, la supériorité personnelle des rois. La monarchie de Louis XVI n'a été qu'une agonie en plusieurs actes d'une royauté expiatoire prenant le plus doux et le plus populaire des princes pour victime ! La monarchie de Napoléon n'a été que la dictature disciplinée, la réaction d'un chef d'armée contre l'esprit humain, contre le génie d'une époque, un *Cromwell* continental avec plus de grandeur et de gloire et moins de conformité avec le fanatisme de son temps ! un Charlemagne dépaysé si vous voulez, rêvant de faire à la chute des choses ce que Charlemagne avait pu faire à la naissance d'une idée ! Un règne, non? une halte à main armée dans l'impossible ! la tente d'un camp au lieu de l'édifice d'une société !....

IV.

La légitimité, malgré l'appui qu'elle trouvait de tous les côtés sur l'Europe, n'a été qu'une lutte perpétuelle entre le principe populaire et le principe héréditaire, conciliés un jour, se séparant le lendemain ; s'étouffant l'un l'autre, conspirant l'un contre l'autre ; se vengeant par les carbonari de Berton, dont les complices siégent aujourd'hui parmi nos plus implacables accusateurs !... par les immolations de Ney, de Labédoyère et de tant d'autres, et enfin par cette rivalité des deux branches d'une même famille se disputant, par une popularité plus où moins innocente, un trône qui devait les engloutir toutes deux!....

V.

Enfin cette monarchie de Juillet, née d'une révolution, morte dans une révolution, interrègne court et agité entre deux révolutions, si vous en exceptez les derniéres années où la lassitude semblait avoir gagné l'opposition elle-même et où elle ajournait à la mort naturelle d'un roi vieilli la reprise des hostilités non désarméés, mais en trève, qu'a-t-elle été, qu'une lutte presque sans repos, de 1830 à 1838, entre la démocratie et la royauté? qu'a-t-elle vu, qu'une interminable série de sectes, de conspirations, de débarquements, de soulèvements, d'émeutes, de régicides presque consommés, ou de conjurations régicides, de procès, de supplices, de transes mortelles à la société? Lutte à l'Hôtel-de-Ville entre la République et la royauté, qui s'embrassent un moment pour se calomnier, se haïr et se déchirer le lendemain! Lutte honorable mais sinistre de cent mille hommes contre cent mille hommes autour du Luxembourg, pour s'arracher la tête des ministres et pour substituer des cachots à des échafauds? Lutte contre les sectes communistes ou socialistes des saints-simoniens d'abord, des fourriéristes après, jetant les semences des nouveaux anabaptistes dans les masses travaillées de la sédition radicale contre la société elle-même, par impatience de quelque chose que la royauté ne pouvait leur donner : le droit commun de cité dans le gouvernement. Lutte insurrectionnelle deux fois ensanglantée à Lyon, où des masses égarées par ces doctrines dont vous accusez la République expulsent le gouvernement et l'armée de la seconde capitale du royaume, la dominent *seuls* pendant de longs jours, et ne la rendent aux armées du maréchal Soult qu'après des assauts et des capitulations teintes du sang français! Débarquements des·royalistes dans le midi, et soulèvement de Marseille! guerre civile de la duchesse de Berry dans l'ouest, prolongée pendant de longs mois, étouffée ici, se rallumant ailleurs, redoutée partout, éteinte dans le sang et dans la fumée de *la Pénissière* ; combattue enfin par la trahison, et punie dans la citadelle de Blaye par un supplice moral, ou la pudeur même est suppliciée. L'assassinat en masse de *Fieschi*, dévoilant dans ses complices des abîmes de haine et de perversité politiques qui révélaient des antipathies sans repos, sans merci, sans conscience dans le fond des sectes ; sept autres crimes de même nature couvant ou éclatant d'année en année et punis par les supplices, dont les victimes, on a honte de le dire, trouvaient une infâme popularité dans leur crime ! Les insurrections de Juin, les émeutes d'Avril teignant de sang le pavé de Paris, tenant la société dans un *qui vive* perpétuel, faisant élever les forts de Paris comme pour enfermer la royauté dans une citadelle contre les assauts prévus du peuple; les opinions républicaines croissantes, trouvant dans l'opposition implacable des journaux légitimistes une complicité d'agression qui ne pardonne pas, un jour, à votre royauté de Juillet son origine ! Puis enfin la coalition des ministres même et des partisans de cette royauté illégitime .se levant contre elle à son tour, agitant six ans la tribune, dépopularisant le trône, prêtant le signal, le mot d'ordre, la parole, l'invective, la délation directe aux oppositions démocratiques, semant la fièvre dans tous les départements par le club ambulant et universel des banquets de 1847, dangereuse variante du club des Jacobins, et donnant un grand vertige à la nation, à une autre intention sans doute, mais au risque de tous les hasards et au bénéfice de toutes les révolutions!... Voilà ce règne ! voilà ces règnes ! voilà cette paix, cet ordre, cette sécurité, cette moralité de nos dernières monarchies! Voilà ce qu'il faut se hâter de refaire, avec quoi? et comment? je ne sais pas;

mais voilà ce qu'il faut se hâter de refaire à tout prix, au profit des mêmes instabilités et des mêmes crises pour complaire aux conseils généraux !

VI.

Eh bien ! quel était donc ce principe latent, cette force comprimée, ce droit en souffrance, cette idée, cette passion en conspiration ou en explosion perpétuelle chez nous, chez nous et dans beaucoup de nations voisines, touchant de plus ou moins près comme nous à la nouvelle constitution du pouvoir en Europe ?

Vous l'avez nommée sans que je la nomme, c'était la démocratie qui voulait naître, qui était née dans les esprits, qui était née dans les faits, née dans le travail, née dans l'égalité, née dans la propriété, née dans l'instruction, et qui n'avait plus à naître que dans le gouvernement ! c'était la République !

Non pas, si vous voulez, la République sous ce nom, se débarrassant immédiatement de toute forme monarchique, de toute condition de pouvoir héréditaire; mais c'était la République voulant dire l'unité enfin obtenue de la famille nationale, la suppression de tous les priviléges de cens ou de condition, qui donnaient à quelques-uns le droit de gouvernement par l'électorat et qui en excluaient trentre-six millions d'autres; mais c'était l'avénement définitif et complet des *masses* à la société politique, la noblesse électorale, dernière inégalité de la bourgeoisie supprimée, et tout le peuple anobli en masse par le droit au suffrage, aux affaires, à la politique, au gouvernement, restitué à tous à titre spiritualiste et non plus à titre matériel, à titre d'homme et non plus à titre de propriétaire seulement, le suffrage universel enfin ! la vraie République !

VII.

Oui, voilà ce qui travaillait le sol, e qui soulevait depuis 89 le *sous-sol*, ce qui agitait, secouait, ébranlait, renversait tous les établissements politiques de toute nature monarchique que tous les partis dynastiques essayaient tour à tour d'asseoir et de faire durer. Pouvez-vous croire que tant d'instabilités fussent sans cause? Pouvez-vous faire croire qu'il y ait une perpétuelle oscillation du sol sans qu'il y ait une force comprimée dans les foyers souterrains qui le font trembler ?

Eh bien, cette force comprimée, c'était le droit des masses à l'émancipation totale de l'espèce de servitude politique, où la révolution incomplète de 89 avait laissé trente-six millions d'hommes hors la loi du gouvernement moral et politique de ¡eur pays! C'était le besoin sourd et toujours croissant de *l'unité* nationale et civile, de toutes les classes vivantes et pensantes du peuple divisé, encore après 89, en catégorie politique et en catégorie non politique, en classe électorale et en classe extra-électorale, en citoyens parfaits et en citoyens imparfaits, les censitaires et les prolétaires, les gouvernants et les gouvernés! la dernière aristocratie subsistante, mais la pire ou la moins justifiable des aristocraties, car elle ne reposait que sur la supériorité de quelques centimes de plus sur quelques centimes de moins, l'aristocratie du chiffre au lieu de celle des services rendus, héréditairement récompensés, au lieu de celle du sang, du rang, des mœurs, des habitudes, de l'intelligence : le matérialisme le plus abject en action ! Oui, voilà ce que toutes ces secousses tendaient à détruire, voilà ce que toutes ces révolutions aspiraient à fonder enfin, *l'unité du prolétariat et de la propriété;* la fusion complète et véritablement spiritualiste de toutes les classes effacées en une seule dénomination, *le peuple!* le peuple un, égal à lui-même et souverain de lui-même, par la loi vraiment nationale, vraiment chrétienne, vraiment rationnelle, vraiment fraternelle, par la loi du suffrage universel ! Loi au-delà de laquelle il n'y a plus de loi, plus de révolution, parceque'elle contient tout et qu'elle fait justice, raison et autorité proportionelle à tous !

C'est cette loi que j'appelle la démocratie, la République !

VIII.

Or qui pouvait la donner cette loi? qui pouvait l'accomplir ce grand *jubilé* des races exclues du droit social? Qui pouvait la reconnaître cette souveraineté fondamentale de toute nation arrivée enfin à l'ère de l'unité et de la fraternité de tous les membres de la famille sociale? Qui pouvait faire franchir ce grand pas à la nation en un seul jour? Qui pouvait prendre par la main ces masses immenses prêtes, mûres pour l'*unité* avec nous, et les introduire dans ce vaste lit que les siècles leur avaient préparé, sans que d'autres masses privilégiées qui l'occupaient leur résistassent avec toute la puissance de la royauté dans leurs mains, et par conséquent sous des chocs et des bouillonnements qui risquaient de submerger la société elle-même dans son sang, comme l'avénement du tiers-état avait submergé la France et l'Europe ?

Ce n'était pas la royauté !... Non, ce ne pouvait pas être la royauté quelconque ! Pourquoi? pour deux motifs que vous comprenez avant que je les écrive :

Premièrement, parceque toute royauté étant dans la main du petit nombre, soit que ce petit nombre s'appelle *église* au treizième siècle, *féodalité* au quinzième siècle, *noblesse* au dix-septième, *bourgeoisie* ou *propriété* après, *électeur et chambres privilégiées* ensuite, petit nombre privilégié du pouvoir toujours, jamais (et vous l'avez vu), jamais ces petits nombres, maîtres et possesseurs de la royauté, ne lui auraient permis

d'ouvrir le cadre social tout entier aux masses qui venaient les
déposséder du monopole du gouvernement et des lois. Ne
l'avez-vous pas vu en 1790, quand la noblesse abandonna
Louis XVI, ce roi tombé aux mains du tiers-état, qu'il voulait
égaler à la noblesse, et quand elle se retira à Coblentz pour
protester même contre sa royauté sur ce *mont Aventin* d'une
aristocratie contre l'autre?

Secondement, parceque la souveraineté royale, soit qu'elle
s'appelle et qu'elle se croie *droit divin,* soit qu'elle s'appelle,
comme vous le faites avec une habile transaction aujourd'hui,
de peur de heurter la raison, *droit traditionnel,* soit qu'elle
s'appelle simplement, comme votre royauté de juillet, *droit
parlementaire,* constitué par deux cents députés sans mandat
dans une chambre de famille, soit qu'elle s'appelle simplement
antiquité et habitude; parceque, dis-je, la souveraineté de
droit préexistant, la souveraineté royale, la souveraineté mystère ou habitude, est la négation absolue de la souveraineté
du peuple, et que ces deux principes, l'un partant d'en bas et
de l'universalité consultée de tous les citoyens, l'autre tombant
ou imposé d'en haut par Dieu, par le temps, par le petit
nombre, sont deux principes qui s'excluent, qui se combattent
et qui, mis en présence sous la royauté, se dévoreraient l'un
l'autre, surtout dans les premiers temps où ces deux principes,
opposés l'un à l'autre, jaloux et envieux l'un de l'autre, s'accuseraient sans cesse de trahison et de conspiration l'un
contre l'autre.

Peut-être pourront-ils un jour vivre sans hostilité dans la
même nation; mais ce ne sera jamais le lendemain de leur lutte,
de leurs victoires, de leurs défaites! Si jamais cela est possible, il faudra qu'un long temps les réconcilie!

Mais réconcilie-t-on les contraires? c'est le secret du destin.

IX.

L'unité du peuple était donc l'aspiration des choses, le besoin des classes, la justice, la raison, l'apaisement des inimitiés de castes entre les classes dominantes par l'électorat et les
masses devenues capables de l'égalité des droits, le cri du
temps, la fin des mouvements et des révolutions! et une seule
nature de gouvernement pouvait accomplir ce grand fait moderne en 1848, c'était la République!

Ne cherchez pas ailleurs! n'accusez ni celui-ci ni celui-là,
ni le crime des uns, ni l'imprévoyance des autres, ni l'audace
des révolutionnaires, ni la lâcheté des hommes qui se sont
jetés entre vous et la révolution pour l'empêcher de s'extra-
vaser en vaines fureurs et pour lui imprimer son courant régulier et modéré! N'accusez que le sens invincible et logique des
choses: c'est lui qui vous a fait République! et à moins que
vous ne vouliez vous perdre, c'est lui qui vous fera sagement rester République! car vous ne déferez pas l'unité de ce
peuple accomplie par le temps, le travail, les lumières, l'égalité
des partages, la guerre, le recrutement militaire, l'économie,
l'industrie, la propriété répartie en vingt-six millions de parcelles! Non, vous ne déferez pas cette *unité*, qui a rendu nécessaire la République, et si vous avez la témérité de défaire cette
unité et ce gage de l'unité tenu par les masses dans le suffrage
universel, soyez sûrs que ce ne serait que pour un jour, et que
ces membres disjoints et garrottés de la démocratie, retranchés
par vous ou vos royautés, se rejoindraient bien vite dans cette
convulsion suprême de l'unité et de la souveraineté nationale
qu'on a appelée la révolution du dix-huitième siècle et qu'on
appellerait peut-être un jour la convulsion sociale du dix-neu-
vième siècle!...

Mais la France est là; elle écoute, elle veille; elle a remis

les affaires administratives et matérielles des départements à
ses conseils généraux ; mais elle ne leur a pas remis sa politique.
Elle examinera leurs vœux, et les motifs de leurs vœux, et les
conséquences de leurs vœux ; mais elle ne leur livrera pas ses
destinées nationales et sociales.

Que les bons citoyens se rassurent ! la France n'est pas une
fédération ; elle est un peuple, et ce peuple, sauvé d'une ruine
et d'une anarchie totale par la République, sauvera à son tour
la République des vœux imprudents des conseils généraux.

LAMARTINE,
Représentant du Peuple.

Mâcon, 29 septembre 1851,

ALMANACH POLITIQUE.

La session des conseils généraux s'est ouverte dans presque tous les départements par des délibérations et des vœux émis sur la révision constitutionnelle, dont nous nous bornerons à constater le résultat d'ensemble.

Quarante-neuf conseils ont voté simplement le vœu que la Constitution soit révisée conformément à l'article 3 :

Ain, Ardèche, Aube, Aveyron, Bouches-du-Rhône, Calvados, Cantal, Charente-Inférieure, Corrèze, Côtes-du-Nord, Dordogne, Eure, Finistère, Haute-Garonne, Loire-Inférieure, Loiret, Lot-et-Garonne, Lozère, Maine-et-Loire, Manche, Haute-Marne, Mayenne, Meurthe, Morbihan, Moselle, Nièvre, Nord, Oise, Orne, Pas-de-Calais, Puy-de-Dôme, Sarthe, Seine-Inférieure, Somme, Tarn, Tarn-et-Garonne, Var, Vendée, Haute-Vienne.

Six ont demandé la révision dans le plus bref délai : Aisne, Doubs, Meuse, Bas-Rhin, Haut-Rhin, Rhône.

Dix-sept ont voté pour la révision pure et simple, qu'ils avaient adoptée l'année dernière ; ce sont les suivants : Allier, Basses-Alpes,

Hautes-Alpes, Ardennes, Charente, Côte-d'Or, Indre, Indre-et-Loire, Landes, Marne, Basses-Pyrénées, Haute-Saône, Seine-et-Oise, Deux-Sèvres, Vienne, Vosges, Yonne.

Deux ont rejeté les propositions de révision qui leur étaient soumises : Cher et Saône-et-Loire.

Trois ont refusé ou se sont abstenus d'émettre des vœux politiques : Eure-et-Loir, Drôme et Isère.

Six ont réclamé l'abrogation de l'art. 45 : Ariége, Corse, Creuse, Hautes-Pyrénées, Pyrénées-Orientales et Seine-et-Marne.

Un, le Vaucluse, a demandé que la Constitution fût partiellement révisée, afin de raffermir les institutions républicaines.

La question des élections a été agitée dans dix-huit conseils : six veulent qu'elles soient faites dans le plus bref délai ; un, au contraire, qu'elles soient éloignées le plus possible ; trois demandent qu'un grand intervalle de temps soit mis entre les deux élections ; trois autres indiquent une époque fixe pour les élections de l'Assemblée ; enfin quatre laissent celle-ci maîtresse de faire cette indication.

Le maintien de la loi du 31 mai a été réclamé par l'Aveyron, le Maine-et-Loire, la Marne et la Haute-Vienne. Huit ont exprimé le vœu qu'elle fût modifiée ; en voici les noms : Bouches-du-Rhône, Côtes-du-Nord, Finistère, Loire-Inférieure, Moselle, Var, Vendée et Tarn.

Le conseil général de Saône-et-Loire était présidé par M. de Lamartine. C'est sous l'influence de sa parole qu'il a rejeté la proposition de révision totale, qui lui était soumise par M. Schneider, ancien ministre. Nous citerons ici l'éloquente péroraison du discours de M. de Lamartine :

« J'ai tout dit, messieurs, ou plutôt j'ai tout effleuré sur ces deux questions, objets de nos débats ; je ne m'étendrai pas davantage pour ne pas abuser de votre attention. Mais permettez-moi de finir par un dernier mot : ne poussez jamais vos prétentions de partis aussi loin que les facilités apparentes de les satisfaire. Craignez tout des révolutions, même leur sommeil. Je ne crois à aucun danger rapproché : le ciel me préserve de menacer en rien mon pays et mes collègues ! mais ne jetez jamais, soit dans une proposition, soit dans une épuration trop profonde, le germe de révolutions futures ; car elles finissent toujours par en sortir, si ce n'est pour nous, au moins pour nos descendants. La République a été un traité de paix, le suffrage universel a été le gage mutuel ; tenons le traité, respectons le gage : là est le salut, là est la seule issue aux difficultés des premières années de notre gouvernement. Nous ne vous disputons pas la République : nous vous l'avons livrée avec bonheur ; mais

rendez-la à votre tour à la France quand elle vous en demandera
compte. Songez qu'elle est le dernier gouvernement possible qui
reste en ce moment à la société.

«Et si je vous conjure avec tant d'entraînement et de chaleur d'âme
à nous accorder ce vote de conciliation, ce vote de paix, au lieu du
vote de scission et de guerre que contient, à l'insu de ses auteurs, la
proposition de révision radicale, ne vous trompez pas à mes motifs,
comme je vous le disais en commençant. Ne croyez pas que ce soit
dans le misérable intérêt de mes opinions ou de ma personne. Non,
je vous le dis en conscience, c'est dans l'intérêt conservateur de
l'ordre, qui nous est aussi cher aux uns qu'aux autres dans cette enceinte, et je pourrais presque dire dans le pays. Ne dites pas : il
nous prie ainsi dans l'intérêt des fondateurs de la République, qui
tremblent de voir leur œuvre s'anéantir et leur rêve s'envoler, Non,
messieurs, si la République, comme je le crois, doit traverser péniblement, mais victorieusement, les vicissitudes diverses de ses premières années et assurer l'unité du peuple dans l'égalité civile et
politique d'une sage et régulière démocratie, j'en jouirai sans doute
de loin avec la joie du patriotisme, qui n'abandonne jamais le citoyen ; mais j'en jouirai avec un complet détachement de toute ambition et de toute prétention à influer dans ses affaires. Et si elle
doit, non pas périr... elle ne périrait que pour un moment bien
court et avec la certitude d'une bien prompte et bien triomphante
renaissance, car elle est l'avenir des gouvernements; mais enfin, si
elle venait à succomber momentanément sous les coalitions des
partis et sous l'apparente indifférence de ses défenseurs, on dirait de
moi, on dirait de ceux qui furent appelés par le hasard à sa naissance, ce qu'on a dit d'hommes qui valent mieux que nous : « Ils
ont trop bien présumé de leur pays ! »

« C'est l'épitaphe de *Sidney* et de tant d'autres, c'est l'épitaphe
des plus grands citoyens, des plus grands philosophes, des plus grands
patriotes de l'antiquité et des temps modernes. Je ne me plaindrais
pas qu'elle fût inscrite après moi sur ma tombe.

« Imitez-moi, messieurs, dans ce complet désintéressement de
vous-mêmes au moment de porter un vote si décisif pour le conseil et pour le pays. Oubliez vos ressentiments, vos sympathies, vos
regrets, vos espérances même, et ne pensez qu'à vos enfants et à
votre pays. »

Des arrestations nombreuses ont eu lieu dans les premiers jours
de ce mois. Elles se rattachent, suivant les informations de quelques
journaux, à la découverte de comités insurrectionnels, affiliés au comité central européen siégeant à Londres, qui a pour organe *la Voix*

du Proscrit. C'est dans le bureau de ce journal que la police a opéré ses premières perquisitions. Presque en même temps des brigades d'agents de police procédaient à des arrestations en masse dans plusieurs cafés et hôtels garnis. On porte à plus de deux cents le chiffre des personnes arrêtées pendant les trois jours qu'ont duré ces perquisitions. Un grand nombre d'entre elles sont des réfugiés allemands et italiens. Tout est encore vague et incertitude sur la nature et la portée du complot qui a motivé ce coup d'état de police. La justice est saisie ; à elle seule appartient désormais la conduite et l'éclaircissement de cette affaire.

A la suite de ces arrestations le préfet de police a rendu une ordonnance qui prescrit à tout étranger arrivant dans le département de la Seine avec l'intention d'y résider ou d'y exercer une industrie de se présenter dans les trois jours de son arrivée à la Préfecture pour obtenir, s'il y a lieu, un permis de séjour. Cette même ordonnance enjoignait à tous les étrangers actuellement résidant à Paris de se présenter à la Préfecture pour faire régulariser leur position.

Un décret du Président de la République, rendu le 12 septembre, a mis le département de l'Ardèche en état de siége. Le rapport du ministre de l'intérieur, qui en précède la publication, allègue, pour justifier cette mesure de rigueur, l'agitation propagée dans ce département par les sociétés secrètes et les attaques réitérées contre la force publique, dont l'émeute de Largentière a donné le signal.

La première pierre des halles centrales a été posée à Paris le 15 septembre par le Président de la République. Le préfet de la Seine, le préfet de police, les ministres de l'intérieur, des finances et de la justice, le vice-président et les secrétaires de l'Assemblée assistaient à cette solennité municipale, qui promet à la ville de Paris un monument de bien-être et d'utilité. La cérémonie s'est passée dans un ordre parfait. A l'allocution du préfet de la Seine le Président de la République a répondu par le discours suivant :

« Messieurs, voici quarante ans que l'on songe à élever un vaste « monument destiné à préserver de l'intempérie des saisons cette « classe nombreuse qui souffre journellement pour alimenter Paris « de ce qui est nécessaire à son existence ; mais grâce à la direc« tion éclairée du ministre de l'intérieur, grâce au concours éner« gique du conseil municipal de Paris et de son digne chef, grâce à « l'Assemblée nationale, cette œuvre que j'ai tant souhaitée s'ac« complit enfin.

« La construction de ces halles, véritable bienfait pour l'huma« nité, facilite l'approvisionnement de Paris, et appelle un plus grand

« nombre de départements à y concourir. Ce n'est donc pas une
« œuvre purement municipale; car Paris est le cœur de la France,
« et plus sa vie est active et puissante, plus elle se communique au
« reste du pays.

« En posant la première pierre d'un édifice dont la destination
« est si éminemment populaire, je me livre avec confiance à l'espoir
« qu'avec l'appui des bons citoyens et avec la protection du ciel il
« nous sera donné de jeter dans le sol de la France quelques fon-
« dations sur lesquelles s'élevera un édifice social assez solide pour
« offrir un abri contre la violence et la mobilité des passions hu-
« maines. »

Tout le mouvement des esprits est, du reste, tourné vers les éventualités de 1852. Les journaux s'épuisent en solutions et en conjectures; les candidatures à la présidence apparaissent et tâtent, les
unes ouvertement, les autres par insinuation, le terrain de la publi-
cité. Celle de M. le prince de Joinville reste toujours enveloppée
d'un nuage de mystère et d'incertitude. Aucun de ces grands cou-
rants d'opinion qui emportent et déterminent les événements ne s'est
encore déclaré sur le calme flottant et indécis qui est en ce moment
la température politique du pays.

L'Angleterre vient de nous envoyer par la bouche de lord Palmerston des augures de paix et d'encouragement sur cette année
1852, qui est, on peut le dire, l'idée fixe de l'Europe. A un banquet
offert par ses électeurs de Tiverton, le ministre des affaires étrangères de la Grande-Bretagne s'est exprimé en ces termes sur l'avenir
qui effraie et inquiète tant d'imaginations :

« Votre accueil, Messieurs, me prouve que je n'ai pas perdu votre
« confiance et que je conserve votre amitié, qui m'est acquise, j'ose
« l'espérer, depuis seize ans de représentation non interrompus du
« bourg de Tiverton. Vous savez que des travaux réclamant toute
« mon attention, absorbant tous mes instants, ont pu seuls pendant
« ces années m'empêcher de vous voir plus fréquemment. Toute-
« fois, aux commotions qui, il y a un an ou deux, ont troublé la face
« de l'Europe a succédé un calme qui dénote la paix, quoique, sui-
« vant l'opinion de quelques personnes, ce calme ne fasse que cou-
« vrir les germes de dissensions futures.

« Ce n'est pas une tâche facile que celle de se poser en prophète
« politique. Eh bien, quoique beaucoup de monde envisage l'année
« 1852 avec appréhension et alarme, sans prétendre être un pro-
« phète, moi je crois pouvoir dire que je suis fortement enclin à
« espérer que l'année 1852 se passera sans les calamités que plu-
« sieurs personnes croient devoir arriver à sa suite. Depuis quelques

« mois n'avons-nous pas vu l'exemple frappant du peu de fonde-
« ment de certaines sombres prévisions? Lorsque S. A. R. le prince
« Albert, avec l'esprit de prévision et le jugement solide mûris par
« le savoir et l'expérience qui le caractérisent, conçut la vaste pen-
« sée de l'exposition prête à être close, combien ne présageait-on
« pas de malheurs, de grandes commotions intérieures, la destruc-
« tion de la propriété, l'interruption de l'ordre social?

« Eh bien! on peut dire que jamais multitude plus compacte ac-
« courue de tous les points du globe ne se trouva agglomérée dans
« une seule ville sans que l'ordre fût un seul instant troublé. Les
« bienfaits de cette exposition universelle seront immenses, et de
« tous le plus grand, le plus important, le plus durable, sera la
« force donnée par ces communications entre peuples à l'amitié
« entre les diverses nations, gage le plus solide de la paix interna-
« tionale. »

Nous citerons encore ce grand et magnifique hommage rendu
par lord Palmerston au caractère politique du peuple anglais :

« Parmi les peuples qui ont été le plus édifiés de l'accueil reçu
« ici, nous pouvons citer surtout nos cousins de l'autre côté de
« l'Atlantique. Il n'est pas un Américain comme pas un étranger qui
« n'ait été frappé de l'ordre qui règne partout en Angleterre. Ce
« que nous admirons le plus en Angleterre, ont-ils dit, c'est l'or-
« dre. On n'y voit pas de soldats, pas de gendarmes, l'arme au
« bras avec des baïonnettes et des sabres pour faire respecter
« l'ordre; mais seulement quelques policemen civils avec de petits
« bâtons entre les mains et empressés de nous indiquer ce que nous
« cherchons. »

« Voici ce que j'ai répondu à mes amis étrangers qui m'exprimaient
« leur admiration : Ce résultat que vous admirez, nous le devons
« d'abord au grand bon sens, à la bonté de cœur et aux admirables
« qualités qui appartiennent au peuple anglais; mais ensuite, et plus
« encore, nous le devons à ceci, c'est que la justice est bien admi-
« nistrée, et en Angleterre tout homme sait parfaitement que
« d'homme à homme la justice est impartialement rendue sans fa-
« veur et sans influence de quelque côté que ce soit. »

L'exposition du Palais de cristal est toujours en effet le grand
événement de l'Angleterre ; il absorbe toute sa passion et toute son
activité. Cette immense fête industrielle aura été en quelque sorte
un interrègne dans sa vie et une trève dans ses luttes politiques.

La Belgique a eu pendant ce mois sa crise politique. Un projet
de loi sur les successions, présenté par le gouvernement et repoussé
d'abord par la Chambre des représentants, avait amené la démis-

sion du ministère ; mais il ne put trouver de successeurs, et rentra quelques jours après aux affaires. La loi qui avait décidé sa retraite fut enfin votée par la Chambre ; mais le sénat la rejeta à son tour. Survint alors une ordonnance royale qui prorogea le parlement et décréta la dissolution du sénat. Les élections du nouveau sénat ont eu lieu le 25 septembre ; elles ont assuré la majorité au gouvernement.

L'empereur d'Autriche vient de faire, dans le royaume lombardo-vénitien, un voyage de pompes et de solennités militaires. Il a visité Milan, Venise, Côme, reconnu les positions avancées des frontières, parcouru le lac Majeur, et présidé lui-même à Monza un congrès des petits princes italiens. Le Piémont s'est ému comme d'un défi de cette démonstration en armes, qui coïncide avec l'abolition de la constitution autrichienne du 4 mars, décrétée à Vienne par simple lettre impériale, et avec le rappel du prince de Metternich dans les conseils de la couronne. Au camp de Somma, où l'empereur fait manœuvrer son armée d'occupation, il oppose un camp à Marengo, dont le duc de Gènes commande la petite guerre et inspecte les manœuvres.

La Turquie a tenu l'engagement d'honneur qu'elle avait contracté en faisant cesser l'internement des réfugiés hongrois qu'elle couvre depuis deux ans de son hospitalité. Les uns se sont embarqués pour l'Angleterre, les autres pour les États-Unis. Kossuth a choisi Londres pour résidence de son exil. Le comte Bathiany a obtenu du gouvernement français la permission de se rendre à Paris. L'Autriche a protesté jusqu'à la dernière heure contre l'affranchissement de Kossuth, et elle a déclaré dans ses notes diplomatiques, adressées à ce sujet au Divan, rendre la Turquie responsable des conséquences qui pourraient en résulter.

Les événements dont l'île de Cuba vient d'être le théâtre ont passionné l'attention de l'Europe. Une nouvelle expédition organisée par le général Lopez avait envahi à main armée, dans les premiers jours du mois d'août, le territoire de l'île. Une première fois le gouvernement espagnol avait usé de clémence en amnistiant ses prisonniers ; mais cette récidive d'attentat contre le droit des gens et l'inviolabilité de son sol lui donnait sur ses agresseurs un droit de rigueur dont il s'est servi avec une terrible énergie. Lopez, en abordant à Cuba, avait divisé les cinq cents hommes qui composaient sa petite armée. Le général espagnol Enna attaqua une de ces escouades, et l'anéantit presque entièrement après une lutte sanglante. Cinquante prisonniers faits dans cette rencontre furent conduits à la Havane, jugés et fusillés en quelques heures. Près de vingt mille spectateurs assistaient à cette scène tragique en poussant des acclamations à l'Espagne et à la reine.

La troupe de Lopez, battue et décimée par les troupes espagnoles, traquée par les colons, dont on lui avait faussement promis la sympathie et l'assistance, fut bientôt dispersée et mise en déroute. Lopez s'enfuit dans les bois, où il erra quelques jours à l'aventure, mourant de faim et de fatigue, et relancé comme une bête fauve par les chiens de chasse des paysans espagnols. Il fut enfin pris dans une métairie où il était venu demander asile, et dont le fermier le livra pendant son sommeil. Conduit à la Havane le 1er septembre et condamné au supplice infâme de la garrote, Lopez est mort avec un courage digne d'une meilleure cause. L'explosion populaire qui avait éclaté aux États-Unis à la nouvelle de l'exécution des cinquante prisonniers du général Enna s'est éteinte d'elle-même dès que l'issue de l'expédition a été connue; ce terrible exemple aura pour ainsi dire reconquis Cuba à l'Espagne.

P. de Saint-Victor.

L'un des propriétaires, J. MIRÈS.

LE

CONSEILLER DU PEUPLE.

Première Partie.

VÉRITÉ DE LA SITUATION.

I.

Il y a toujours après les révolutions un moment d'indécision,
et de tâtonnement pendant lequel il est très difficile aux hommes d'Etat les plus attentifs de connaître la véritable opinion
en majorité chez un peuple. Cela est naturel dans l'ordre politique et moral comme dans l'ordre physique : on ne voit clair
qu'après que la poussière d'un événement est retombée.

Rien n'est cependant plus nécessaire aux hommes qui gou-
vernent ou qui inspirent le gouvernement que de bien se rendre compte de l'opinion en majorité dans le pays ; rien n'est
plus nécessaire au peuple lui-même que de bien savoir ce qu'il
est et ce qu'il veut. Rien n'est plus nécessaire surtout aux représentants de ce peuple qui vont parler et voter au nom du
pays, afin de ne pas parler et de ne pas voter à contresens
des véritables opinions et des vrais intérêts de la situation.

10

Essayons donc après trois mois de silence des tribunes et après ce long et utile séjour des députés dans leur département, séjour qui les a retrempés dans l'esprit territorial de la France, essayons de mettre sous les yeux de nos lecteurs de toute classe le tableau sincère, non flatté, non assombri de la situation. Le meilleur conseil à donner aux aveugles c'est de la lumière! faisons de la lumière, ce sera mieux que de la politique.

II.

Au lendemain de la révolution de Février, il y eut quelques jours, quelques semaines terribles pour l'anxiété d'un homme d'Etat témoin de ces commotions intestines qui se heurtaient dans le sein d'un grand peuple. A moins d'être doué du génie divinatoire de la Providence, on ne savait pas, on ne pouvait pas savoir ce qu'était le peuple français en majorité, ni ce qu'il allait être et faire. Il fallait pour ainsi dire le deviner : énigme effrayante qui fit passer de mauvaises nuits à ceux que le hasard avait jetés les premiers devant le sphinx populaire prêt à dire son mot.

Le peuple français en majorité était-il encore le peuple de 1793, échappé, tremblant, ignorant, furieux du joug qu'il craignait encore qu'on ne voulût remettre sur le cou de ses enfants, prêt à chercher, à la voix de tous les tribuns, sa place dans une démolition universelle, sa liberté dans le sang, sa sûreté dans le crime?

Le peuple français était-il encore la horde héroïque de 1800 se sauvant de l'horreur de ses désastres intérieurs dans l'esprit d'hostilité générale à tous les peuples du Continent et de l'Océan, et faisant de l'Europe une immense ruine pour se consoler de la sienne?

Le peuple français, dont la révolution de Février venait d'émanciper hardiment et d'élever au droit politique les masses prolétaires pour les élever insensiblement de là au droit de complète civilisation, de propriété par le travail et de bien-être par la sollicitude de l'Etat; ce peuple allait-il trouver dans ces masses prolétaires, dans ces six millions de cultivateurs, d'artisans, d'hommes attachés à la sainte domesticité des familles, d'ouvriers des usines, des industries, des campagnes, des villes, une *armée servile* prête à se fanatiser à la voix des *Gracchus d'ateliers* et à se jeter à l'assaut de la société et de la propriété pour en saccager un jour les trésors et pour périr de rage et de faim le lendemain sous ses décombres? En un mot, par la démence ou par la raison du peuple français en majorité, la République, résultat inévitable de l'écroulement subit et imprévu de février, allait-elle être la fin du monde ou le rajeunissement et le recrutement du peuple français dans un nouveau code de société politique?

Telle était la question qu'on pouvait se poser et que nous posions nous-mêmes pendant quelques jours qui semblaient longs, bien qu'ils aient été courts, parcequ'un doute terrible les remplissait d'incertitudes!

Ce doute fut résolu pour nous et pour le monde aussitôt que nous pûmes sonder de l'œil et de la main ces masses du peuple en majorité et que nous eûmes le temps et le sang-froid nécessaire pour réfléchir sur la situation.

III.

Non, ce n'était plus le peuple de 1793; pourquoi? Parceque les jougs de son ancien régime étaient brisés depuis plus d'un demi-siècle, qu'il ne pouvait plus craindre que l'Eglise, la noblesse, l'émigration armée, l'étranger ligué avec ses *Corio'ans du trône* vinssent le lui réimposer à la pointe des baïonnettes, parcequ'il n'avait plus de panique, parcequ'il n'avait plus de dangers, qu'il n'avait plus de haines, parcequ'il n'avait plus de maîtres.

Non, ce n'était plus le peuple hostile à toute l'Europe, le peuple *ravageur* dix ans du continent à la voix d'un soldat dont il avait pris l'ambition pour du patriotisme : pourquoi? Parceque, depuis trente ans, l'Europe ne lui avait fait aucune offense; parceque l'ambition de son chef ne lui avait coûté que du sang et sa liberté; parceque le peuple français avait connu, par les deux représailles des armées de l'Europe amenées sur son sol deux fois par les reflux de la guerre, les gloires, mais aussi les expiations de l'esprit de conquête; parceque l'esprit de civilisation, de commerce, d'industrie réciproque, de contiguité des territoires et des continents par la navigation; la vapeur sur l'eau, la locomotive sur terre, l'unité humaine des nations, lui avaient révélé depuis quarante ans les bénéfices moraux et matériels de la fraternité des peuples; parceque la guerre pour la guerre était jugée et réprouvée par son intelligence comme par son intérêt bien entendu.

Non, ce n'était plus le peuple prolétaire de la *Jacquerie de Munster*, de *Brabant* ou de *Londres*, se ruant à la voix de ses prophètes de communisme sur les seigneurs, les abbés ou les bourgeois du moyen âge pour se venger de la tyrannie par la démence et pour chercher dans les cendres et dans le sang des fantômes de société sans propriété et sans famille, que la brutale ignorance des masses de ce temps de ténèbres pouvait seule, un moment, prendre pour des réalités... pourquoi? Parcequ'il n'y a plus en France ni seigneurs, ni abbés souverains des peuples, ni bourgeois ayant des priviléges ou des supériorités de droits sur des prolétaires; parcequ'il n'y a plus que des hommes dans des conditions variées, mobiles, égales en dignité quoique diverses en professions, en nature de travail, en fortune, en bien et en besoins sur le sol; masses sans cesse remuées et égalisées par le libre jeu de ce qui descend ou de ce qui monte dans une société sans autre privilége que la propriété, privilége de tous; parceque, depuis des siècles, mais surtout depuis soixante ans, l'abolition des féodalités de

la noblesse, l'abolition des richesses substituées et inaliénables
du clergé, l'abolition du droit d'aînesse, l'égalité des partages,
la terre divisée librement en autant de parcelles qu'il y a de
centimes pour l'acheter, le commerce multiplié par l'abolition
des douanes intérieures et des monopoles, l'industrie multi-
pliée par l'abolition des maîtrises et des jurandes, la liberté du
travail, la richesse croissant, le luxe, heureux mobile des manufactures, les besoins plus nombreux et plus satisfaits, les canaux, les routes, les compagnies par association, les rentes
sur l'État monnayées en coupons pour toutes les mains, les
actions de la Banque circulant en billets devenus richesse, le
crédit public et le crédit privé battant monnaie avec la plume
qui signe la lettre de change, les découvertes de la science appliquées le lendemain à l'usage public et constituant richesse
par le brevet d'invention, la propriété littéraire faisant d'un
livre ou d'un journal une fortune, la propriété artistique faisant un capital, le salaire multiplié et grossi dans mille ate
liers divers, au fur et à mesure de la création des nouvelles
industries; les chemins de fer, les typographies, les télégra-
phies, les expositions de produits des métiers et des arts, les
écoles agricoles, celles des arts et métiers, les colonisations à
l'intérieur, en Algérie, ailleurs, le desséchement des marais, le
défrichement des landes, le travail sous toutes ses formes accru
depuis cinquante ans dans la même proportion que l'intelligence du peuple, l'éducation professionnelle, l'instruction
primaire enfin; parceque tout cela, disons-nous, a supprimé
le prolétaire et créé l'ouvrier noble du travail; parceque
tout cela a réparti et disséminé la propriété immobibilière
ou la propriété mobilière, la propriété du champ ou la propriété de l'intelligence, la propriété de la patente ou la
propriété de l'industrie, la propriété du commerce ou la propriété du transport, la propriété du capital ou la propriété du
salaire, la propriété au soleil ou la propriété dans le porte-
feuille, la propriété du chef de maison ou la propriété des

gages du serviteur volontaire, la propriété de la maison bâtie ou la propriété du foyer et des meubles qu'on y porte. Toutes ces propriétés et beaucoup d'autres qui échappent encore à la constatation ou à l'énumération font que, sur quarante millions d'âmes qui forment aujourd'hui l'état civil de la grande famille française, nous serions bien embarrassés de compter et de désigner un ou deux millions qui ne soient pas aujourd'hui propriétaires, qui n'aient pas leur gage, leur solidarité, leur présent, leur avenir, leur femme, leurs enfants, leur destinée, leur successibilité sur la terre dans la propriété! Où sont les prolétaires dans un tel peuple pour recruter l'armée des *Gracques?*... Je demanderai plutôt où ne sont pas les défenseurs de la propriété? il en sortirait dix de chaque seuil en France aujourd'hui, si de nouveaux *Babœuf* étaient assez abandonnés du sens moral et du sens commun pour lever l'étendard des masses prolétaires dans le pays de l'égalité, de l'industrie, du travail et de la propriété.

Nous le répétons, un tel peuple ne pourrait être aussitôt qu'il se serait reconnu, ni le peuple de 1793 ni le peuple tapageur et soldatesque de la guerre, ni le peuple du communisme ou des sectes prolétaires subversives de l'ordre moral et matériel des sociétés.

Il vous l'a montré trois jours après sa révolution en acclamant l'abolition de la terreur politique et des échafauds.

Il vous l'a montré quinze jours après en acclamant les manifestes pacifiques de la République à l'Europe, et en refrénant lui-même par son bon sens les propagandes incendiaires chez les peuples voisins.

Il vous l'a montré aux élections de 1848, de 1849, aux journées de mai, aux journées de juin, en donnant majorité et force aux défenseurs de la propriété et de la famille républicaine ou royaliste; il vous le montre tous les jours davantage en repoussant de plus en plus, à une majorité immense, tous les hommes d'excès, tous les hommes de Montagne, tous les

hommes d'abîmes, tous les hommes de chimères ou tous les
hommes de réminiscences anti-sociales qui essaient de l'enrô-
ler contre lui-même! Non, non, n'ayez pas peur, ou n'affiche
pas la peur! on ne fera jamais de la France de 1848 un peuple
de buveurs de sang, un peuple d'incendiaires de capitales,
encore moins une bande de prolétaires enrôlés sous le drapeau
du suicide contre la propriété, qui est leur morale, leur honneur et leur pain!

Rassurez-vous donc!

IV.

« C'est vrai! disent enfin les plus obstinés, convaincus par
« quatre ans de respect à toutes choses. Mais ce peuple, sur-
« pris par la République prématurée que la nécessité lui a
« faite, va être embarrassé dans quelques mois entre les
« ressorts nouveaux pour lui de sa Constitution, qui ne jouent
« que depuis quatre ans et qu'il faut remonter à l'heure pres-
« crite pour faire accomplir à cette Constitution une nouvelle
« période du gouvernement républicain ou électif. Commen
« sortira-t-il de ces inextricables difficultés? Comment ne ré-
« visera-t-il pas quelques articles de cette Constitution, évi-
« demment imparfaite, et qui lui déplaisent? Comment les ré-
« visera-t-il sans renverser toute sa Constitution de la même
« main et sans se vouer aux révolutions le lendemain d'une
« révolution? comment se laissera-t-il en silence et en paix
« exclure au nombre de quatre millions deux cent soixante
« mille citoyens de sa souveraineté électorale, si l'on main-
« tient la loi du 31 mai? comment se servira-t-il de cette sou-
« veraineté électorale si on la lui rend? comment composera-
« t-il l'Assemblée nouvelle? Comment élira-t-il un nouveau
« président ou réélira-t-il l'ancien? comment résoudra-t-il ce

« problème difficile, impossible selon les timides, de ne pas
« ébranler l'ordre social et de maintenir cependant sa Ré-
« publique, seule garantie possible aujourd'hui de sa société,
« de la paix publique et de son sol? quelles sont les disposi-
« tions générales qu'il montre dès à présent à cet égard? que
« faut-il croire? que faut-il craindre? que faut-il espérer de ce
« peuple? »

V.

Selon nous, et après un examen sur place et bien approfondi
du pays, le voici :

Nous vous avons montré au commencement de ce tableau
que le peuple français de 1848 ne pouvait être au fond et logi-
quement (car les dates sont des raisons en politique) ni terroriste, ni propagandiste à main armée, ni communiste comme
comme on dit dans le mauvais sens prolétaire.

Nous vous avons dit qu'il était par nature et qu'il avait été
par le fait, depuis quatre ans, tout le contraire, c'est à dire :

Un peuple généralement humain par nature,

Un peuple pacifique par intelligence,

Un peuple propriétaire par intérêt.

Maintenant qu'est-il devenu pendant ces quatre ans d'exercice de sa liberté de réflexion et d'apaisement?

Nous allons vous répondre d'un mot : Regardez.

VI.

Traversez la France de Calais à Marseille, de Strasbourg à
Nantes, parcourez ses départements, entrez dans une ville ou
dans un village au hasard, demandez au premier venu : « Comment và le pays? est-on tranquille ici? » on vous répondra
partout : « Le pays ne va pas mal, on est parfaitement tran-

« quille, on cultive, on vend, on achète, on trafique, on obéit
« aux lois sans peine; un ordre du préfet, un arrêt de la jus-
« tice, une prescription de l'autorité locale sont exécutés au
« premier signe. On sent qu'il faut un gouvernement à un
« peuple, on n'aime ni l'anarchie ni les anarchistes, on ne veut
« pas de bruit parceque cela fait tort aux affaires, et que cha-
« cun, étant en repos sur ses droits, veut s'occuper un moment
« de ses intérêts, afin de réparer la stagnation qui suit tou-
« jours plus ou moins longtemps une révolution; il n'y a pas
« de haines bien vives des citoyens les uns contre les au-
« tres, on ne demande qu'à vivre en paix et à s'entr'aider,
« les riches sont empressés d'assister de mille manières les
« pauvres, les pauvres sont reconnaissants d'être secourus
« sans être humiliés, les ouvriers raisonnables, quoique fiers
« d'être comptés maintenant pour des hommes dans la Répu-
« blique, sont bien revenus de quelque fanatisme de salaire
« forcé et d'organisation arbitraire du travail dont les orateurs
« de clubs les avaient un moment étonnés, ils sont plus
« attentifs encore que les propriétaires à ce que rien ne trouble
« la paix publique, parcequ'ils savent bien que quand l'émeute
« se montre l'argent se cache et que le pain de l'ouvrier est
« dans la sécurité du capitaliste. Il y a bien encore dans tel
« café ou dans tel cabaret sept ou huit oisifs de toutes condi-
« tions qui parlent de communisme, de socialisme, de partage
« des biens, mais leur parole ne renverse pas une haie et ne
« fait pas trembler seulement une vitre; que pourraient-ils
« contre tout le monde? on les laisse rêver tout haut: ils rêvent
« plus bas tous les jours, ils n'empêchent ni de planter un ar-
« bre ni de bâtir une maison. Voilà où nous en sommes ici,
« et si ce n'était pas de 1852, dont on nous fait un monstre et
« qui empêche les plus timides de se fier au lendemain, jamais
« depuis que la France est France on n'aurait été plus tran-
« quille et les affaires n'auraient mieux marché. »

Voilà le langage que vous entendez partout. Qu'est-ce que

cela veut dire pour un esprit intelligent? Cela veut dire que
L'OPINION DE LA FRANCE EST FAITE, qu'elle a dit son dernier
mot et qu'elle le redira mille fois si vous le lui redemandez
sous mille formes. Ce dernier mot, le voici : « Je suis désormais
« un peuple qui a plus à conserver qu'à conquérir. Je suis une
« nation encore plus capable de la République, c'est à dire de
« me gouverner moi-même, que je ne le soupçonnais en 1848,
« je suis démocratique et non révolutionnaire, j'avais des pré-
« ventions malheureusement très fondées contre la République
« parcequ'on me la faisait confondre par les souvenirs sinis-
« tres de 1793 avec un régime de proscription et de sang au-
« quel l'histoire avait donné ce nom bien que ce fût le nom
« d'une *terreur* et non d'une institution, à peu près comme si
« on appelait *monarchie* les dragonnades, l'incendie du Pala-
« tinat, la proscription de trois cent mille protestants sous
« Louis XIV, ou comme si on appelait *religion* l'égorgement
« de soixante et dix mille Français par la Saint-Barthélemy. Je
« n'aurais point de répugnance très vive contre la monarchie
« s'il n'y avait qu'une monarchie sur laquelle tout le monde
« fût d'accord, et si derrière toute monarchie il n'y avait pas
« de nécessité une aristocratie, une noblesse, une église d'État,
« une politique de famille, une représentation héréditaire, une
« oligarchie électorale laissant dix millions de citoyens hors la loi,
« une clientèle privilégiée et héréditaire, une faveur qui règne,
« une cour qui offense, un parti enfin qui triomphe seul du
« reste de la nation et qui, formant bientôt d'autres partis mo-
« narchiques, contraires à la branche régnante, renverse les
« trônes en se les disputant et jette la France dans une éter-
« nelle brigue de compétiteurs et de factions. Mais comme tous
« ces partis existent, revivent, survivent, intriguent, tiraillent
« le pays sans avoir la force de le posséder quand ils l'ont entre
« les mains, j'aime mieux les séparer et les dominer tous en
« régnant moi-même; car je suis assez sage, assez résolue et
« assez forte pour me préserver de l'anarchie d'en bas ; mais

« ces partis monarchiques, eux, ne sont ni assez sages, ni assez
« désintéressés, ni assez unanimes pour me préserver de l'a-
« narchie d'en haut !

« L'anarchie d'en haut, voilà ce qui menace aujourd'hui si
« je me livrais aux partis monarchiques. Je veux donc, provi-
« soirement au moins, rester République, mais je veux que ma
« République soit stable, légale, modérée et régulière comme
« une monarchie ! »

Ou nous ne comprenons rien aux symptômes de l'esprit public, ou c'est là en ce moment la pensée la plus intime, la plus
générale et la plus nationale en France, en haut, en bas, au
milieu, dans toutes les larges couches de la société.

Quand on veut connaître la nature d'un sol, on prend une
poignée de terre dans la main ici et là dans la plaine, et on l'a-
nalyse. La terre entière est composée comme la pincée de
poussière qu'on a ramassée. Quand on veut connaître l'opinion
dominante d'un peuple, on interroge au hasard dans la foule
un riche, un pauvre, un ouvrier, un oisif, un soldat, un négo-
ciant, un cultivateur, un noble, un indigent, un propriétaire,
un prolétaire, et s'ils répondent tous à peu près la même chose,
on a l'opinion dominante d'un pays. Les passants comme nous
interrogent ainsi homme par homme, les gouvernements du
suffrage restreint interrogent par classes, les Républiques de
suffrage universel interrogent par élections. Voyez si par tous
ces procédés depuis quatre ans vous n'avez pas partout et toujours obtenu à peu près partout ou du moins en immense majorité la même réponse : « Nous voulons la République modérée
« et civilisée, parceque nous ne pouvons pas vouloir autre chose
« pour nous sauver et pour nous gouverner entre tant de partis
« qui nous menacent. »

Nous le répétons encore : « L'OPINION DE LA FRANCE EST
FAITE ! »

VII.

Or, l'opinion de la France étant faite, peut-on douter du résultat de l'épreuve que la Constitution l'a condamnée à subir en 1852 ? Sort-il jamais de la poitrine d'un pays un autre cri que celui de son âme et de sa pensée ? Non, il n'en sortira qu'un cri de sagesse et de salut. La France, interrogée par le suffrage mutilé et restreint, dira encore : sagesse, république et modération ; comme elle l'a dit par le suffrage universel en 1848, en 1849, en 1850 ; seulement, si elle le dit par le suffrage restreint et mutilé, elle le dira avec plus de colère peut-être et avec moins d'autorité certainement que si elle le dit, comme nous l'espérons, par le suffrage universel rétabli dans sa justice et dans son unanimité.

« Mais, nous dit-on, vous ne tenez donc pas compte de quatre
« grands faits qui contredisent votre optimisme dans le tableau
« que vous nous faites de la situation et qui donnent des transes
« au pays ? des transes de peur de retomber dans une révolu-
« tion ? »

— Je pourrais vous répondre qu'un pays qui n'a d'autres transes que des transes de retomber dans les révolutions, et qui a assez peu de passions pour n'avoir d'autre passion que le besoin de la halte et du repos dans l'ordre, est un pays qui n'a rien à craindre de bien sérieux des révolutions. Mais je veux aller au devant de vos craintes et examiner avec vous les quatre faits actuels qui contredisent mon optimisme et qui vous font craindre que la France ne se tire jamais saine et sauve du mauvais pas auquel nous touchons.

Ces quatre faits, n'est-ce pas, sont :

1° La majorité de l'Assemblée se refusant, peut-être par amour-propre, à rétablir le suffrage universel ;

2° La minorité de deux cents voix se refusant peut-être à voter la révision partielle de la Constitution ;

3° Les vœux des conseils généraux des départements fortifiant la majorité royaliste de l'Assemblée dans son audace, et
lui donnant la confiance qu'elle peut tout oser impunément
contre la République pour la monarchie ;

4° L'ambition présumée du Président de la République me-
naçant imaginairement la Constitution d'une oppression ou
d'un coup d'état si on ne la revise pas à son bénéfice.

Voyons les éventualités et la valeur de chacun de ces embarras de situation qui vous font si mal augurer du salut de la
République, et par conséquent de la France. Car, j'en conviens
avec vous, le salut de la France est si nécessairement et si
substantiellement lié en ce moment à celui de la République,
que renverser la République c'est renverser la France dans tous
les précipices, et, pour le dire en passant, cette consubstantia-
lité actuelle de la France et de la République devrait vous
prouver que la République de 1848 n'a pas été une fantaisie
de républicains, un caprice de populace, comme ils disent,
mais un cri de la nécessité, mais une inspiration de salut
commun !

Premièrement la majorité se refusera à l'abrogation de la loi
du 31 mai et au rétablissement du suffrage universel? Je n'en
sais rien, ni vous non plus. Peut-être non, peut-être oui, les
vents changent dans les assemblées avec les intérêts, les vues,
les situations : les années instruisent.

Il y a eu deux choses dans la présentation et dans l'adoption
de la loi du 31 mai par la majorité coalisée. Il y a eu d'abord une
panique vraie, sérieuse et désespérée, produite non seulement
dans cette majorité, mais dans le pays, par les élections violentes
de quatre ou cinq départements, où le *scrutin de liste*, mode
menteur, avait aveuglé les urnes et fait craindre la fin du
monde électoral par cinq ou six noms prodigieux qui en étaient
sortis ! Il y avait peut-être ensuite, faut-il vous le dire ? Oui,
car on l'a beaucoup dit, sans l'avoir prouvé ; il y avait peut-
être à leur insu dans quelques âmes résolues et peu scrupu-

leuses du parti anti-républicain une espérance confuse, secrète,
que ce défi hardi à la démocratie un peu démagogue alors de
Paris ferait bouillonner le cratère, et amenerait dans la rue je
ne sais quel hasard, d'où le royalisme sortirait très certainement et très facilement vainqueur, avec l'assistance du chef du
pouvoir exécutif et de l'armée invincible et nombreuse, et où
la république resterait ensevelie pour jamais sous la réprobation d'une journée démagogique intentée en son nom par des
faubourgs. Aucun de ces deux motifs pour présenter le défi au
suffrage universel n'existe plus. L'imagination publique a eu le
temps de se calmer et de se convaincre par mille épreuves que,
même avec l'instrument menteur du scrutin de liste, le suffrage
universel trouverait le moyen de dire la vérité dans la majorité
immense de ses choix. Les conseils généraux vous le prouvent.
Les cinq ou six noms prodigieux sortis des urnes de 1849 se
sont éliminés d'eux-mêmes ; les montagnes se sont abaissées
insensiblement au niveau de la raison publique; leurs tonnerres,
qui avaient fait un grand mal à la démocratie en croyant faire
peur à tout le monde, ont cessé de gronder ou gronderaient
dans le vide; on a la parfaite certitude que le suffrage universel,
aujourd'hui éclairé et de sang-froid, qui a donné même dans le
trouble des résultats conservateurs et modérés, ne donnera, à
l'exception de quelques grandes villes d'industrie agglomérée,
que des résultats en majorité rassurants pour l'ordre. On voit
qu'on est allé trop loin, qu'au lieu de trois ou quatre cent mille
vagabonds ou indigènes qui courent la France et qui profanent
l'élection, bons à retrancher partout, on a retranché quatre
millions d'honnêtes gens de tout métier et de toute profession,
la meilleure clientèle de l'ordre, de la propriété et de la patrie.
Les hommes de la majorité se repentent en secret ; la difficulté
de se désavouer honorablement soi-même en retient seule
quelques-uns ; mais ce sont d'honnêtes gens au fond, ils ne
sacrifieront pas leur pays à la fausse dignité de persévérer
dans une erreur. Il n'y en a pas un seul qui soupçonnât, en

votant ou en défendant cette mesure tout expérimentale, qu'il supprimait quatre millions trois cent mille Français de l'électorat. C'est le résultat, ce n'était pas la pensée. Voilà pour l'Assemblée.

Et quant aux sectaires désespérés des partis déchus en février, qui pouvaient se flatter alors, disait-on, que ce défi à la démocratie amenerait la démagogie dans la rue et que la République resterait sur le champ de bataille, remarquez bien que ces hommes, s'ils existent, ne peuvent plus avoir aujourd'hui ni le même intérêt ni la même espérance. Pourquoi ? Par une raison toute simple, c'est qu'ils croyaient avoir alors avec eux le chef du pouvoir exécutif et l'armée, qui obéit par la constitution à ce chef, et qu'aujourd'hui, dans une bataille provoquée contre la république, ils auraient contre eux le chef du pouvoir exécutif, chef de l'armée et du gouvernement, qui n'est plus avec eux, qui est menacé par eux, et qui n'a de salut que dans la République et par le suffrage universel.

Cela ne vous paraît-il pas une petite différence, bonne à noter, entre la situation de la majorité liguée en 1850 avec le pouvoir exécutif contre le suffrage universel, et la situation de la majorité en 1852, ayant à lutter à la fois contre le suffrage universel et contre le pouvoir exécutif, le gouvernement et l'armée ? S'il y avait bataille, où seraient donc les chances de quelques groupes parlementaires contre le peuple, le gouvernement, l'opinion, l'administration, le pouvoir exécutif et l'armée ! Soyez certains que cette différence entre 1850 et 1852 fera réfléchir, et que le conciliabule de *Clichy* et les *Pichegru* des comités anti-républicains ne prévaudront pas contre une nation.

Il y a donc de grandes chances pour que la majorité honnête et sensée de l'assemblée, influencée par l'opinion conservatrice de jour en jour croissante contre les excès de la loi du 31 mai, revienne sur ses pas, sinon la première fois en novembre, au moins à la dernière épreuve en février.

Et si elle ne revient pas enfin ? Eh bien, au pis aller, que se passera-t-il donc de si extrême ? Rien que ceci :

Le suffrage universel n'étant pas rétabli, la minorité et nous-mêmes nous ne nous croirons pas en droit de voter la révision. Rien ne sera voté, et on ira aux élections de 1852 tels quelles, et le pays nommera alors au suffrage restreint une assemblée qui exprimera sa volonté incomplète, mais enfin un fragment de sa volonté, et il changera ainsi la majorité pour 1856. Ou le pays s'abstiendra en masse, et fera trembler une assemblée presque illégale et de son isolement et de son abandon devant la masse. On sentira les frissons avant-coureurs d'une révolution terrible, on avisera sous l'inspiration de la sagesse, et l'assemblée elle-même, pour se légitimer et pour conjurer les troubles, se hâtera de voter le rétablissement du peuple entier dans son droit électoral. On aura perdu et agité un an de la vie du pays, voilà tout.

Je passe à votre second fait : la résistance de la minorité de deux cents voix à voter la révision. Lorsqu'on a proposé à cette minorité de voter ce qu'elle considère comme un crime, c'est à dire le jugement de la République par un tribunal dont on a éliminé quatre millions trois cent mille juges, elle ne pouvait pas, elle ne devait pas le faire, elle se serait déshonorée. Elle ne l'a pas fait. Mais supposez que le Gouvernement propose le rétablissement du suffrage universel et que la majorité vote cette restitution, vous pouvez être sûrs qu'à l'exception de trente ou quarante républicains de petite église, qui aiment les schismes, parcequ'ils aiment mieux, comme César, être les premiers dans des villages que des citoyens à Rome; à l'exception de cinquante ou soixante braves gens qui ont peur pour leur pays d'un peu d'agitation électorale, cent vingt autres républicains désintéressés et confiants voteront avec nous une révision définie et limitée dans l'intérêt bien compris de la paix et de la République.

Point d'inquiétude donc encore de ce côté-là.

Et à supposer que les deux cents voix s'obstinent, quoi de
perdu encore? Rien que du temps. Ces représentants anti-
révisionistes iront comparaître devant leurs départements
en 1852; les départements, qui ont en masse et par un bon sens
un peu passionné le goût d'une révision, ne rééliront pas un
des hommes qui se seront mis ainsi entre la révision et eux.
L'Assemblée de 1852 votera à l'unanimité la révision un peu
plus tard.

VIII.

A votre troisième fait maintenant. Les vœux des conseils généraux fortifient, selon vous, l'audace des adversaires de la République. Je l'accorde; mais pour que l'audace des adversaires
de la République devienne un danger ne faut-il pas qu'elle
se formule en un vœu de monarchie? Eh bien! demandez à vos
quatre-vingts conseils généraux de formuler un vœu pour le
rétablissement d'une monarchie spéciale, définie, nommée par
son nom, et attendez la réponse ! Vous l'attendrez longtemps,
sachez-le !

Je sais ce que c'est qu'un conseil général, j'en ai assez vu à
l'œuvre; j'ai vu ceux de 1851. Voici comment se combine un
vœu de révision de la Constitution en masse dans ces corps
non politiques. Le conseil général se compose en moyenne de
quarante bons et honnêtes propriétaires, négociants, fonctionnaires du pays, nommés par les arrondissements, nullement à
l'opinion, tout à l'estime, à la considération, à la richesse dans
le pays sans acception de parti, parcequ'il ne s'agit là que d'administration locale, matérielle, de centimes et non d'idées. Il
y a dans ce nombre sept ou huit grands propriétaires ruraux,
grands noms et grandes existences de la contrée; ces hommes
sont légitimistes de convenance, de situation, de *décorum*,

comme on est gentilhomme, sans que cela tire à conséquence
pour le fond des choses; ils ne peuvent pas plus, quand ils en
sont sommés par la circonstance, désavouer leur honneur de
soi-disant opinion monarchique légitimiste qu'on ne peut désavouer honorablement son père et sa mère, son sang, son
nom. C'est un costume, on y est né, il faut le garder, il faut y
mourir. Cela n'empêche pas que ces hommes en général, pru-
dents et modérés, ne fussent très effrayés si on leur disait :
« Nous allons vous rendre la légitimité monarchique, et vous se-
« rez chargés tout seuls de la maintenir et de la défendre devant
« ce siècle et devant ce peuple ! » Mais il ne s'agit pas de cela,
ils savent très bien qu'on ne les mettra pas demain à pareille
épreuve et que leur vote sera seulement une profession de foi
sans danger, un salut d'honneur à leur principe, une déclaration platonique de persévérance dans leur honorable conviction. Ils chargent le petit journal légitimiste du lieu de porter
leur drapeau, que personne n'insulte dans deux ou trois cents
salons du département, et ils chargent un homme éloquent de
la magistrature, du barreau ou de la bourgeoisie, pour qu'il
ne soit pas suspect, de prendre la parole devant le conseil
pour eux et de représenter le peuple, comme le chœur le
représentait dans le drame antique. Cela fait, ils votent sans
conséquence la révision totale de la Constitution, pour bien
signifier qu'ils votent la monarchie légitime, ce qui ne les empêche pas d'aller le soir souper chez le préfet, réclamer la juste
influence qui leur est due dans le pays, et de convenir tout
haut avec leurs confidents que la République est le seul gouvernement, en ce moment, qui puisse pacifier et gouverner le
peuple, et qu'ils la préfèrent mille fois à l'humiliation de cette
royauté de contrebande dont ils ont été soulagés par la République.

Voilà donc sept à huit voix acquises à un vœu de révision totale.

Il y a ensuite sept ou huit grands industriels, hauts fonctionnaires, négociants enrichis de 1830, grands libéraux

en 1829, grands monarchistes le lendemain, comblés des titres, des faveurs, des monopoles, des emplois de la monarchie de Juillet, anciens députés, anciens pairs de France, anciens favoris de cette cour plébéienne quand les patriciens lui manquaient, précipités non de leur fortune, mais de leurs ministères, de leurs pairies, de leurs ambassades, de leur importance exclusive par l'écroulement de la monarchie illégitime en 1848. Ils disent aux légitimistes : nous faisons corps maintenant avec vous par une animosité commune contre une démocratie qui nous détrône également tous deux; nous allons, sans nous expliquer davantage, voter avec vous la révision totale, sous entendu très intelligible de la monarchie. Cela fait seize voix.

Puis il y a dans le conseil trois ou quatre fonctionnaires dépendant du gouvernement, à qui le préfet insinue qu'un vote de révision totale ne fera pas de peine trop vive au président de la République, attendu que le terme de quatre ans est court pour faire le bien, et qu'une révision totale pourra donner avec un terme plus long une faculté de réélection agréable à tout le monde; les fonctionnaires ne disent pas non.

Cela fait vingt-une ou vingt-deux voix.

Enfin il y a douze ou quinze membres indépendants, impartiaux, agriculteurs, acheteurs, vendeurs, trafiquants de toute nature, à qui on dit : vous aimez la République sans chaleur, mais enfin vous n'y répugnez pas trop, seulement vous voulez un peu plus de durée et de fixité dans ses pouvoirs, vous ne voulez pas surtout qu'un club ou un conclave d'une rue de Paris vous envoie une liste impérative de vingt ou trente noms de démocrates inconnus ou trop connus pour représenter votre opinion, votre confiance, votre estime, vos intérêts généraux et locaux par des hommes dont vous n'avez jamais entendu parler, et qui n'arrivent, hirondelles de la République, que pour emprunter un jour le toit de votre département et repartir avec le soleil en ne vous laissant qu'une plume dans leur nid. Vous voulez être représentés par des citoyens de votre connaissance, votez la révision totale ou partielle, peu importe, l'Assemblée la limitera bien, mais votez la révision; elle vous débarrassera de la plaie de la démocratie, *la liste de scrutin*, et elle vous permettra de réélire, si cela vous plaît, un président qui n'aura pas trop mal gouverné.

Cela fait trente-six. La révision totale est votée.

Croyez-vous que ces quatre votes, coïncidant dans l'urne des conseils généraux par des motifs si divers et qui se diviseraient pour s'entre-combattre le lendemain si on posait la question de monarchie par son nom, aient une grande valeur monarchique? Non, vous ne le croyez pas, vous savez bien que cette unanimité par réticence d'une soirée serait la guerre civile la plus inconciliable et la plus acharnée le lendemain ! et croyez-vous que l'assemblée et le pays ne sachent pas cela, et prennent au sérieux pour la monarchie des votes de conseils généraux qui ont autant de significations opposées qu'il y a de partis dans ces conseils ? Non, l'assemblée et le pays ne s'y trompent pas plus que vous et moi, ils considèrent les conseils généraux comme des pétitionnaires, des pétitionnaires d'élite sans aucun doute, à qui l'on doit audience, attention, respect ; mais des pétitionnaires qui, bien que leurs noms soient mis au bas d'une même feuille de papier, demandent en réalité à l'assemblée et au pays des choses diverses, opposées, incompatibles, et par conséquent à qui l'on ne peut répondre que par l'ordre du jour. Prenez donc les vœux des conseils généraux pour ce qu'ils sont, c'est à dire pour deux mille quatre cents pétitionnaires de plus à ajouter aux douze cent mille pétitionnaires de la révision. Seulement notez-les pour des pétitionnaires d'élite, pour des pétitionnaires élus, et à ce titre donnez-leur, comme on disait jadis, les honneurs de la séance.

Ah ? sans doute si les quatre-vingt-six conseils généraux de département, au lieu d'être quatre-vingt-six petits corps administratifs délibérant comme autant de petites représentations fédératives des départements, étaient une seule assemblée déli-

bérant en commun, émettant le vœu émis et centralisé des départements, et vous disant nous voulons la révision totale et la
monarchie, il y aurait à compter avec eux ; ce serait la volonté
représentative du pays, il faudrait obéir. Mais vos conseils
généraux ne sont pas cela. Ils sont des *syndicats* d'intérêts
départementaux distincts et séparés les uns des autres, n'ayant
chacun d'autorité morale que par le département dont ils gèrent
les affaires et nulle autorité générale ou spéciale ailleurs. Passé
la limite des départements, plus rien, on n'a pas même à les
écouter. Ils n'existent plus que comme citoyens. Ainsi supposez
(ce qui sera) que l'assemblée nationale, qui seule représente la
volonté une, générale et politique du pays, n'obéisse pas au vœu
d'un de ces quatre-vingt-six conseils généraux, croyez-vous
que les quatre-vingt-cinq autres se leveront contre l'assemblée
pour soutenir la pétition d'une de ces petites unités administratives ? Nullement, le vœu d'un conseil est isolé et n'a rien d'im-
périeux pour l'assemblée. Sans cela vous auriez quatre-vingt-
six nations dans une, quatre-vingt-six gouvernements dans un,
c'est à dire que vous seriez une fédération anarchique, tandis
que vous êtes une nation représentée.

Ce troisième fait, qui vous paraît si gros, a donc contre la paix
publique moins de valeur encore que les autres. Il est fâcheux,
j'en conviens, il est de mauvais exemple pour les corps électifs
empiétant un peu les uns sur les autres, il arme les ennemis
de la République régulière d'un argument faux, mais spécieux
contre l'ordre établi ; mais tout le monde comprend que ce
vœu prétendu monarchique ne se résoudrait qu'en un vœu
anarchique s'il était analysé et obéi. Il ne le sera pas, parcequ'il y a un autre vœu bien autrement imposant, bien autrement nombreux que chaque citoyen adresse chaque jour avec
l'autorité de l'unanimité du bon sens et de la conscience à
chaque citoyen, ce vœu à quarante millions de voix du salut
public ! Dormez donc tranquilles sur les vœux des conseils généraux, on n'y pense déjà plus.

XIII.

Reste le quatrième fait, l'ambition présumée criminelle et acharnée du Président actuel de la République, faisant un coup d'état si on ne lui accorde pas la révision à son bénéfice de la Constitution. A celui-là nous ne répondons qu'en levant les épaules depuis trois ans; et depuis trois ans vous voyez si l'événement nous a démenti. Nous ne croyons ni à la folie, ni au crime, ni à l'impossible. Ces trois conditions, folie, crime, impossibilié sont réunies dans la pensée qu'on suppose dans Louis-Napoléon Bonaparte.

La folie? on l'enferme.

Le crime? on le punit.

L'impossible? on ne le discute pas.

Voilà toute notre réponse.

— Mais que se passera-t-il donc? nous demande-t-on de toutes parts. — Il faut le demander à celui qui sait tout : quant à nous, que savons-nous? à Dieu les certitudes, à l'homme borné les conjectures. Selon nous, voilà dans les différentes hypothèses ce qui se passera.

Le gouvernement proposera à l'Assemblée le rétablissement du suffrage universel régularisé ; l'Assemblée refusera la première fois, et acceptera sous la pression morale du bon sens et du danger public la seconde fois.

Le suffrage universel rétabli, les républicains sensés voteront avec la majorité la révision partielle de trois articles de la Constitution.

La révision votée, le pays sera libre de nommer l'Assemblée et le Président de ses instincts.

Si Louis-Napoléon Bonaparte lui convient encore, parcequ'il a déjà gouverné trois ans, et que le pays très timide craindra l'inconnu, Louis-Napoléon Bonaparte continuera quatre ans ou six ans sa seconde magistrature républicaine, et il gouvernera plus républicainement, parceque, le temps de la réaction passionnée étant passé, le pays renverra une assemblée d'hommes nouveaux, ni très républicains ni très royalistes, mais très patriotes, très citoyens et très modérés.

Si Louis-Napoléon Bonaparte n'a plus la confiance ou l'engouement momentané du pays, il se retirera en honnête homme, et le pays nommera un autre président pour diriger le pouvoir exécutif. Ce président, quel qu'il soit, ne sera ni un terroriste, ni un communiste, ni un socialiste subversif, ni un radical, ni un incendiaire de l'Europe, ni un légitimiste, ni un orléaniste, ni un bonapartiste, ni un Monck, parceque le pays n'est rien de tout cela, et le président, fût-il tout cela à la fois, il ne pourrait rien de toutes ces folies, parcequ'il aura en face de lui une assemblée qui règne et derrière lui un pays qui surveille. Ce sera comme toujours en France, c'est l'opinion qui gouvernera et qui fera plier comme elle l'a toujours fait la main qui tient ce qu'on appelle le pouvoir à ses volontés, à ses intérêts, aux besoins et à l'esprit du temps !

Voilà les augures ! augures certains, à moins que le pays lui-même ne tombe en démence ? Or quel est l'homme équitable qui puisse soupçonner de démence un peuple qui vient de donner en quatre ans plus de preuves de sagesse, de génie, de courage, de modération, de générosité, de prudence, qu'aucune de ses royautés n'en a donné dans les plus longs règnes? un peuple qui a contenu sa révolution, qui a respecté ses ennemis, qui a écarté son trône écroulé sans l'insulter, qui a laissé inviolables les sentiments dans tous les cœurs, les opinions libres dans tous les partis, qui a pris sous sa défense la société, la propriété, la paix, la famille, le sentiment religieux ; qui a étouffé la guerre civile aussitôt qu'elle s'est montrée, sous son horreur ou sous ses baïonnettes, qui a aboli la peine de mort et l'échafaud politique, qui a aboli l'esclavage des hommes dans ses colonies, qui a aboli l'ilotisme des prolétaires dans son propre sein par le suffrage universel, qui a maintenu son armée dans sa discipline et dans son honneur à la fois pendant les émotions civiques, qui a marché à ses élections par millions d'hommes comme on marche aux autels de la patrie! qui a donné toujours raison à la raison, majorité au bon sens, force à la loi, exemple aux peuples!

Non, un tel peuple ne périra pas! Dieu a mille moyens de le sauver, mais il n'en a pas de plus sûr et de plus grand que ce peuple lui-même!

LAMARTINE,
Représentant du Peuple.

ALMANACH POLITIQUE.

La crise ministérielle est l'événement capital de ce mois, qu'elle
a rempli presque tout entier de ses pressentiments, de ses conjectures et de son attente. C'est le 10 octobre que les premiers bruits
de dissentiment entre le président de la République et le ministère
ont commencé à se répandre. Le président avait annoncé au cabinet
son intention de proposer à l'Assemblée, au retour de la session,
l'abrogation de la loi du 31 mai. Les ministres déclarèrent ne pouvoir accepter la responsabilité de cette politique nouvelle, et
offrirent immédiatement la démission de leurs portefeuilles. On
ajourna au 14 toute résolution définitive. A la suite du conseil tenu
ce jour-là au palais de Saint-Cloud, le cabinet renouvela l'offre de
sa démission, qui fut acceptée ainsi que celle de M. Carlier, dont la
retraite devait suivre celle du ministère. La crise ministérielle a
duré onze jours, qui tous ont vu surgir et échouer une combinaison
nouvelle. M. Billault, appelé à plusieurs reprises, ne put parvenir à
s'entendre avec le président sur la mission qu'il lui proposait. Les
noms de MM. Persigny, Ferdinand Barrot, le général Bourjolly, etc.,
furent successivement ballottés et rejetés de conjecture en conjec-

ture. Enfin, le 27, le *Moniteur* publia la liste officielle du nouveau ministère, qui est ainsi composé :

M. Corbin, procureur général près la cour d'appel de Bourges, est nommé ministre de la justice ; M. Turgot, ancien pair de France, ministre des affaires étrangères ; M. Giraud, membre de l'institut, ministre de l'Instruction publique ; M. de Thorigny, ancien avocat général près la cour d'appel de Paris, ministre de l'intérieur ; M. de Casabianca, représentant du peuple, ministre de l'agriculture et du commerce ; M. Lacrosse, vice-président de l'Assemblée nationale, ministre des travaux publics ; le général de division Leroy de Saint-Arnaud, commandant la deuxième division de l'armée de Paris, ministre de la guerre ; M. Hippolyte Fortoul, représentant du peuple, ministre de la marine ; M. Blondel, inspecteur général des finances, ministre des finances,

M. Maupas, préfet de la Haute-Garonne, remplace M. Carlier à la préfecture de police.

La Commission de permanence s'était réunie en séance extraordinaire dès le début de la crise ministérielle. Quelques-uns de ses membres proposaient la convocation immédiate de l'Assemblée ; mais la majorité voulut entendre les ministres démissionnaires avant de prendre une décision. MM. Léon Faucher, Rouher et le général Randon, appelés le lendemain à la réunion, expliquèrent leur retraite en termes généraux, par un grave dissentiment élevé entre le président et le cabinet à propos de la loi du 31 mai. A la suite de ces explications, la Commission prononça à l'unanimité qu'il n'y avait pas lieu à devancer l'époque fixée pour la convocation de l'Assemblée.

Une nouvelle séance extraordinaire a eu lieu le jour même de la publication du nouveau ministère, mais elle s'est bornée à la lecture de la lettre par laquelle le Président l'annonçait à la commission. C'est à l'Assemblée, qui va se réunir dans quelques jours, que se manifestera la politique dont le cabinet du 27 octobre est le dépositaire. Elle s'ouvrira sur la lecture d'un message présidentiel, qui doit, dit-on, proposer l'abrogation complète de la loi du 31 mai. Cette grande question, dont dépend peut-être la révision constitutionnelle, remplira donc ses premières séances.

La crise ministérielle n'a pas un instant inquiété l'opinion publique malgré sa longueur et ses incertitudes. Elle n'a troublé ni les esprits ni les affaires; elle s'est agitée et dénouée dans le calme le plus unanime et le plus confiant.

Des troubles graves ont éclaté le 12 et le 13 de ce mois dans le département du Cher. Trois habitants de Précy, parmi lesquels figurait le maire révoqué de cette commune, ayant été arrêtés et conduits dans les prisons de Sancerre, une bande de factieux au nombre de cinq cents hommes, armés de fusils et de faux, se porta sur cette ville pour les délivrer; mais à leur première apparition plusieurs brigades de gendarmerie furent dirigées sur Sancerre; la garde nationale se leva pour défendre la ville; un escadron de chasseurs fut lancé sur Précy, et l'insurrection cernée et poursuivie se dispersa sans tirer un coup de feu. Un grand nombre d'insurgés furent pris les armes à la main. Le lendemain une nouvelle tentative de sédition éclata dans les communes voisines; elle fut encore réprimée à son premier pas par un bataillon détaché de Bourges, qui occupa militairement les communes révoltées. De nombreuses arrestations ont été opérées, des armes et des munitions ont été saisies. La cour de Bourges a évoqué l'instruction de cette affaire. A la suite de ces événements un décret du Président de la République a mis en état de siége les départements du Cher et de la Nièvre. Le rapport du ministre de l'intérieur qui l'a provoqué attribue l'initiative et le soulèvement de la sédition à la propagande des sociétés secrètes qui enlacent ces deux départements et pénètrent jusque dans les campagnes.

Les nouvelles étrangères ne présentent aucun événement capital. L'Angleterre a passé ce mois tout entier à attendre et à fêter Kossuth, qui est enfin débarqué à Southampton, où l'attendait une ovation triomphale, organisée et conduite par la municipalité. C'est sur un équipage à quatre chevaux, pavoisé de drapeaux hongrois, qu'il a fait son entrée dans la ville à travers un concours immense de populations accourues de tous les points des trois royaumes. Ses discours à l'hôtel-de-ville et aux banquets, par souscriptions, qui lui ont été offerts sont remplis d'hommages et de glorifications aux institutions politiques de l'Angleterre. La personnalité du tribun s'y efface derrière la reconnaissance de l'hôte. Le même enthousiasme l'a suivi à Winchester, il l'a précédé à Londres, où les meetings et les banquets se disputent d'avance le proscrit hongrois.

L'exposition du Palais de cristal s'est fermée le 15 octobre par une cérémonie de clôture présidée par le prince Albert. L'industrie française a remporté cinquante-six des grandes médailles décernées aux chefs-d'œuvre d'invention ou de perfectionnement.

L'empereur d'Autriche, de retour de son voyage en Lombardie, poursuit en Gallicie son excursion militaire de l'empire. La diète a rejeté indirectement la prétention de l'Autriche d'entrer, avec tous ses états, dans la confédération germanique, en décidant que l'admission de nouveaux états ne serait accordée que sur la majorité des deux tiers de ses voix; majorité que le cabinet de Vienne ne pourra vraisemblablement jamais réunir. Aucun incident n'a d'ailleurs agité le calme plat de la politique de l'Allemagne, si ce n'est l'arrestation du comte Adam Potoski, riche gentilhomme polonais, dont la popularité toute de munificence et de largesses n'avait jusqu'ici jamais inquiété le gouvernement autrichien.

La question danoise touche à son dénouement. La Prusse renonce à toutes ses prétentions, reconnaît les droits du roi de Danemark sur les duchés, et accepte la succession au trône de ce royaume du prince Christian de Gluksbourg, conjointement avec son épouse la princesse Louise de Hesse-Cassel, qui descend aussi de la famille royale de Danemark.—P. de Saint-Victor.

L'un des propriétaires, J. MIRÈS.

IMPRIMERIE DE N. CHAIX ET Cie, RUE BERGÈRE, 20